내한선교사편지번역총서 **4**

윌리엄 전킨과
메리 전킨
부부 선교사 편지

내한선교사편지번역총서 **4**

윌리엄 전킨과
메리 전킨
부부 선교사 편지

윌리엄 전킨 · 메리 전킨 지음
이숙 옮김

보고사
BOGOSA

만자산교회 교인들과 윌리엄 전킨 선교사. 전킨선교사기념사업회

군산 주일학교 학생들과 메리 전킨 선교사

전킨 사랑방에 모인 남녀 교인들

궁말에 세워진 구암병원과 영명학교

역자 서문

전킨 부부 선교사의 편지를 번역 출판하면서

호남 선교를 시작한 윌리엄 전킨과 메리 전킨 부부 선교사의 편지를 번역하는 과정은 120여 년 전으로 시간 여행을 하는 것과도 같았습니다.

윌리엄 전킨의 편지는 선교 후원자인 알렉산더 박사에게 보낸 것으로 1903년부터 1905년까지의 편지 모음이고, 메리 전킨의 편지는 1896년부터 1907년까지 고향의 가족과 후원자들에게 보내는 편지입니다. 1890년대 선교 잡지에 보낸 윌리엄 전킨의 편지 3편을 추가했습니다.

전킨 편지에는 복음 선교에 관한 소식이 중심이지만, 그밖에 도로를 만들거나 다리를 놓는 일을 의논하는 내용도 자주 나옵니다. 길이 없는 곳엔 도로를 만들어 다니고, 다리가 없는 물길에 다리를 놓아가며 한국인 가정을 직접 찾아가서 복음 선교를 해야 했던 전킨 목사의 선교 일상이 편지글 곳곳에 나타납니다.

그 당시의 주요 이동수단은 사람이 끄는 인력거였는데, 인력거 타기가 안쓰러워서 나귀를 키워 타고 다니고, 미국에 자전거 구입을 의뢰하는 편지를 보낸 것을 보면 한국인들을 진심으로 사랑하고 존중하는 전킨의 마음이 엿보입니다.

위생 수준이 너무도 열악한 한국의 주거 환경에 익숙지 않은 선교사들은 늘 질병의 감염에 노출될 수밖에 없었습니다. 그래서 전킨의 편지에는 동역 선교사들과 가족들이 질병으로 앓다가 끝내 죽음을 맞이하는 소식을 전하는 내용이 종종 들어 있었습니다.

전킨 부부도 어린 자녀를 셋씩이나 한국 땅에 묻었습니다. 어린 자녀의 죽음을 보고하는 편지에서는 비통함이 가득했습니다. 그러나 군산 앞바다가 보이는 언덕 위에 자신들이 묻힐 묘지를 마련하였다는 편지글에서는 이들이 늘 죽음의 한 가운데에 서 있었지만, 죽음을 피해 이 땅을 떠나기보다는 죽음이 닥치면 이 땅에 묻히겠다는 각오를 웅변하는 것 같았습니다.

전킨 목사의 선교 편지에서는 교인 숫자가 얼마나 늘었는가보다는 현지 한국인들의 삶이 얼마나 개선되었는지에 더욱 관심을 기울이는 모습을 볼 수 있습니다. 현지인들과 함께 사냥한 고기를 나누며 조리법을 알려준다거나, 감자와 옥수수 재배로 춘궁기를 대비토록 돕기도 하고, 풍차를 세워서 먼 곳의 물을 끌어다 쓰는 방법을 터득하게 한 것이 그 예입니다. 한국인들에게 전킨은 목사이기에 앞서 자신들을 존중하고 사랑하며 함께 살아가고 싶은 믿음 좋은 이웃이자 예수였습니다.

과로한 선교 사역으로 전킨의 건강이 극도로 나빠지자 선교위원회는 전킨에게 고군산도를 순회하며 선교하지 않아도 되도록 전주로의 이송을 결정하였는데, 군산의 교인뿐 아니라 지역인들까지 나서서 절대 반대를 외치며 저항하는 내용을 보고하는 편지글에서는 군산 지역 주민들의 뻥 뚫린 가슴과 애절한 사랑이 느껴졌습니다.

부인인 메리 전킨의 편지글은 고향의 가족들에게 한국에서의 일상을 보고하는 내용이 주를 이룹니다. 전킨 목사의 손길이 닿기 어려운 한국 여성들과 소녀들을 위한 복음 전파와 교육 사역을 가족과

지인들에게 보고하고, 후임 선교사들의 정착을 도우며 일어나는 다양한 일상을 전달하고 있습니다. 그 가운데에서도 집의 내부를 손질하고 정원을 가꾸는 일 등을 미국의 가족들과 소상하게 주고받으면서 서양의 주거 문화가 군산 집에 이식되는 과정을 보여주었습니다.

이들은 부부가 함께 남장로교 선교사 선발대로 파송되었기에, 미혼 선교사와는 달리 가정을 이루어 아이를 낳고 키우며 한국인들의 일상과 깊숙이 교류하며 한국인들로부터 존경과 사랑과 신의를 전폭적으로 받았다는 것을 느낄 수 있었습니다.

백 년 뒤 군산에 전킨선교사기념사업회가 결성되고 전주에 기전중, 기전여고, 기전대학이 발전되어 기독교인이 아닌 시민들까지도 고마워하는 것을 보면 윌리엄 전킨과 메리 전킨이 뿌린 씨가 이제 하나둘 수확을 거두는 것을 알 수 있습니다. 1908년에 남편이 장티푸스로 세상을 떠나자 42세 한창 나이로 에드워드, 토야, 매리언, 빌, 알프레드(유복자) 등 어린 5남매를 데리고 고향으로 돌아가 40년 넘게 혼자 지냈던 메리 전킨의 기도를 잊을 수 없습니다.

전킨 편지는 2021년 1학기 연세대학교 연합신학대학원에 개설되었던 「선교사편지 DB를 통한 재한 선교사 연구」 수업시간에 실습삼아 번역하기 시작했습니다. 편지 7편을 전사하고 초벌 번역, 인코딩한 수강생들께 감사드립니다.

이 편지는 1차적으로 선교사 DB를 구축하기 위해서 번역했지만, 전킨에게 감사하는 분들에게 작은 읽을거리가 되면 더 좋겠습니다.

2022년 5월 13일
이숙

차례

일러두기

1. 윌리엄 전킨 편지는 미국 켄터키역사학회(Kentucky Historical Society) 소장본을 저본으로 하여 번역하였다.
2. 메리 전킨 편지는 인돈학술원에서 전사한 자료를 전달받아 번역하였다.
3. 윌리엄 전킨이 1890년대 『The Missionary』에 보낸 편지 3편을 전사하여 추가로 번역하였다.
4. 번역문, 원문 순서로 수록하였다.
5. 원문에서 식별하기 어려운 내용은 한 단어의 경우 [illegible]로, 두 단어 이상의 경우 [illegible_단어 수]로 표기하였다. 해당하는 번역문에는 [판독 불가]로 표기하였다.
6. 원문의 단어에 철자 오류가 있는 경우 해당 단어의 오른쪽에 [sic]으로 표기하였다.
7. 한국인의 실제 이름과 영문 표기가 일치하지 않는 경우는 실제 이름으로 표기하였다.

해제

120년 전, 하나님의 부르심을 받고 가난하고 척박한 조선에 들어와 젊음과 열정을 바친 파란 눈의 선교사 윌리엄 맥클리어리 전킨.

그는 나라 잃은 조선인들을 위해 이 땅의 복음화와 근대화를 이끈 군산 지역 최초의 선교사였다.

1. 윌리엄 맥클리어리 전킨은 누구인가?

이 책에 실린 편지의 저자 윌리엄 맥클리어리 전킨(William McCleary Junkin)은 미국 남장로교가 한국에 파견한 7명[1] 가운데 한 명으로, 1892년에서 1908년까지 서울과 군산 그리고 전주에서 활동한 선교사다. 그는 1865년 12월 13일 미국 버지니아 크리스천스버그(Christiansburg)에서 태어났다. 그의 할아버지는 펜실베이니아주 뉴캐슬(New castle)의 목사였고, 그의 아버지 조지 전킨(George G. Junkin)은 크리스천스

---

1   미국 남장로교회 선교부에서는 테이트, 레이놀즈, 전킨 등 3명의 남선교사와 이미 동참하기로 결심하고 지원한 매티, 볼링, 레이번, 데이비스 등 4명의 여선교사 등, 모두 7명의 선교사를 초대 한국 선교사로 파송하여 이들을 '7인의 선발대(Seven Pioneers)'라고 일컫기도 했다.

버그의 판사였다.

전킨은 워싱턴앤리 대학교 영문과를 다녔다. 그때부터 그는 이미 국외선교사의 꿈을 가지고 목사와 선교사의 기본 소양을 다져왔다고 전한다. 1889년 워싱턴앤리 대학교를 졸업한 후에는 곧장 남장로교의 목회자 양성기관인 버지니아의 유니온 신학교(Union Theological Seminary)에 입학하여 3년 동안 신학을 공부하였다. 1891년 10월, 그는 유니온 신학교 대표로 내슈빌 대회에 참석하였고, 그곳에서 북장로교 한국 선교사로 활동하다 안식년을 맞아 귀국한 언더우드(Horace G. Underwood)와 밴더빌트 대학의 신학과 학생이던 윤치호의 감동적인 연설을 듣고 나서 한국으로의 선교를 결심한 것으로 전한다.

1892년 11월 서울에 도착한 전킨은 루이스 테이트(Lewis B. Tate)와 전주를 방문하여 호남 선교를 위한 구상을 시작했으며, 의료 선교사 다머 드루(A. Damer Drew)와 함께 군산 선교부의 초석을 놓았다. 또한 군산의 영명학교[2]와 멜본딘 여학교(현재 군산 영광여자고등학교)를 설립하는 데도 참여했으며, 1904년에는 전주의 서문교회를 담임하면서 예배당을 신축하고, 주변에 교회와 고아원을 설립하기도 했다.

대외적으로는 1893년 '장로교선교부공의회(the Presbyterian Mission Council)'에 참여하여 1894년에는 공의회의 서기를, 1895년 공의회의 의장을 역임했다. 또한 남장로교를 대표하여 평양 장로회 신학교의

---

2 '영명'이란 덕과 학업을 쌓아 온 누리를 밝게 비추라는 뜻이다. 이 학교는 현재 군산 제일고등학교가 되었다. 1903년 2월 전킨은 한민족에게 구원의 복음을 전하며 인재양성을 목적으로 중등교육과정의 영명학교를 지금의 군산시 구암동 언덕기슭에 세웠다. 기독교 사상과 민주주의 사상 등 신학문 보급통로 역할을 한 영명학교는 한강이남 최초로 3·1 운동의 불을 지핀 자랑스러운 역사를 지녔다.

교수로 학생들을 가르쳤으며, '한국복음주의선교부공의회(the General Council of Evangelical Missions in Korea)'의 선교 부간 연합사업에도 참여하여 초기 한국 교회의 형성에 지대한 역할을 한 인물이다.[3]

2. 전킨의 호남 선교의 역사

1) 군산 선교 준비기(1892~1896)
   - 호남 선교활동
   - 서소문 사역

1892년 11월 4일 서울에 온 전킨이 1896년 군산으로 이사하기 전까지 3년 동안의 선교 준비활동은 크게 두 가지다. 하나는 군산 선교를 위해 한국어를 공부하며, 선교부 후보지를 물색하고, 매입하는 일이었고(호남 선교활동), 다른 하나는 당시 서울에 머무는 동안 직접 목회활동을 하는 일이었다(서소문 사역).

당시 전킨은 목회자로서 언더우드가 목회하고 있던 새문안교회의 당회에 참석하여 북장로교의 언더우드, 기포드, 밀러 목사 그리고 남장로교의 레이놀즈 목사 등과 함께 세례지원자들을 문답하였으며, 동학농민봉기가 마무리될 무렵 군산과 목포 그리고 좌수영과 전주를 방문하여 부지를 매입하고, 군산을 선교부의 예정지로 결정하였다. 그러면서 그는 서울의 집에서 의료선교사 드루와 함께 환자들

---

3   당시 전킨은 서양의 스포츠를 한국에 전파하기도 했다. 평양신학교에는 축구부를 신설했고, 군산의 영명학교에는 야구부를 신설했으며, 멜볼딘 여학교에는 정구부를 신설하기도 했다. 군산을 야구의 명문도시로 자리 잡게 한 사람이 바로 전킨이다.

을 진료하면서 전도하기 시작했다. 이를 서소문 사역이라 부르는데, 여기서 전킨은 목사로서 처음으로 예배를 시작했다.

2) 군산 선교 시기(1896~1904)
- 군산 선교 전기: 1896.1~1900.5.
- 안식년 휴식기: 1900.5~1901.10.
- 군산 선교 후기: 1901.11~1904.8.

1896년부터 1904년까지의 군산 선교는 크게 두 시기로 나뉜다. 하나는 1896년 1월부터 1900년 5월까지의 전기 선교이고, 하나는 1900년 5월부터 1901년 10월까지 미국에서 보낸 안식년 기간 이후 1901년 11월부터 1904년 8월까지의 후기 선교이다.

전기 선교의 4년 동안 군산교회(구암교회)는 1896년 두 명의 세례 교인으로 출발해 1899년까지 60명으로 늘어났고, 1900년에는 50명을 새로 받아들여 모두 110명의 세계교인이 있는 교회로 성장했다고 전한다.

후기 선교 사역은 크게 일반 선교사업, 목회 후보생 교육, 군산남학교 관리 활동으로 나눌 수 있다. 그는 8개의 교회가 있던 군산 선교부의 다양한 모임들을 지속적으로 관리하였고, 일주일 중 절반 이상은 목회 후보생들을 위한 신학수업을 진행하기도 했으며, 군산남학교 학생들에게는 영어성경과 구약성서역사 그리고 작문을 가르쳤다. 당시 전킨의 부인도 함께 교육 사역에 나서 군산여학교를 돌보았는데, 전킨이 출장 중일 때는 군산남학교까지도 헌신적으로 함께 돌본 것으로 전해진다.

3) 전주 선교 시기(1904~1908)

- 전주 선교 전기: 1904.9~1905.8.
- 전주 선교 중기: 1905.9~1906.8.
- 전주 선교 후기: 1906.9~1907.12.

1904년 9월부터 1908년 1월 사망할 때까지 대략 3년 4개월의 전주 선교는 크게 세 시기로 구분할 수 있다. 1904년 9월부터 1905년 8월까지는 전주 선교 전기, 1905년 9월부터 1906년 8월까지는 전주 선교 중기, 1906년 9월부터 1907년 말까지는 전주 선교 후기다. 전킨은 1908년 1월 2일 사망하였다.

전주 선교 전기에는 전주교회의 부흥을 위한 선교활동에 무게를 두었으며, 전주 선교 중기에는 전주남학교 설립을 중심으로 선교활동을 펼쳐 나갔고, 전주 선교 후기는 전주 근교를 중심으로 교회확장을 위한 선교활동에 매진하였다. 이후 1908년 1월 2일, 43세의 젊은 전킨은 장티푸스로 인한 폐렴으로 하나님의 품에 안겼다.[4]

군산을 사랑한 그는 마지막으로 이런 말을 남겼다고 전한다. "제가 죽으면 저를 군산에 묻어 주십시오."[5] 그의 묘비에는 '전킨 선교사는 예수의 믿음으로 영생을 소유하였노라'라는 문구가 새겨져 있다.

---

4 아내인 메리 레이번 전킨은 남편과 아들이 세상을 떠난 후, 1908년 4월 4일 미국으로 돌아갔으며, 1952년 세상을 떠났다.
5 전킨의 묘소는 전라북도 전주시 완산구 중화산동 1가 300에 위치한 예수병원 기독의학박물관 뒤편에 있는 호남지역 초기 선교사들의 묘소와 함께 있다.

3. 전킨 부부의 편지 내용

이 책에 실린 윌리엄 맥클리어리 전킨의 편지는 1903~1905년에 쓰인 것이다. 앞서 언급한 선교시기 구분에 따르면 이 시기는 군산 선교 후기에서 전주 선교 전기와 중기에 해당하는 기간으로 가장 활발한 선교기의 현장 내용을 담고 있다.

1903년 편지에는 선교지역에서 행했던 다양한 활동들에 대한 보고뿐만 아니라 당시 유행하던 장티푸스의 전염병 속에서 자녀를 잃어야만 했던 애통한 심정도 담고 있다. 그는 한국 선교의 과정에서 실로 자신의 사랑하는 자녀를 세 명이나 하나님의 품으로 떠나보내야 하는 아픔을 속에서도 하나님에 대한 신뢰나 자신의 사명에 대한 신념을 포기하지 않았다.[6]

1904년 편지에는 러일전쟁의 상황 속에서 겪는 어려움들에 대한 토로와 그럼에도 불구하고 선교 현지의 건축에 여념이 없는 당시의 열정이 담겨 있다. 군산에서 일군 부흥의 기쁨과 다음 선교지인 전주로 이동해야 하는 아쉬움을 표하기도 하지만, 의사들과 함께 질병의 치유를 위한 선교에 동참할 수 있음을 다행으로 생각하는 복합적인 심경이 담겨 있다.

1905년 편지에는 군산과 전주를 오가는 숨 가쁜 선교활동의 생생한 모습과 더불어 천주교 신부들과의 물리적 충돌이나 일본의 박해

---

6 큰 아들 조지 가넷 전킨(George Garnett Junkin)은 1893년 4월 23일에 태어났으나 1894년 11월 30일, 두 살에 사망했고, 1899년 1월 8일에 시드니 모어랜드 전킨(Sydney Moreland Junkin)을 낳았으나 역시 같은 해 3월 17일, 두 달 만에 사망했다. 1903년 4월 3일 프랜시스 우드 전킨(Francis Wood Junkin)을 낳았으나 같은 달 23일, 생후 20일 만에 사망했다.

로 인한 고통의 순간들을 생생하게 담겨 있다.

아내 메리 레이번 전킨(Mary Leyburn Junkin)의 편지는 1896년 말~1907년 말에 쓰인 것으로 윌리엄 전킨의 편지내용보다 광범위한 시기의 소식들을 담고 있다. 이 편지의 대부분은 어머니에게 보낸 것으로 하나의 주제에 집중하기보다 선교지의 다양한 소식을 세세하게 보고하는 섬세한 형식을 띠고 있다. 1896년의 1통의 편지에는 군산 선교지에 첫발을 내딛은 자신의 소회가 담겨 있으며, 1899년의 2통의 편지에는 어머니에 대한 그리움과 군산 선교 중의 다양한 일상사의 풍경들이 담겨 있다.

가장 많은 분량을 차지하는 1902년의 편지 9통에는 남편 윌리엄 전킨의 대외적인 선교활동을 내조하면서 집안을 돌보고 가꾸는 아내로서의 역할이 담겨 있다. 주변인들에 대한 상세한 소식과 정원을 가꾸는 풍경, 계절의 변화에 따른 즐거움, 질병으로 인한 두려움 등이 그것이다.

1903년의 2통의 편지에는 군산 선교의 활발한 소식과 선교사 가족들과의 만남 등에 관한 소소한 일화들이 담겨 있다. 1904년의 2통의 편지에는 어머니의 생신에 대한 축하인사와 러일전쟁으로 인한 한국 선교의 어려움과 그로 인한 안타까운 심경이 담겨 있다. 1906년과 1907년의 3통의 편지에는 지인인 샐리, 포사이드 부인, 마가렛에게 안부와 한국 선교 현장의 소소한 소식을 전하는 것으로 마무리된다.

4. 편지의 중요성

윌리엄 전킨과 아내 메리 전킨의 편지는 대부분 한국 선교 현장에서 겪었던 소소한 일상들을 전하는 형식을 취하고 있다. 앞서 보였던 전킨의 짧고도 뜨거웠던 17년간의 호남 선교의 역사가 그의 선교 역사를 보여주는 커다란 밑그림이라면, 이들의 편지는 그 밑그림을 섬세하게 들여다 볼 수 있는 채색을 제공한다고 할 수 있다. 각각의 선교 시기마다 그들이 어떤 지역에서, 어떤 상황을 맞이하고, 그 안에서 어떤 절망과 고통과 기쁨과 보람의 감정들을 느껴왔는지는 이 편지들을 통해서야 비로소 알려질 수 있다.

한국 선교 현장의 다양한 소식들과 소소한 일상의 이야기를 담은 편지들, 그러한 의미에서 다른 선교사들이 하나의 주제를 두고, 공식적인 행정문서의 성격으로 주고받은 대외적인 편지와는 색다른 성격을 띤다. 하지만 그렇다고 이 자료의 중요성이 덜하다고 말할 수 없다. 도리어 다른 선교사들이 차마 전하지 못한 생생한 삶의 현장과 그 안에서 겪은 섬세한 체험과 감정은 당시 한국 선교 현상의 살아 있는 역사라고도 할 수 있다.

그러한 의미에서 그의 선교 역사를 시기별로 정리한 위의 구분들을 큰 지도 삼아 이 책에 실린 편지들을 함께 읽어 나간다면, 일상의 소소한 사연과 감정 속에서도 시대와 역사를 반영하는 커다란 의미들을 발굴할 수 있을 것이다.

번역문

윌리엄 전킨이 『The Missionary』에 보낸 편지

1892년 11월 23일
서울

여러분들에게[1]

덴버에서 앓고 난 후 저는 곧 회복하기 시작했고, 샌프란시스코에 도착했을 때쯤에는 항해할 준비가 되어 있었습니다. 저는 배 멀미를 하지 않아서 항해는 아주 즐거웠습니다.

일본에 도착했을 때, 우리는 오와리마루[2]라는 기선을 일주일 동안 기다려야 했습니다. 우리는 관광을 하며 시간을 보냈고, 특별히 그곳의 선교사들을 보았던 것이 좋았습니다. 나고야에서 머무는 것은 정말 즐거웠습니다. 우리는 10월 26일에 고베에 도착했고, 북부 교단 3명과 우리 교단의 6명으로 이루어진 총 9명의 일행 중 3명만이 다음 날 아침 3시에 항해를 시작하는 오와리마루에 탑승할 수 있다는 것을 알게 되었습니다.

전킨 여사가 저를 계속 간호해야 되어서, 저는 다른 일행에게 양

---

1 앞에 실린 편지 3편은 전킨이 선교잡지 『The Missionary』에 보낸 편지이다. 알렉산더가 한국에 오기 전에 썼던 편지이기에, 알렉산더에게 보낸 편지 앞에 편집하였다.
2 오와리 마루(Owari Maru, 尾張丸)는 1883년 Murray and Co에서 건조한 기선인데, 여객과 화물을 운송하였다.

보하는 것이 최선이라고 생각했습니다. 북장로교 친구들도 친절하게 양보를 하려 했었지만요. 그래서 레이놀즈 형제와 그의 아내, 그리고 테이트 선생이 출발했습니다.

그러나 우리는 그날 밤 9시 30분에, 승객 4명이 다음 배를 타게 되었다는 통지를 받았습니다. 그래서 우리는 그리난(Grinnan) 형제의 도움을 받아 배표를 확보하여 밤 11시 전에 승선했습니다. 다음 날 아침 일찍 배가 고베를 한참 벗어났을 때, 레이놀즈 부인과 테이트 선생이 우리에게 보낼 엽서를 썼고, 실수로 우리의 짐을 실었으니 그들이 챙길 것이라고 알리려 전보를 치려고 준비하고 있었습니다. 그런데 우리가 아침을 먹으러 들어가자, 그들은 매우 놀라워했습니다.

배의 선장과 장교들은 일본인이었는데 매우 친절했습니다. 그들은 우리가 편안하도록 무슨 일이라도 즐겁게 할 것 같았습니다. 나중에 우리는 선장이 기독교인이라는 것을 알게 되었습니다. 그는 가장 좋은 옷을 입고 주일날 예배를 드리러 왔습니다.

부산에서는 북장로교의 베어드 부인과 브라운 박사님 부부의 접대를 받았습니다. 우리는 수요일 아침에 제물포에 도착했고, 그날 자정에 일본 기선을 타고 서울로 출발했습니다. 객실은 여성들이 차지했고, 남성들은 갑판 위에 앉아 떨면서 아침을 기다렸습니다.

아침 8시에 서울에 도착했을 때 북장로교 선교위원회 분이 맞아 주었고, 시내까지 3마일 반 정도 되는 거리의 안내를 받았습니다. 여자들은 의자에 앉아서, 짐은 지게꾼과 조랑말에, 남자들은 걸어서 갔습니다. 친절한 친구들은 우리가 편하게 지낼 수 있도록 준비를 해 주었고, 우리는 우리의 집으로 이사오기 전까지 그곳에서 마음 편하게 지냈습니다.

우리는 그다음 금요일에 머틴즈 가옥으로 이사했습니다. 원래 독일 공사관 사택이었던 그 집은 6개의 큰 방, 석조 기단(높이 4피트), 그 밑의 석탄 셀라, 널빤지 바닥(한국식 마루, 1½x1피트) 그리고 기와지붕으로 되어 있습니다. 모든 방이 일렬로 늘어서 있어 편리하지는 않지만, 서울에서 튼튼하게 지어진 집 중 하나입니다. 복잡하기는 하지만 거실, 서재, 응접실은 없고, 매우 편안히 살았습니다.

집은 다른 선교부와 1마일 반 정도의 거리에 있어서 자리 잡기 좋은 장소입니다. 언덕 위에 있는 다른 선교부의 숙소와 달리 우리 숙소는 도시 아래쪽에 있기 때문에 건강에 좋다고 할 수는 없지만, 넓은 마당, 높은 복합 건물, 학교가 뒤편에 있어서, 여기서, 특히 겨울에는 살 만하다고 생각합니다. 하수도 시설이 아예 없기 때문에 서울이 여름에는 살 만한지 의문입니다. 거리는 그야말로 끔찍합니다.

우리는 레이놀즈 형제가 회장, 테이트는 회계, 제가 총무로 선교부 체제를 구성하였습니다. 교사 자리에 지원자가 몰려 놀랐는데, 지금은 모두 언어 공부를 하고 있습니다. 언어는 매우 어렵습니다. 두 언어를 아는 사람들은 한국어가 중국어보다 어렵다고들 합니다. 그 이유는 중국어가 한국어(조선말)의 라틴어 같고, 무시무시한 존댓말, 중간말, 반말을 모두 배워야 하기 때문입니다. 예를 들어 동사와 형용사 등은 존댓말, 중간말, 반말을 갖고 있습니다. 하지만 한국인들이 말하듯 '차차차차(조금씩)' 습득할 것을 희망하고 있습니다.

1897년 5월
군산

여러분들에게

불과 2년 전, 우리는 첫 설교 여행을 위해 작은 돛단배를 타고 군산에 왔습니다. 1년 후 우리는 각 50달러씩 주고 구매한 두 채의 한국식 집으로 이사했습니다. 우리의 첫 여행 때 관심을 갖게 된 두 사람이 세례를 받았는데, 주로 그 둘의 자발적인 활동을 통해 우리의 주일 예배 참석자 명단에 40명의 이름이 오르게 되었습니다. 이 숫자의 절반은 거의 1년 동안 정기적으로 예배에 참석했습니다. 지난 주일에는 9시에 출석을 부를 때 20명만 참석했고, 5명은 늦게 왔습니다.

예배가 드려지는 방은 종이문 칸막이를 사이에 두고 두 개의 방으로 나뉘어 있습니다. 한 방에 여자들이 있고, 다른 방에 남자들이 있습니다. 교회 가구는 짚으로 만든 명석 5개입니다. 모두 신발을 벗고 모자를 쓴 채 온돌 바닥 위에 방 양 쪽 옆으로 둘러앉습니다. 정식으로 선출된 인도자인 김 선생님이 원의 위쪽, 제 옆에 앉아 작은 종으로 예배를 시작하면서 찬송가(내가 듣고 사랑한 예수님)를 시작합니다. 그리고 그는 기도를 드리고, 출석을 불러 결석자들을 확인하고, 결석자 이웃에 사는 사람들에게 주중에 그들을 방문해 달라고 부탁합니다. 그날의 말씀은 참석자 모두를 위해 소리내어 낭독합니다. 인도자가 이런 구호를 하는 것은 큰 소리로 읽는 그들의 방식이고, 그렇게 함으로써 더 잘 이해되는 것 같습니다. 그 후 제가 한 시간 정도 가르칩니다.

우리는 올해 정기적으로 말씀을 공부하고 있습니다. 저는 주초에 『크리스천 옵저버』를 가지고 공과지를 번역하여 필요한 수 만큼 복사해 놓습니다. 오늘 우리의 말씀은 「아나니아와 삽비라」였으며, 구약성서의 아간 이야기의 그림이 같이 있었습니다.

주일 학교가 끝나고 잠시 휴식을 한 뒤에, 정규 예배를 드리기 위해 다시 모였습니다. 설교 제목은 「주님께 드림」이었습니다. 첫째, "왜 우리가 드려야 하는가?"에 대하여 참석한 각자가 성경 번역본(복음서 및 사도행전)을 손에 들고 있어, 우리가 고민하는 질문의 답이 있는 특정 구절을 찾도록 하였습니다. 그리고 나서 우리는 "어떻게 드려야 될 것인가?"라는 질문에 답을 하였습니다.

설교가 끝나고 우리는 주님께 첫 헌금을 드렸습니다. 드려진 금액은 은화 $1.06(530개의 동전)였습니다. 한 달에 정기적으로 5달러(미국 화폐)만큼을 버는 사람이 한 명도 없기 때문에, 이는 제 예상보다 훨씬 더 많은 것이었습니다. 두 사람이 헌금을 세었습니다. 그것은 가난한 사람과, 설교하러 보내질 수도 있는 형제들을 위하여 사용될 것이고, 만약 남는 것이 있다면 원주민 교회가 필요로 하고 또 원주민 교회를 짓기 위하여 사용될 기초 자금이 될 것입니다.

오후에는 드루 박사님의 집에서 우리 선교사들만의 기도 시간이 있었습니다. 우리는 코크(A. R. Cocke) 박사님의 「에베소서 연구」로 우리 예배를 이끌고 있습니다. 데이비스 양은 오전에는 마을의 소년들에게 주일 학교를 가르치고, 저녁에는 여성도들과 집에서 모임을 가집니다. 이번 주일에는 14명이 참석하였습니다.

이 눈부신 봄날은 문을 활짝 열게 하지만, 예배 중에 마주하는 풍경은 버지니아에서 보았던 익숙하던 주일의 모습과는 사뭇 다릅니다. 들판은 푸르고 하나님이 주신 꽃들도 여전히 아름답지만, 도처에서 고생하며 노동하는 아이들의 소리가 새들의 노래를 가리우고, 번잡한 괭이와 삽과 쟁기들이, 이들이 하나님 없는 민족임을 날 것 그대로 제게 드러내고 있습니다.

1898년 6월 15일
군산

여러분들에게

저의 계획을 쓴 이후 많은 일이 일어났습니다. 가을까지 건축을 기다릴까 했는데, 목수가 돌아와서 작업을 계속해야 한다고 주장해 5월 27일부터 건축을 시작해서 좋은 성과를 내고 있습니다. 하지만 2주 전에 제가 보낸 편지에서 암시했던 것이 분명해졌습니다.

군산은 6개월 이내에 개항장이 될 것입니다(5월 31일부터). 벨 선생님이 저에게 전보를 보냈고 지난주에 알렌 박사님으로부터 "군산에서 건축을 시작하지 마십시오"라는 전보를 받았습니다. 이 말은 우리가 그곳에서 소유한 모든 땅(?)을 포기해야 할 수도 있고, 그렇다면 다른 선교부 건물을 금 100달러에서 200달러까지를 내고 사야할 수도 있음을 의미합니다. 우리의 건물이 외국인 거주지 내에 들어온다면 우리는 그것을 포기하거나 기껏해야 작은 보상을 받을 것입니다. "구스 힐(거위언덕)"에 위치한 우리 땅이 외국인 정착지에 포함되지 않는다면, 우리는 그것을 유지할 수 있고 또 그곳이 가장 좋은 위치이기 때문에, 우리의 사역지가 꽤 멀리 떨어지더라도 의심의 여지 없이 그곳에 지어져야 합니다.

한국인 정착지는 아마도 전주 길을 따라 있을 것입니다. 우리는 교회 부지를 즉시 확보하기를 원할 것입니다. 또는 목포에서처럼 천주교 신자들이 우리가 원하는 곳에 있을 것입니다. 아니면 우리는 그들 근처에 부지를 사고, 무단 침입자라고 불릴 것입니다.

정착지는 물론 정박지로부터 강에서 시작해야 하며 군산 마을이 포함될 것입니다. 남북으로 얼마나 더 뻗게 될지는 아직 알려지지 않았습니다. 그러므로 저는 모든 건축 자재를 준비하고 정착지가 확실히 자리 잡을 때까지 기다려야 합니다. 목수들이 건축자재를 직접 부지로 가져가는 대신 우리 집에서 보관해야 하므로 비용이 더 많이 추가될 것입니다

윌리엄 전킨 선교사 편지

1903년 1월 1일
한국, 군산

A. J. A. 알렉산더 박사
스프링 스테이션, 켄터키

친애하는 알렉산더 박사님께

당신에게 지난번 편지를 보낸 이후에 이곳 군산과 전주에서 우리는 더 많은 문제와 걱정에 휩싸였습니다. 첫째는 제가 편도선염으로 오랫동안 극심한 고통을 겪었습니다. 결국 잉골드 박사(Dr. Ingold)가 왔는데, 그녀가 도착했을 땐 목구멍이 찢어졌습니다. 불 선생 내외가 그녀와 함께 전주로 돌아가기로 하고, 그들이 떠나는 바로 그날, 반대편 목구멍마저 부어올랐고 나는 두 번째 고통을 감수해야했습니다. 다행스럽게도 이번 것은 짧았고, 박사가 4일 만에 자신의 손님을 돌보러 갔는데, 불 여사와 마미 양이 좀 아픈 걸 알았지요. 그런데 지네가 불 여사를 물어서 우리가 크게 놀랐답니다. 그들이 전주를 떠나오기 전에 해리슨 부인(Mrs. Harrison)도 발진티푸스에 걸렸는데, 지금은 더 심하게 앓고 있습니다. 가여운 잉골드 박사가 이 모든 상황을 어떻게 감당할지 모르겠습니다. 어쨌든 이번 여름이 끝날 때 스테이션에 다시 의사를 모시게 되면 한숨 돌리게 될 것입니다.

방금 서울에서 밀러 부인(Mrs. Miller)이 복막염으로 세상을 떠났다는 전보를 받았습니다. 세 아이를 둔 아빠에게 기막히게 슬픈 일이지요. 1년 전 신부가 된 원산의 아름다운 맥레이 여사(Mrs. McRay)가 천연두에 걸렸답니다. 존슨(Johnsons) 부부가 돌아가신 소식은 들으셨을 테지요. 존슨 여사는 이곳에 오는 도중 고베에서 사망했고, 존슨 씨는 서울에 도착한 직후 천연두로 사망했습니다.

당신이 우리 곁에 잠깐 머무는 동안 환자들이 크게 늘어났고, 매우 안타까운 사례를 보고도 돌려보내야 하는 일이 생겼습니다. 바로 오늘 아침 오 씨(오긍선)의 고향 공주에서 180리 떨어진 곳에서 두 청년이 무서운 병에 걸려 찾아왔습니다. 그들은 병자를 치료하기 위해 궁말에 온 "위대한 사람"에 대해 큰 희망을 오랫동안 품어 왔습니다. 그들에게 이곳에 오느라 들인 수고와 고생이 헛되었다고 말하는 일이 너무 힘든 일이었습니다. 나는 그들에게 아침 식사와 몇 권의 책을 주었지만 그들의 고통에 비하면 빵을 달라는데 돌멩이를 주는 일 같았습니다.

수도 공사에 대한 견적을 보냅니다. 배관공사가 어떻게 이루어지는지 모르겠습니다. 그러나 우리가 병원과 같은 층에서 물을 얻을 수 있다면 그것만으로도 엄청난 개선이 될 것입니다.

한국인들은 항상 다리에 대해 물어보지만 최근에 했던 돌 공사로 판단하면 비용은 600엔 정도이고, 도로는 그 절반이 다시 들 것입니다. 불 선생(Mr. Bull)과 제가 당신에게 알리지 않고 이 일을 시작하고 싶지 않았으나, 실제로는 당신이 한국으로 돌아오지 않게 되면 당신이 이 계획들을 관여할 것 같지 않았습니다.

우리를 위해 당신이 기도하고 있음을 확신하지만, 당신의 기도가

절실히 필요합니다. 복사할 종이가 없어서 동봉하는 복사본을 읽을
수 없을 것 같군요.

　전킨 여사는 꽤 지쳐있지만 여전히 당신이 알던 쾌활하고 바쁜 기
독교인입니다. 그녀와 우리 아이들이 당신에게 늘 기억되기를 바랍
니다.

　가능할 때 편지주세요.
　진심을 담은 형제애로

　W. M. 전킨.

1903년 3월 26일
한국 군산

A. J. A. 알렉산더 박사
스프링 스테이션, 켄터키

사랑하는 박사님께

당신이 떠난 이후 저는 너무 바빠서, 쓰려고 했던 편지들을 쓸 수가 없었습니다. 우리는 생각했던 것보다 더 당신을 그리워하면서, 당신이 다시 돌아오기만을 바랍니다. 저는 오랫동안 몸이 좋지 않아서 일들이 쌓여있고, 좋아하는 정원 가꾸기조차도 하지 못하고 있습니다.

당신이 떠난 후 가장 먼저 한 일은 당신의 짐을 모두 챙겨 약품실에 넣고 문을 잠가 두는 것이었습니다. 스트래퍼(Straeffer) 양이 들어올 수 있도록 말입니다. 그녀는 목포로 돌아갈 때까지 당신의 옷장과 몇 가지 물건들을 사용하고 있습니다. 그런 다음 저는 회복기의 마지막 날을 당신의 책상을 고치면서 보내고 있는데, 지금은 아무도 그것이 망가졌다는 것을 알아채지 못할 정도로 좋은 상태입니다. 저는 슬라이딩 서랍이 제대로 작동할지 약간 두려움이 있었지만, 마침내 아름답게 작동하도록 만들었습니다. 이런 책상을 사용하는 것이 너무 호화스러운 일이라, 예전에 사용하던 책상을 사용하면 마치 철도 차량을 타다가 한국의 조랑말로 옮겨 탄 느낌일 것 같습니다.

저는 외출하는 것이 안전하다고 느끼자마자, 선교지부 밖을 여행하였습니다. 당신과 함께 여행을 하기를 바랐고, 여행 내내 당신이 있었으면 하고 생각하였습니다. 불 선생님이 동행하여 교리문답 수강생을 문답하는 일을 처음으로 도와주었습니다. 우리는 만자산에서 11명을 면담하였고, 그중 3명이 교회에 교인으로 등록하였으며, 8명이 수강을 신청했습니다. 송이동에서 12명, 승말에서 14명, 만자산에서 27명, 선교지부에서는 12명으로 총 76명입니다. 이들 중 35명은 교인으로 등록하였고 45명은 임시 교인이 되어 기다리도록 하였습니다.

승말의 초심자 14명은 제가 미국에 있는 동안 승말로 옮긴 우리 교인 한 분의 노력의 결실입니다. 이곳 지도자의 딸은 대단합니다. 제가 그 아이에게 성경을 암송할 수 있느냐고 물었더니, 마태복음에서 시작하여 말씀 76절, 사도신경과 십계명까지 외웠습니다. 우리가 그 아이에게 장과 구절, 내용을 물어봐도 똑같이 쉽게 답했습니다.

우리는 요즘 선교지부 세 곳에서 온 60명과 신학 수업으로 매우 바쁜 날을 보내고 있습니다. 테이트 선생님과 벨 선생님, 불 선생님이 각자 수업을 맡아서, 테이트 선생님은 로마서와 구약사를, 벨 선생님은 고린도서와 그리스도의 삶, 불 선생님은 지리, 저는 사도행전과 교회사, 신학 그리고 저녁에 있는 찬양 수업을 합니다.

형제들과 "어떻게 하면 우리 전라도 그리스도인들이 하나님께서 우리에게 맡겨주신 이 지역에 복음을 가장 잘 전파할 수 있을지" 그리고 "사역을 뒷받침할 자금을 어떻게 가장 잘 조달할 수 있을지"의 문제를 논의한 회의가 두 차례 있었습니다. 저는 당신이 있었다면 이 토론을 즐겼을 것이라고 확신합니다. 5년, 6년 차 기독교인들이 말씀에 대한 지식과 자기 자신을 표현하는 능력이 얼마나 발전하였는지를 보는 것은 매우 만족스러운 일이었습니다.

도티 양이 잠시 방문 중인데, 스트래퍼 양과 불 선생 내외와 함께 우리는 지난 안식일에 교회에서 정기적인 모임을 가졌습니다.

매미 양은 얼마 전에 와서 당신의 타자기를 사용해봤습니다. 저는 그녀의 첫 노력의 산물을 보냅니다.

저는 이제 한국인이 다루기에는 조금 특이한 "보름스 의회"에 대한 작업을 해야 하는데, 그들은 관심이 매우 많아 보이고, 저는 그들의 예상치 못한 질문에 답할 수 있도록 열심히 공부해야 합니다. 그들은 '선생님?'이라고 하면서 즉시 답하기에는 시간이 충분하지 않아서 다음날 답변해야만 하는 질문을 합니다!

가장 따뜻한 인사를 전킨 가족으로부터 드립니다.

진심을 담아,

W. M. 전킨.

1903년 4월 5일
미국, 켄터키주, 스프링 스테이션

알렉산더 박사
[우편소인: 한국, 군산 4월 2일: 한국, 제물포 4월 5일 (3)][3]

박사님께

어린 신사(새로 태어난 아기)가 4월 2일 오늘 예기치 않게 태어났습니다. 23일이 예정일이었기 때문에 물론 의사도 없었고, 힘든 경험을 했습니다. 잘못 알고 찾아와서 고생이 이만저만이 아니었습니다. 좋으신 주님만이 우리를 인도하셨지요. 저는 오랫동안 병이 진행되는 것을 늦추어야만 했고 그러지 않았더라면 무슨 일이 일어났을지 말할 수도 없는 상황이었습니다. 그러나 무엇을 해야 할지에 어쩔지 몰라 겪은 정신적 고통은 다시는 알고 싶지 않을 정도였습니다. 오늘밤 잉골드 박사(Dr. Ingold)가 도착할 때까지 폐해가 어느 정도인지 알 수 없습니다. 게다가 우리 하인들은 모두 하와이 이주 열병에 걸렸는데, 저는 이런 끔찍한 상황에 저를 남겨두지 말라고 말할 뿐이랍니다.

급하게 몇 자 적습니다.
전킨.

---

3 엽서: 앞면

1903년 4월 23일 새벽 2시

알렉산더 박사
미국, 켄터키주, 스프링 스테이션
[우편소인: 한국, 군산 4월 23일; 한국, 제물포 4월 28일][4]

친애하는 박사님께

우리의 소중한 아가가 방금 예수님 품에 잠들었습니다. 아가는 폐렴에 걸렸고 용감하게 병과 맞서 애쓰다가 하나님께서 그를 데려가셨어요. 자비, 은총… 불 선생님(Mr. Bull)이 맡아…

W. M. 전킨.

---

4 엽서: 앞면

1903년 4월 24일
군산

사랑하는 여러분들께

저는 여러분이 우리가 최근에 겪은 매우 비통한 일에 대하여 모두 알고 싶어 하시리라 생각합니다. 그래서 저는 지난 한 주간의 슬픈 시간을 떠올리며 이 첫날을 보낼 것입니다. 우리의 사랑스러운 아이는 처음 2주 동안 아름답게 잘 있었으나, 아마도 난방이 들어오지 않는 방에서 잠을 자다가 감기에 걸린 것 같습니다. 날씨가 따뜻했고 우리는 아이를 잘 감싸주었지만, 그래도 어린아이에게는 공기가 너무 차가웠던 것 같습니다. 아이가 계속 잠을 자면서 먹기를 거부하자 우리는 불안해졌습니다. 그래서 잉골드 박사님을 불렀고, 박사님은 아이가 기관지염이라고 하였습니다.

사흘이 지나자 아이는 회복했고 잘 먹게 되어서 우리는 불안한 마음을 내려놓았습니다. 하지만 다음날 아이는 우유병을 사용해 먹어야 했습니다. 곧 아이가 전혀 삼킬 수 없어 우리는 고무로 만든 작은 튜브를 이용해서 아이에게 먹였습니다. 그리고 그는 긴 질식 증세를 보이기 시작했고, 얼굴이 보라색으로 변해 세 번이나 아이가 죽은 줄 알았습니다. 그러나 아이는 훌륭하게 회복하여, 48시간 후에는 혈색과 호흡이 좋아졌습니다. 아이가 먹기 시작하자 다시 희망이 되살아났습니다.

그러나 기관지염이 낫자 다시 폐렴이 생겼습니다. 그리고 어린 조지의 생일인 4월 22일 11시에 그의 작은 가슴은 더는 버티지 못하고 휴식도 잠시 취하지 못한 채, 새벽 한 시에 작은 숨을 내쉬고, 순수한 아기의 영혼이 예수님의 품에 안겼습니다. 우리의 슬픔은 깊어져 가슴이 찢어지는 것 같았습니다.

메리와 저는 아침까지 작은 침대 옆에 앉아 있었습니다. 더욱이 에드워드와 윌리에게 말해야 했기에, 베인 마음의 상처가 더욱 깊어졌습니다. 에드워드의 작은 가슴은 울먹이며 헐떡였습니다. 윌리는 가서 그의 모든 장난감을 치우고는 혼자서 들판으로 나갔습니다. 얼마 후, 그는 작은 장난감을 가지고 와서 말하였습니다. "엄마, 제가 이걸 혼자 만들었는데, 동생의 관에 넣어 주어도 될까요?"

우리는 바다와 맞닿는 강이 내려다보이는 집 위쪽 마당의 구석에 무덤을 팠습니다. 사랑하는 친구들은 작은 관 위에 흰 비단, 백합, 제비꽃을 올렸습니다. 불 선생님은 "고통 받는 아이들(마태복음 19:14)"을 읽으며, "이 작은 아이들 중 한 명이 죽는 것은 하나님의 뜻이 아닙니다.", "하늘에서 천사들은 항상 아버지의 얼굴을 봅니다"라고 읽었습니다. 그리고 "사랑하는 자여 잠드소서"와 "주 예수의 넓은 품에"를 찬송하였습니다.

예배를 드린 곳은 거실이었습니다. 학교 남학생들과 에드워드, 윌리는 그들이 자원하여 관을 메는 역할을 하였습니다. 무덤에서 짧은 한국어 예배가 있었고, 우리는 작은 무덤 위에 아몬드, 라일락, 데이지, 베르베나스 꽃으로 하얀 십자가를 만들어 덮었습니다. 흰색과 분홍색 데이지 화환이 두 개 있었고, 에드워드와 윌리는 모든 가장자리마다 제비꽃 다발을 놓았습니다.

올해는 이 꽃들의 대부분이 우리에게 피어난 첫해입니다. 우리 모두 사망 없는 사랑의 본향에 이를 때까지 우리가 얼마나 사랑하였는지를 듣지 못하는 우리 소중한 아가에게 어떻게든 우리의 사랑을 마음껏 표현하기 위함이었습니다. 처음에는 꽃밭에 있는 데이지꽃을 옮겨 심을 생각이었는데, 폭풍우가 심해서 메리가 외출하기에는 좋지 않았기 때문에 다른 꽃들이 시든 후에 그녀에게 맡길 것입니다.

사랑을 담아,
월과 메리 전킨.

1903년 10월 28일
한국, 군산

A. J. A. 알렉산더 박사
스프링 스테이션, 켄터키

친애하는 알렉산더에게

당신의 편지는 반갑지만 슬프게 읽혔습니다. "달에 있는 사람이 굴러 떨어진" 것 같은 느낌이 들었습니다. 우리는 새로운 분들이 오시기를 간절히 바랐고, 교사용 책을 구해놓을 만큼 그들을 맞이하려 준비하였는데, 일반적인 수순을 밟기에는 장애물에 부딪혔습니다.

한국인들 사이에 있었던 매우 슬펐던 몇 가지 일은, 이들이 오랫동안 약속한 의원에게 마음과 희망을 걸었고 그날이 오기를 손꼽아 기다렸다는 사실입니다. 왜 갑작스럽게 계획이 바뀌었는지 이유를 알 수 없어, 제게 물어보는 사람들에게 설명하기가 어렵습니다. 당신이 이곳을 떠났을 때 크게 실망했기 때문에, 우리는 어느 정도는 이에 대비하고 있었기는 합니다. 이곳의 모든 사람이 이곳의 사역에 대한 당신의 친절한 관심에 주의를 기울이고 있지만, 당신이 돌아오지 않을 것이라는 사실에 익숙해져야 한다는 것은 더욱 슬픈 일입니다.

이곳에 있는 당신의 물건과 관련된 목록을 보냅니다. 이 목록에서 당신에게 무엇을 보내야 하고 무엇을 보내지 않아야 하는지 알려주십시오. 당신의 물건 중 일부를 팔고 싶다면 그렇게 할 수 있고, 매우 좋은 가격을 받을 수 있다는 사실을 알려드립니다. 이렇게 제안

을 하는 이유는 아마 물건을 다시 그쪽으로 보내기 위해 지불해야
하는 운임보다 그쪽에서 물건을 새로 구입하는 것이 더 저렴할 것
같기 때문입니다. 따라서 이런 식으로 처분하고 싶은 물건이 있다면
주저하지 말고 말씀해주십시오. 물건들의 가격을 보내주시면 제가
정리해드리겠습니다. 미국으로 가는 사람 편에 당신의 물건을 수하
물로 보내도록 하겠습니다. 잉골드 박사가 봄에 안식년을 가지게 되
는데, 제가 더 일찍 기회를 얻지 못한다면 아마 잉골드 박사님이 물
건을 가져갈 수 있을 것입니다.

저는 이번 가을에 처음으로 평양을 방문했습니다. 테이트(Tate),
불(Bull), 벨(Bell), 맥커첸(McCutchen), 켄뮤어(Kenmure) 선생님과 함
께 작은 증기선을 타고 갔습니다. 그런데 도둑이 제 가방을 가져가
모든 보석류와 장신구들을 훔쳐 갔습니다. 값비싼 것은 아니지만,
가족에게 내려오는 물건들이라 다른 것과 바꿀 수 없는 귀한 것들이
지요.

어느 날 밤 저는 모펫 박사(Dr. Moffet)의 집에서 탄산 병을 열다가
병이 터져 입술이 찢어져 꿰매야 했지만, 설상가상으로 조각이 잇몸
에까지 들어가 이빨 한 개가 부러졌습니다. 눈에 맞지 않은 것이 천
만다행이지요. 치과의사를 찾을 수 없어 자체적으로, 다양한 방법
으로 계속 관리를 해야 했습니다.

서울에 있을 때는 에비슨 박사님(Dr. Avison)이 가위를 사용하여
제 편도선을 치료해 주셨는데, 이제 편도선염에서 자유롭기를 바라
고 있습니다. 한쪽에 코카인 마취제가 듣지 않아서 저는 붙잡혀 있
어야 했고, 편도선 부위를 들어내느라 수술이 한 시간 이상 걸렸습
니다. 하나가 전에 잘린 적이 있어 4개를 무더기로 하는 것이 힘들

었습니다.

　불 선생님과 저는 선교지부 맞은편 언덕 앞 콩밭에서 꿩을 사냥했습니다. 우리는 당신 이야기를 여러 번 하면서 이 첫 시도를 같이 하였더라면 하고 바랐습니다. 지금은 한국인들이 땔감을 위해 언덕의 풀을 베느라 바쁜 때인데, 풀숲에 숨어있던 새들을 잡으려고 자르지 않은 풀밭으로 덫을 만들곤 합니다. 올해는 풍년이라 한국인들은 살이 찌고, 꿩들도 통통하여 맛있습니다.

　개정리에서 온 늙은 영감은 여전히 와서 "내년 봄!"에 믿겠다고 약속합니다. 불쌍한 노인! 저는 가끔 그의 옆에 앉아서 그가 빛을 볼 수 있기를 기도하지만, 악은 그가 설교 듣는 것을 싫어하게 만드는 것 같습니다. 그는 지난주에 저에게 그의 유일한 친구는 목사들이며, 그는 "이 한국인들과는 친구가 될 수 없다"라고 말했습니다.

　개에 대해 드릴 말씀은 베스를 아주 훌륭한 워터 리트리버를 가진 신사에게 맡겨서 새끼를 갖게 되었다는 것입니다. 저는 제물포의 세관원에게 강아지를 주겠다고 약속하고 멋진 포인터 강아지를 얻어다가 불 선생님께 넘겨주었습니다. 오늘 오전에 메리 버지니아를 보러 갔더니, 그 강아지가 불 선생님이 숨겨둔 어린 꿩을 잡으러 집안을 돌아다니면서 매번 꿩을 찾아 가져다 주었습니다. 그 강아지는 너무 많이 먹어서 다리가 무척 짧고, 여태 제가 본 3개월짜리 중에 제일 크고 깁니다. 저는 그 강아지를 롱펠로라고 부릅니다. 어제 그 강아지가 불 선생님을 따라서 긴 풀밭을 지나가는 것을 당신도 보셨어야 합니다. 그 강아지는 근성이 좋고 한 번도 우는 소리를 내지 않습니다. 너무나 훌륭한 개입니다.

　우리는 지난 선교부 모임에서 선교 묘지를 만들기로 결정하였습니다. 위원회는 군산에 있는 병원 언덕의 북서쪽 끝을 선택하였습니다. 강과 평야, 산과 바다가 한눈에 보이는 아름다운 장소로 기억하실 것입니다. 물론 매우 노출된 장소이기 때문에 주택 부지로 변경될 일도 없습니다. 우리는 묘지의 중앙에 랭킨 박사님(Dr. Rankin)의 기념비가 세워지기를 바랍니다. 서울 공동묘지는 우리에게 매우 불편한 위치에 있습니다. 우리 중 누구도 묘지에 가게 되기를 원하지는 않지만, 혹시 모를 비상사태에 대처할 수 있도록 그런 것들을 준비하는 것이 좋습니다. 항구가 열리기 전에 우리는 판자를 넉넉히가지고 있어야 했습니다. 드루 박사님(Dr. Drew)이 저를 위하여 꽤오랫동안 몇 개를 보관해 주셨지만, 제 것은 실망스러운 모양새였습니다. 여유가 있는 한국인들은 미리 관을 사서 일종의 식료품 저장실로 이용하거나 아이들을 위한 놀이터로 사용하기도 합니다!

이제 따분한 주제에서 매우 밝은 주제로 넘어갑니다. 우리는 불선생님 부부가 고향으로 돌아가게 되어 슬픕니다. 고향으로 돌아간모두가 그립지만, 젊은 여자분들 중에는 마미 양을 가장 그리워할것 같습니다. 제가 그들을 처음 보았을 때, "한 명은 예쁘고, 한 명은 착하다"고 생각하였지만, 마미 양은 마지막 순간까지 멋진 구석이 있었습니다. 우리는 그녀의 얼굴만큼이나 그녀의 마음이 곱다는것을 알았습니다. 매우 이타적이고 잘 도와주는 젊은 여성을 참으로오랜만에 보았던 것입니다. 그녀는 조용하고 뽐내지 않으며 다른 사람들을 위해 많은 짐을 짊어지고 다녔지만, 그 어떠한 공도 자기에게 돌리지 않았습니다. 그녀는 소란스럽지 않고 항상 명랑하여 그녀의 빈자리를 채우기가 어렵습니다. 새로 올 사람들이 그녀와 같기를기대하지는 않지만, 우리는 정적을 조금 덜 느끼게 할 무언가를 희망하였습니다. 하지만 아아! 아가씨가 없더군요! 청년도 마찬가지입니다. 메리 버지니아는 다소 위로가 됩니다. 그녀는 작은 미소 덩어리입니다. 그녀는 꼬마 숙녀이지만, 내가 본 여자 아기 중 가장 귀엽다고 확신합니다. 아시다시피 우리는 모두 남자입니다. 한 가지 실망스러운 점이 있는데, 그녀는 제가 항상 너무 열정적이어서 진정할 필요가 있다고 생각하는 것 같습니다!

올해 우리의 보고서를 인쇄하였고, 당신에게 우리의 사역에 대하여 편지보다 더 정확한 정보를 줄 것입니다. 다음 주에 받으면 몇 부를 당신께 보내드리겠습니다.

편지가 벌써 길어졌으니, 이만 전킨 부인과 아이들 그리고 선교부의 다른 멤버들의 따뜻한 안부를 전합니다.

진심을 담아
W. M. 전킨.

오 선생님께 안부 전해주세요. 저는 그의 가족들을 거의 매일 보는데, "평안"하게 "잘 지내"고 있어 보입니다.

박스에 넣지 않은 잡다한 것들
1. 정원용 도구 1세트
2. 램프 등피들
3. 철로 된 세면대 세트
4. 다리미 3개
5. 낚싯대 1개
6. 고무 욕조 1개

7. 엽총 1정

8. 의료 기록 묶음

9. 멋진 색의 전등갓 1개

10. 수술 도구

11. 수술대

12. 옷장 1개

13. 식사용 의자 6개

14. 작은 테이블 1개

15. 니켈 도금된 랜턴 1개

16. 현관 깔개 1개

17. 타자기 1개

18. 편지 저울 한 쌍

19. 현미경 1개

유감스럽게도, 쥐들이 당신의 짐상자에 들어가 목욕 타월 몇 개와 덕 팬츠 한 벌을 갉아 구멍을 냈습니다. 우리는 쥐들이 거기에 들어갈 수 있을 줄은 몰랐고, 당신에게 보내는 편지에 목록을 쓰기로 하면서 다행히 그것을 발견할 수 있었습니다. 만약 이 시점에 발견하지 못했다면 쥐들이 낸 손해가 훨씬 컸을 것입니다. 우리는 당신의 기구들, 장마철에는 현미경까지 덮어서 보관하였기 때문에, 알려드린 몇 가지를 제외하면 지금까지 당신의 물건은 매우 좋은 상태입니다.

당신의 고무통을 시골에서 여러 번 사용하였는데, 매우 "좋았"습니다. 하지만 한국인 여성들이 종이문에 구멍을 내고 "구경"하는 것을 막을 수는 없었습니다. 테이트와 맥(McC.) 선생님은 치과 치료를 위해 서울로 가는 중에 이곳에 머물러 있고, 오웬(Owens) 씨네는 목포에 도착했습니다. 우리는 그들에게 군산에 오시라 했으나 아마도 오지 않을 것 같습니다. 카메론(Cameron J.) 선생이 이쪽으로 오고 있습니다. 당신은 언제 오시나요? 편지에는 이 내용이 들어있지 않으므로 별도의 표지로 동봉합니다.

따뜻한 마음을 담아
W. M. 전킨.

1번. 상자에 있는 물건들
1. 꽃무늬 이불
2. 붕대용 천 3개
3. 오리 양복
4. 바늘겨레
5. 수놓은 손수건 자루
6. 멜빵 5개
7. 수놓은 서랍장 커버 1장
8. 수놓은 테이블 커버 1장
9. 수놓은 (테이블) 장식물 2개
10. 수놓은 신발 가방 1개
11. 큰 허크 타월 10장
12. 수건 8장
13. 갈색 스모킹 재킷 1개
14. 알약 통 2개
15. 시트 2장
16. 장식용 침대보 1장

17. 옷걸이 2개

18. 면도용 끈 1개

19. 압지 3묶음

20. 톱과 손도끼 1개씩

21. 장신구 바구니 1개

22. 아기 인형 1개

23. 욕실용 면도거울 1개

24. 걸레 4장

2번. 상자에 있는 물건들

1. 프린스턴 베개와 현수막 2개

2. 커튼 2쌍

3. 아프칸 모포 1장

4. 꽃무늬 베개 1개

5. 흰색 담요 2쌍

6. 회색 담요 1쌍

7. 장식용 침대보 흰색 2장, 푸른색 2장

8. 매트리스 커버(보호막) 1개

9. 식탁보 4개

10. 수건 4개

11. 냅킨 4통

12. 신선로 냄비 1개

13. 리넨 베개 덮개(짝) 6개

14. 면 베개 덮개 10개

15. 면과 마 시트 6개

16. 큰 수술용 수건 14개

17. 작은 수술용 수건 10개

18. 컵 6개

19. 찻숟가락 12개

20. 테이블용 숟가락 6개와 후식용 숟가락 6개

21. 육류용 양식 나이프 1개

22. 빨간 모로코 바늘통 1개

23. 강아지 비스킷 1통

24. 실패 1개

25. 노트 패드 1개

26. 실크면 베개 1개3번

3번. 상자에 있는 물건들
1. 화강암 접시들
2. 은 램프 2개와 전등갓
3. 놋쇠 램프 1개와 전등갓

4번. 내용물
일본 양탄자 2개

5번. 내용물
1. 핀 1박스, 연필, 단추, 바늘, 실, 구두끈, 칼라 단추, 만년필 2개, 사뜨기용의 무명실
2. 여러 의학 도서들
3. 빈 장부 3개
4. 여러 양모 비누
5. 사진 6장과 금칠한 사진틀 1개

6. 철사 빨랫줄 1개
7. 나사돌리개 1개
8. 샤모아 가죽 글씨 패드
9. 권총 1자루
10. 영수증 책 1권

1904년 1월 11일
군산

[레터헤드]
SOUTHERN PRESBYTERIAN MISSION In Korea.

A. J. A. 알렉산더 박사
스프링 스테이션, 켄터키

친애하는 박사님께

올해 크리스마스는 여태까지 한국에서 보낸 크리스마스 중 가장 무탈한 크리스마스였습니다. 우리는 아이들과 이웃, 친구들을 위해 몽고메리 워드 백화점에 몇 가지를 주문하였습니다. 물건들은 12월 9일에 고베에 도착하였고, 시라카와가 그 날짜 이후 두 번 들어왔지만, 우리는 아직 물건을 기다리고 있는 상태입니다.

방금 크리스찬슨으로부터 조언을 받았는데, 그가 독일인의 보호 하에 물건들을 제물포로 보낼 책임이 있다는 것이었습니다. 그는 직접 선적하라는 지시를 받았습니다. 크리스마스 선물 말고도 우리의 겨울옷 대부분과 아이들의 스케이트가 주문되어 있었습니다.

오늘 내린 비로 멋진 얼음이 망가져 버렸고 아마 더는 얼 것 같지 않습니다. 한국인들은 우리에게 66줄의 달걀을 주었고, 불 선생님과 저는 남차문에 가서 당일 사냥을 하였습니다. 그것과 한국인들을 위한 크리스마스트리로 즐거움을 마무리하였습니다. 이곳 한국인들은 염소와 돼지를 잡고, 둘이 먹다가 하나가 죽어도 모를 만큼 맛있는

떡이 만들어졌습니다. 신도들에게 거위를 많이 주었더니 그들이 즐거워했습니다. 바깥 날씨가 꽤 추워서 마을에서는 사냥이 한창이었습니다. 당나귀를 앞세우고, 나귀와 일꾼이 옮길 수 있는 만큼 거위를 잡았습니다. 거위 스무 마리와 꿩과 비둘기, 백조, 메추라기 등이랍니다. 한국인들에게도 12마리 주었고, 서울에 있는 친구들에게도 많이 보냈습니다. 올해는 벼농사가 너무 잘 되어서 어디에서나 사냥감도 많고, 수확이 풍성합니다. 심지어 제 아들도 길을 따라가며 6마리 정도를 잡았습니다. 우리는 당신이 보내주신 탄약으로 겨울 동안 줄곧 사냥을 즐길 수 있을 것입니다.

상당히 남쪽인 이곳에서 보기 드물게 얼음이 잘 얼었습니다. 두께가 6인치나 되며, 얼음 창고에 2주 이상 있었습니다. 저는 우리가 사용할 얼음을 채우는 일을 한국인들에게 '맡겼고', 4일간의 충청도 여행을 마치고 돌아왔을 때 보고 기뻤습니다. 그들은 불 선생님네 것도 가득 채워 넣고 마무리도 잘 하였습니다. 항구의 일본인에게서 왕겨를 150봉지 구했으니 이것으로 잘 쌓아두면 작년보다 더 잘 보관할 수 있을 것입니다.

베스가 기특하게도 8마리의 강아지들을 순산했다는 소식을 전하게 되어 기쁩니다. 제가 강아지들의 부견(父犬)에 대해서 알려드렸지요. 한 마리를 제외한 7마리는 베스와 같은 암컷인데, 셋은 포인터이고 나머지 놈들은 세터입니다. 강아지들은 선교부에서 모두 나누어 가졌습니다. 프레스턴은 밖에 내놓자마자 임자가 나타났습니다. 저는 게스트 룸의 뒷문으로 통하는 옷장을 벽돌로 쌓아 막았고, 바닥 밑의 공간을 다른 용도로는 사용하지 않고 강아지 집과 멋지고 아늑한 공간으로 만들었습니다. 강아지 8마리 모두가 한꺼번에 같은 밥그릇에 있을 때의 "법석"을 박사님이 보셨어야 했는데요. 달랑거리는 꼬리들밖에는 보이는 것이 없지요. 두 번째로 태어난 알렉산더는 무리 중에서 가장 큰데, 베스가 집 안으로 들어오기 위해 문을 긁는 수법을 벌써 터득했습니다. 불 선생님은 두 번째 선택을 하게되었는데, 매일 다른 강아지를 고릅니다. 당신의 이름을 마음대로 사용한 것을 용서하십시오. 하지만 개인적인 이름보다는 제 이름을 붙여주는 것이 더 나을 것 같습니다.

우리는 헤지스(남매)가 동양에 와서 활약할 것이라는 실낱 같은 희망을 품고 있지만, 한국인들이 더는 심각하게 생각하지 않을 때까지 '헤지스! 헤지스!' 하고 외쳤습니다. 그것은 선교지부가 확실히 알 수 없는 상태에서 만약 그들이 이곳에 오는 것에 문제가 있다는 어떤 확실한 암시가 있었다면 할 수도 있었던 일을 아무 것도 몰라서 못 하게 된 것이 많은 것 같습니다. 당신의 편지가 유일하게 그들에 대해 진짜 정보를 우리에게 주었습니다. 저는 그들이 편지를 쓸 것이 없기 때문에 우리에게 편지를 쓰지 않았다고 생각합니다. 심각한 농담은 맞지만, 불확실성은 "여기에서 활약할 헤지스가 오면"이라는 형태로 나타나기 시작하고 있습니다. 지난달 그들의 물건 중 일부가 이곳에 도착했습니다. 물건 10개 중 2개가 운송 중에 분실되었지만, "헤지스가 오기 전에" 되찾기를 바라고 있습니다! 분실물 중 하나가 침대입니다! (나중에 침대가 도착했습니다.)

작은 당나귀는 지금까지 대성공이었습니다. 어떤 날씨에도 여행할 수 있게 해주는 것 외에도, 노동자를 고용하는 비용의 절반을 절약할 수 있습니다. 따라서 당나귀는 매년 제값을 하여 본전을 뽑습니다. 우리가 한 번 더 시도해 볼 만큼 성공적이라도 할 수 있습니다.

올해 불 선생님은 정기적으로 시골에서 일하고 있으며, 바람에 문제가 있지 않은 이상, 한 달에 두 번 강을 건너갑니다. 어느 날 아침, 우리는 존슨 가족이 이곳에 있는 동안 기도를 하고 있었는데, 처음에는 베스, 그 다음에는 불 선생님, 그리고 잭 혹은 빌리보레그스라고 우리 아들들이 부르는 불 선생님의 새로운 개가 들어와 방해를 받았습니다. 그다음에 한국인이 현관문을 열자 당나귀가 노래를 부르기 시작했습니다. 우리는 여전히 기도하였지만, 그것은 마치 장애물 경주 같았습니다.

우리는 풍차를 세울 일본인에게 풍차 자루를 보냈고, 조바심이 나도록 기다렸습니다. 그는 제가 몽고메리 워드에 보낸 주문서 같습니다. 불 선생님은 마침내 올라가서 그것을 가져오기로 결정하였는데, 일본인이 여전히 거짓말을 한다면 우리끼리 그것을 세우기로 했습니다. 파이프가 얼어붙는 것을 어떻게 해야 할까요? 풍차가 작동하지 않을 때는 파이프가 항상 물로 가득 차 있으므로 동파를 방지하기 위하여 짚으로 된 밧줄이나 다른 것으로 덮어야 할까요? 데슐러 지역의 풍차가 이런 식으로 만들어져 있습니다. 동양에서 살아가는 데 필요한 인내심은 경외감을 불러일으키는 주제입니다.

우리는 슬라이메이커(Mr. Slymaker) 씨의 죽음을 알게 되어 매우 충격을 받았고 슬펐습니다. 그 상실을 대체하기란 어려울 것입니다. 한국인의 죽음을 사소한 일이라고 생각할 사람이 누가 있을까요? 그러나 제가 그러했던 것 같다는 생각이 듭니다.

저는 우리가 배워야 할 교훈 중의 하나가 교회가 상식적이어야 하며 기계를 관리하기 위하여 자격을 갖춘 기계공을 두어야 한다고 생각합니다. 저는 증기선을 조립하도록 위임받은 바스가 아는 것이 거의 없다고 들었습니다. 그러나 이것이 사실일지라도 이는 사소한 문제일 뿐입니다. 하나님의 손가락은 콩고를 가리키고 있으며, 상업이라는 이름으로 자행되는 잔혹한 행위들을 막기 위해 미국을 부르고 있습니다.

당신의 편지가 방금 도착했고, 우리에게 끊임없이 베푸는 친절은 우리 모두에게 깊은 감동을 줍니다. 당신의 물건에 관해서 하신 제안의 말씀은 다소 무뚝뚝한 불 부인마저도 당신에게 누나처럼 키스를 전하고 싶다고 선언하게 만들었습니다. 아마도 제가 그 사실을 당신께 말하고 있다는 것을 안다면, 그녀는 누나처럼 저를 한 대 때렸을 것입니다. 저의 아내는 "우리의 크리스마스가 조금 늦춰졌을 뿐이다"라고 했습니다. 그들은 매우 행복한 두 명의 아내들이며, 그들의 남편도 그다지 비참하지 않습니다. 우리는 당신의 소망을 가능한 정확하게 수행하기 위하여 노력할 것입니다. 그러나 저는 당신이 제게 너무 관대했다고 생각하며, 우리는 당신이 우리를 위하여 행한 모든 일에 대해 감사하고 진심으로 사랑한다는 말밖에 드릴 말씀이 없습니다. 집으로 보낼 물건에 관해서는 생각보다 더 많은 공간을 차지한다는 것을 알았습니다. 그림이 많은 공간이 필요하기 때문에 당장 보내드리겠습니다. 물론 요금 지불에 드는 당신 돈은 넉넉히 남아있습니다. 당신에게 그림이 급하지 않기 때문에 저는 비용이 들지 않게 보내려고 노력했습니다. 그것이 얼마나 큰 소포가 될지 몰랐었고, 잉골드 박사님께 부탁하지 말았어야 했어요.

이 편지를 쓰는 동안 저는 우리의 물건들에 대해 참을 수 없어져서, 항구에 가서 어제 물건들이 배로 들어왔는지 확인하기로 했습니다. 아니나 다를까 세관에 있었지만, 화물운송증권을 찾을 수 없었습니다. 마침내 저는 한국 우체국으로 쳐들어가 우체부의 손에서 어제의 우편물을 찾았습니다. 그가 게을러서 전달하지 않았던 것이지요.

그러다가 저는 서울 친구들에게 보낸 사냥한 고기들을 일본인들이 먹어 치웠다는 것을 알았습니다. 마침내 아들들의 크리스마스 선물, 스타킹 등의 물건들과 다른 것들 사이에서 부서진 물건들을 발견했고, 우리 도우미들이 주문하고 숨도 못 쉬며 기다리던 시계와 사슬이 도난당했다는 것을 알게 되었습니다. 배울 점: 편안함이나 즐거움을 위해서는 항구로 가지 마십시오. 저는 아들들이 물건을 잃어버린 것을 알고 울 것이라 예상했지만, 그들은 성숙하게 그것을 받아들였고 윌리는 구타에 참여할 멤버를 모집했습니다.

불 부부는 그들의 어머니가 프리소에서 구하여 보낸 벽지로 새로 도배하느라 바쁩니다. 우리는 방금 그들이 노퍽으로 돌아갔을 때 따뜻한 환영을 받았다고 쓴 편지를 받았습니다. 우리는 그들을 몹시 그리워했지만, 그들의 방문은 즐거움 외에도 우리에게 많은 도움이 되었습니다.

이 편지에 쓰고 싶은 것이 더 많이 있지만, 다음번에 하겠습니다. 이제 다시 항구로 가서 남은 우리 물건을 가져오고 잃어버린 물건에 대하여 청구하려고 합니다. 오 선생님께 우리가 그를 생각하고 기도하며 학업을 계속 잘하기를 바라고 있다고 전해주세요.

새해에는 모든 일을 성취하는 행복한 해가 되시길 제 아내와 아들들이
신실한 마음으로,

당신의 동역자

전킨 올림.

추신.

지난 편지 이후 18명이 새로 교회에 왔고 4명이 문답을 받으려 합니다. 아마 나중에는 문답을 받으려는 분들이 더 있을 것 같습니다. 최근에는 60명이 넘게 문답을 받았습니다.

전도인은 동사동에 사는 양운칠입니다. 그 지역에 사는 젊은 여인을 박사님이 수술하셨죠. 그분은 당신께 감사하며 당신의 이름을 기억하고 있습니다. 사슴으로 판명된 "노란 개"를 보았던 바로 그 장소입니다.

그 어느 때보다도 학교에 학생이 많은데, 저의 아내와 불 여사님이 소녀들을 위한 주간 학교를 운영하고 있습니다.

현재 선교지부 전체가 부당한 세금 징수에 대해 분노로 끓어오르고 있습니다. "춘세(春稅)"라고 부릅니다. 오(긍선) 선생님이 이 문제와 관련하여 사람들이 어떻게 속았는지를 설명해 주실 것입니다. 또한, 모든 아전이 초봄에 봉기하여 정부를 끌어내리고 모든 일본인을 몰아낼 계획을 진행하는 중입니다. 우리가 이 계획에 포함되어 있는지는 아직 확실히 알지 못합니다. 진퇴양란의 형국입니다.

1904년 4월 20일
한국, 군산

A. J. A. 알렉산더 박사,
스프링 스테이션, 켄터키

친애하는 박사님께

당신의 물건들을 목포로 가져가서 벨 선생에게 맡기면 그가 켄터키까지 가져갈 수 있으리라 생각했지만, 그가 짐이 많은 것 같아서 공사관 청구서를 받아 벨 선생님께 배송을 부탁했고, 그가 그렇게 한 것 같습니다. 물건들이 적절한 시기에 좋은 상태로 당신께 배송되기를 바랍니다. 당신은 신선로 냄비를 보내지 말라고 하셨지만, 일반 개인이 사용하기에는 너무 좋은 것이고 당신이 아끼시는 물건 같아 실례를 무릅쓰고 보냈습니다.

이 편지를 쓰면서 장 씨에게 나사 절삭 작업을 위해 보낸 펌프 막대를 가지고 돌아오도록 쓰고 있습니다. 장비에서 실수가 있었고, 1인치로 절삭되어야 할 파이프 다이를 1과 3/4인치로 잘못 보내왔기 때문에 군산으로 모두 보내야 합니다. 풍차의 외관을 세우는데 일본인이 200엔을 요구했기 때문에 불 선생님과 제가 직접 해보려고 합니다. 우리가 모두 조립하면 오늘 펌프를 구할 수 있길 기대합니다. 펌프와 함께 온 안내서가 없어서 우리가 상당히 많은 땀을 흘렸지만 이제는 완전히 숙달된 것 같습니다. 파이프를 자르고 연결하기는 매우 쉽습니다. 이 편지가 도착할 때면 우리가 집 안에서 물을 사용하는 호화스러움을 즐길 것으로 생각합니다.

헤지스 남매는 그들 주위에 울타리를 쳐야 할 것 같습니다. 그들은 손에 쟁기를 잡은 채 뒤를 돌아봄으로써 얼마나 많은 사람에게 민폐를 끼쳤는지 전혀 깨닫지 못하고 있습니다.

박사님이 해외 선교부로 편지하실 때, 선교사 지원군이 이곳에 오지 못할 이유가 전혀 없다는 것을 확신시켜주시기를 부탁드립니다. (러일) 전쟁은 한국의 남쪽 지방에는 전혀 영향을 미치지 않습니다! 군산에 있는 20명의 일본군 경비병이 우리가 느낄 수 있는 전쟁의 전부입니다. 경부선의 철도 자재들이 우리 항구를 통해 선적되고 있어서, 우리는 자주 기선이 있습니다.

왜 『옵저버』가 우리 모두를 필리핀에 보내야 한다고 주장하는지 저는 전혀 이해가 되지 않습니다. 한국에 있는 누구도 필리핀에 갈 생각조차 하지 않기 때문입니다. 선천에서 활동하는 북장로교 선교사 중 몇 명이 평양으로 내려왔지만, 러시아인들이 모두 한국을 떠났기 때문에 그 선교사들도 얼마 후 돌아갈 것입니다. 북쪽 지역에 있는 선교사들을 남쪽으로 피난시키기 위해 수송차가 제공되었지만, 그들은 피난할 이유를 찾지 못했습니다. 위원회가 현재 누군가를 파송하는 것을 현명하지 않은 것으로 생각하지만, 현장에 있는 우리는 파송이 늦춰져야만 하는 이유를 단 한 가지도 찾을 수 없습니다. 심지어 선교사들이 한국을 떠난다는 이야기도 없습니다. 이러한 지연으로 귀중한 시간이 버려지고 있으며, 청일전쟁에서도 그랬듯이 누구도 사역이 중단되기를 원하지 않습니다. 한국인들은 묵묵히 농사를 지으며 전쟁에는 거의 관심이 없습니다.

지금 막 묘지를 완성하였습니다. 묘지는 70피트 평방으로 십자가 모양의 산책로가 있습니다. 우리는 약 8피트를 파서 그 앞에 가득 채웠습니다. 제방은 언덕 주변의 산책로를 향하고 있으며 요새처럼 보이는 물과 약간 수직이 되지 않습니다. 13명의 남자들이 총 22달러의 비용으로 16일 동안 일했습니다. 산책로는 흰 모래로 되어 있고, 우리는 광장에 블루그래스와 흰 클로버를 심었습니다. 50달러가 들 것으로 예상하였고 그 금액은 선교지부에서 기부되었습니다. 만약 한국의 선례를 따른다면 저는 그 잔액을 챙겼겠지요.

우리는 오늘 오전에 오소리를 열심히 쫓아다녔습니다. 봉운이가 뛰어와서 어떤 동물이 정원을 뛰어다니고 있다고 알렸습니다. 저는 총을 들었고, 뒤이어 불 선생님이 뛰어가는 것을 보았습니다. 우리 아들들과 마을 사람들 절반, 알렉산더, 베스 그리고 불 선생님의 개 두 마리도 전력을 다해 쫓아갔습니다. 저는 쫓아갔지만 두 마리 개가 멈추었기에 총을 쏘지 못했습니다. 총부리로 한 대 쳤지만, '태고리'가 너무 '뻣뻣해', 불 선생님이 호미로 세게 때리고, 에드워드는 돌을 던지고, 잭은 슬퍼하며 시늉만 해보다가, 마침내 우리는 그것을 산 채로 잡았습니다. 에드워드는 매우 신이 나서 말했습니다. "불 선생님이 가장 세게 쳤는데 아빠는 그렇게 하지 못했어요!" 결국, 모든 일이 끝났을 때 알렉산더가 침착하게 걸어가서 물어왔습니다. 그리 좋아하는 것 같지는 않았습니다.

그건 그렇고 알렉산더는 제가 한국에서 본 개 중 가장 훌륭한 개입니다. 그의 머리는 검은색이고, 목은 목줄 뒤의 동그란 흰점을 제외하고는 검은색입니다. 한쪽 어깨는 석탄 같은 검은색이고 나머지는 아주 하얀 색입니다. 발에는 작은 물방울무늬가 몇 개 있고, 꼬리는 화살같이 생겼습니다. 알렉산더는 이제 물건을 잘 찾아다 줍니다. 제가 이전 편지에 포인터 세 마리, 세터 세 마리와 스패니얼 두 마리가 있다고 말했었지요. 오웬 부인(Mrs. Owen)은 그 이유를 알고 있다고 주장했지만 저는 잘 모르겠습니다.

저는 프레스턴 선생님에게 한 마리를 주었는데, 6개월이 되자 그 개는 20리를 가서 가방을 모두 회수해 왔습니다. 이들의 묘한 점은 모든 개들이 전부 그들의 할머니처럼 공손하여서, 가르쳐 주지도 않았는데 악수를 해준다는 점입니다. 알렉스가 파리처럼 서 있는 모습이 매우 귀여운데, 이제는 참새같이 서 있어서 작고 까만 아이 같아요.

따뜻한 안부를 전하며
W. M. 전킨.

오 선생님께 안부 전해주세요. 최근 그의 동네에 사는 이들, 모든 아기와 각시(아가씨)들까지 예방접종을 해주었습니다.

1904년 6월 3일
한국, 군산

친애하는 박사님께

『옵저버』를 통해 당신에게 또 다른 큰 슬픔이 있다는 사실을 알게 되어 매우 유감입니다. 당신의 군산에서의 첫날인 동시에, 제가 당신의 아버지에 대해 당신에게 알려야 했던 그 끔찍한 날을 절대 잊지 못할 것입니다. 이제, 당신이 사랑하는 분이 두 분이나 돌아가셨네요. 그들이 아버지의 집에 있다는 것을 기쁘게 생각하지만, 그럼에도 불구하고 그들을 떠나보내는 것은 매우 어렵습니다.

이곳의 여러 사람이 당신의 새로운 슬픔을 알았기 때문에 당신을 많이 걱정하고 이야기하였습니다. 또한, 보혜사가 우리가 고통을 견디고 그것에 짓눌리지 않게 할 수 있는 하나님의 위로로 당신을 위로하여 주기를 기도하였습니다. 믿지 않는 자들은 그러한 고난이 닥쳐올 때 반드시 어떤 불가사의한 힘이 그들에게 화를 내는 것이라고 믿습니다. 오, 우리 아버지께서 우리에게 화를 내지 않으신다는 것을 아는 것이 우리에게 얼마나 큰 위안이 되는지요! 당신이 그를 영화롭게 하는 최선의 방법으로 선택한 것에서 돌이켜야만 할 때는 하나님께서 당신을 인도하신다는 새로운 증거입니다. 분명히 하나님은 당신의 어머니를 위로하시기 위하여 이 시간 당신이 집에 있기를 원하십니다. "의인은 고난이 많으나 여호와께서 그의 모든 고난에서 건지시는도다."

저는 장 씨의 작은 아기를 묻고 방금 들어왔습니다. 당신이 여기 있는 동안 그 아기가 태어났던지라, 기억하실지도 모르겠습니다. 아기는 단독에 걸렸었습니다. 이틀 뒤 저는 그의 딸과 만자산 최 장로님의 아들인 우리 학교 남학생 주아기(Chu Aki)의 결혼을 주례했습니다. 그들은 아이가 아픈 것에 대해 너무 절박하여 온갖 한국식 민간요법을 다 시도하였습니다. 한 가지 치료법은 방금 죽은 돼지 안에 아이를 넣는 것이었습니다. 2주 전에 저의 나이 많은 학생 한 명이 죽었고 의사가 그의 배를 불로 지지자 그 가여운 이가 고통에 몸부림치는 것을 보았습니다. 저는 누군가를 때릴 것만 같은 기분이 들었고 그 짐승 같은 이와 그의 사업을 쫓아내는 데 성공했습니다.

우리 학교는 오늘 휴교였는데, 여태껏 가장 큰 규모이고 최고의 상태입니다. 지금 새 건물에 목수들이 일하고 있는데 다음 학기 전에 공사가 끝나기를 바랍니다. 새 건물은 우리 집에서 병원으로 이어지는 문밖의 길 아래에 세워질 것입니다.

한국은 너무 오랫동안 전쟁이 없었기 때문에, 헐버트가 보내주는 주간지가 아니면 우리는 전쟁의 존재를 거의 알지 못합니다. 새로운 질서의 한 가지 증거는 일본인들이 모든 곳에서 논을 사들이고 있다는 사실입니다. 이는 한국이 막다른 벽에 부딪히거나 아니면 역사에 주목할 만한 반전이 있을 것을 시사하는 것입니다. 한국에는 친러 세력이 없지만 우리는 동시에 일본이 이 나라에 퍼붓는 강경한 요소에 대처할 수 있는 능력이 있는지에 대해 두려움을 가지고 있습니다.

포사이드 박사님(Dr. Forsythe)이 나오시게 되면 작은 파이프를 절삭(treading)할 수 있는 다이를 가져오게 해주십시오(내부 3/4인치, 바깥쪽 1인치). 그들은 구조에는 없는 2인치 파이프를 절단하는 다이를 보냈습니다. 따라서 우리는 맞는 다이를 구할 때까지는 작은 파이프를 끼워 넣을 수 없습니다. 적절한 것을 구하기 위해 일본에 돈을 보냈지만, 그들은 40달러나 하는 전체 절삭 아웃핏보다 적게 파는 것은 거부했습니다! 이곳에 있는 일본인은 한 조각을 절삭 할 때마다 1달러씩 요구해서, 우리는 기다릴 수밖에 없습니다. 크기가 다른 나사 절삭이 많기 때문에 유일하게 안전한 방법은 당신이 구입한 회사에서 그들의 실수를 바로 잡도록 요청하는 것입니다. 우리는 주방마다 물을 준비해 두었지만, 어디까지나 임시방편입니다.

풍차가 세워지는 과정을 보신 적이 있으십니까? 쉽게 보이지만, 겉으로 보이는 모습은 속임수이며 풍차에 딸려 온 허접한 안내서도 마찬가지입니다. 제 오른손의 피부가 남아나지 않았고 다른 손도 차마 봐줄 수가 없습니다. 일이 막 진행되고 있을 때 불 선생님이 아파서 저 혼자 작업해야 했습니다. 저는 밤마다 바퀴를 굴리는 꿈을 꾸었습니다. 우리는 바퀴를 테니스 코트에 올려놓았고, 20명의 남자가 그것을 제자리에 밀어 넣어 기계를 넣기 전에 반쯤 들어 올렸습니다. 풍차가 조립될 때쯤 불 선생님이 회복하셔서 나오셨을 때는 바퀴를 올리느라 진땀을 뺄 때였습니다. 우리 부지는 매우 불안한 토양이었기 때문에 콘크리트를 깔아서 풍차가 잘 서 있으리라 생각합니다. 거센 바람을 고려하여 우리는 버팀대의 모퉁이 부분에 세 가닥의 가시철조망을 놓았습니다. 이 철조망은 풍차가 궁금해서 밤에 몰래 와볼 생각을 하는 한국인들을 막아줄 것입니다.

포사이드 박사님에 관해 좋은 소식을 주셔서, 우리는 집이나 병원을 지을 목재를 구매했습니다. 봄이 되기 전에 그가 건축하지는 않을 테지만, 목재는 모두 푸를 때 구매해서 건조하는 것이 중요합니다. 병원 앞에는 목재가 가득합니다.

우리가 가진 자금으로는 다리를 만들 계약을 맺을 수 없었고, 자금 중 일부는 풍차를 세우고 당나귀를 사는 데 사용되었으므로, 만약 당신께서 나머지 기금이 이곳에서 사용되기를 원하시면 학교로 넣는 것도 좋을 것 같습니다. 학교 비용으로 300이 있고, 마치려면 최소 500이 들 것입니다. 전쟁의 영향 중의 하나는 거의 모든 것, 특히 모든 종류의 건축 자재 가격이 2배로 올랐다는 것입니다.

종이를 거의 다 써서 이만 인사를 해야겠습니다. 하나님의 풍성한 은혜가 늘 함께하시길 바랍니다.

형제애로 진심을 담아
W. M. 전킨.

1904년 9월 8일
군산

A. J. A. 알렉산더 박사
스프링 스테이션, 켄터키

친애하는 알렉산더 박사님께

당신이 포사이드 박사님에 대해 불안해하고 있다는 편지에 우리는 공포에 휩싸였습니다. 우리는 그를 군산에, 놀런 박사님은 목포, 다니엘 박사님은 전주에 근무지를 지정하려고 했습니다. 중간 간부만 온다는 소식에 (오늘 시작하는) 연례회의에서 어떤 결정을 내려야 할지 알 수가 없게 되었습니다. 그러나 매우 감사하게도 당신의 전보 덕분에 전체 상황을 알 수 있습니다. 우리는 당신이 장로로 선출된 것이 전혀 새삼스럽지 않았습니다. 어떤 사람들은 당신이 두 명의 장로 몫에 선출되었어야 했다고 말했습니다. 만약 문지기에 대한 다윗의 말이 사실이라면 하나님 나라의 장로직은 파커와 루스펠트가 그토록 열망하는 것보다 더 중요한 지위로 여겨지겠지요.

당신의 편지를 보니, 풍차가 제대로 작동하지 않고 있다고 느끼시는 것 같습니다. 그러나 풍차는 아름답게 작동하며 일반적인 바람에서는 낮과 밤에 탱크를 채우고, 때로는 훨씬 더 짧은 시간이 걸리기도 합니다. 우리는 풍차를 세우는 데 어리석은 실수를 했다는 것을 인정합니다. 우리에게 아무런 지침이 없었기 때문에 땀을 많이 흘리기는 했지만, 우리가 결국 펌프를 만들었습니다. 물론 작동도 잘 됩니다. 하지만 물론 여분의 파이프가 필요하지 않았기 때문에 이전에 우리는 가죽 와셔를 고쳐야 했고 마음의 짐을 덜었습니다. 사내 아이들이 바퀴가 돌아가는 것을 너무 보고 싶어 했기 때문에 우리는 사다리에서 떨어지지 않으려는 수많은 꼬마 녀석들과 풍차의 생명을 보존하기 위해 20피트 높이의 대나무 울타리를 풍차 외관 전체에 둘러야 했습니다. 풍차를 보기 위해 가깝거나 먼 곳에서 사람들이 왔고, 그들이 원숭이처럼 풍차에 올라가기 전에 우리가 먼저 그들을 본다면 그들에게 무언가를 가르칠 수 있는 좋은 기회가 되는 것입니다. 우리가 대나무 울타리 작업을 마치기 전에 전 목사님이 대나무 한 대를 가지고 20명의 장난꾸러기들을 잡으러 언덕 위로 맹렬한 추격전을 벌이는 것은 쉽게 볼 수 있는 광경이 아니었습니다. 다행스럽게도 이런 일들 때문에 제가 발명해야 했던 (그리고 모두가 공개적으로 유감을 표하는) 이 울타리는 누군가가 쉽게 기어오르거나 부러지지 않는 것이 증명되었습니다.

풍차를 세우자마자 우리 사동 소년이 물을 길어 나르면서 돈을 더 벌기 위해서 그토록 힘든 시간을 보내야 했던 방식이 우리 식이 아니라는 것을 생각했습니다. 저는 철사가 그것을 통과할 때마다 차례로 표시되는 나무토막에 얇은 대나무를 꽂고 깃발을 달아서 탱크의 리사이터를 만들었습니다. 물의 움직임으로 인해 저장소가 필요합니다. 블록이 물의 수위에 따라 위아래로 미끄러져서 모든 집에서 보이기 때문에 우리는 우리가 가장 좋은 특허를 가지고 있는 것처럼 의기양양합니다. 처음부터 끝까지 시멘트로 만든 벽이 있어서 물이 매우 맑고 정말 호화롭게 생활하고 있습니다. 제가 탱크를 덮어두기 전에, 불 선생님의 게이트맨이 탱크에서 목욕하는 현장을 잡았다고 이야기한 적이 있었나요? 우리는 물이 끓는 것을 방지하기 위해 철사 스크린 센터로 페인트 캔버스 덮개를 동굴처럼 만들어 놓았습니다. 봄에는 수조 주위에 나무를 심으려고 합니다.

우리는 유달리 좋은 해수욕 시즌을 보내고 있고, 아이들은 수영을 아주 잘 배워서 물에서 살다시피 했습니다. 아펜젤러 형제(Bro. Appenzeller)의 죽음 이후 우리는 작은 해안 증기선으로 여행할 때를 위한 구명 기구를 하나씩 마련했습니다. 일본에서는 안전 부적격 판정을 받은 선박이 해당 규정이 없는 한국 해역에서 항해할 수 있다는 것을 알고 계실 것입니다. 사람들이 품질 나쁜 배를 타면 그것은 자신들의 탓이라고 한답니다. 우리는 위급 상황에서 조류를 따라 오랫동안 수영할 수 있도록 구명 기구를 사용합니다.

당신의 물건들이 좋은 상태로 도착하였나요? 배송할 때 매우 안전하게 포장되어 있었지만, 물건을 아주 거칠게 다루어서 망원경 상태가 걱정되었습니다.

학교를 건축하는 것은 잘 진행되고 있으며, 모든 목수 작업을 마쳤고 오늘부터 지붕 작업이 시작되었습니다. 우리 스스로 타일을 구워 만들어야 했고, 그것을 옮기는 시간을 가졌습니다. 마침내 우리가 배를 제공하는 몇몇 기독교인들에게 그 일을 맡겼습니다.

우리는 당신의 남은 돈이 다리의 완성을 위해 사용될 수 있도록 선교지부에 충분한 비용을 요구할 것입니다. 지난번 편지를 쓴 후 버지니아의 피터즈버그 교회에서 학교를 위한 기금을 마련했고, 그 돈으로 학교 건축을 마치면 될 것입니다. 선교지부 멤버 중에 이곳에 종종 올 때마다 항구까지 걸어가야 하는 분들은 다리의 필요성에 대한 생각이 매우 확고합니다.

배가 아주 일찍 출발한다는 소식을 방금 들었지만 – 아마 그럴 것 같지는 않은데 – 어쨌든 우리는 출발해야 하기 때문에 이만 편지를 끝내야 할 것 같습니다. 제가 다급히 달려온 일들을 검토할 시간이 없을 테니 당신의 비서에게 그것을 바로잡게 해주십시오.

우리는 당신이 전보를 보낸 것이 매우 순수하였다고 생각합니다. 벨이 우리에게 긍정적인 정보를 줄 수 없다면 포사이드 가족에 대해 확실히 물어보기로 결정했습니다.

모두의 사랑스러운 추억과 함께
진심을 담아 충실한 동역자
전킨 올림.

1904년 10월 22일
한국, 군산

알렉산더 박사
켄터키주 스프링 스테이션

친애하는 알렉산더 박사님께

박사님께서 짐 상자 받는 일에 문제가 많았다는 소식을 듣고 정말 죄송했습니다. 물론 저는 불 선생에게 물건들을 아무 문제없이 통과시킬 수 있도록 영사용 송장을 복사해서 챙겨주었기 때문에 그가 곧바로 가져다주리라 생각했지요. 그는 분명히 다른 업무에 빠져 이 일을 소홀히 한 것 같습니다. 책에 관해서 저는 선교부의 모든 회원들에게 박사님의 『구원의 열정(Relief Passion)』을 빌렸는지 물어보겠습니다. 제가 다른 책들을 보낼 때는 불 여사에게 유아 질병에 관한 박사님 책을 물었더니, 그녀가 책을 새로 주문하겠다고 하고 아직 하지 않았습니다. 그래서 제가 즉각 그녀에게 편지를 쓰겠습니다. 이제 의사들이 많아져서 그 책은 필요하지 않을 것입니다.

배의 진수 문제에 관해서 저는 미덥지 않은 실험이 될 것이라고 생각합니다. 한국은 위험한 마음을 가지고 있으며, 현재로서는 진수를 해도 강 밖으로 사용될 수 없습니다. 우리는 현재 작은 배를 가지고 있는데, 우리 예산을 꽉 채우고 있으며, 이 비용은 진수에 드는 비용에 비하면 극히 일부에 해당합니다. 그러나 박사님의 의견에 대해 우리 모두 감사하게 생각하고 있습니다.

그리고 지금 저는 새로운 종류의 슬픔에 당면해 있습니다. 제가 이 "군산"을 이끌어왔고, 제 마음은 여전히 그곳에 있음을 잘 압니다만, 실제 저는 전주에 있고 저의 소중한 군산에서의 생활은 끝났습니다! 저희가 지난 선교 회의에서 놀란 것에 반만큼도 놀라시지 못할 것입니다. 레이놀즈, 맥커첸(McCutchen), 오웬이 업무 관할 위원회에 있었는데, 그들은 순회하는 것이 제 건강에 좋지 않고, 강하고 중심적인 사역이 전주에 절실하다고 생각한 것입니다. 그래서 해리슨과 제가 자리를 바꾸는 것 말고는 할 수 있는 일이 없지만, 시골 사역은 불에게 맡기고 학교와 지역 일, 그리고 재무 일을 모두 그가 맡아야 하지요. 음, 나는 크리스천으로서 할 수 있는 한 열심히 꾸준하게 일해 왔지만, 선교부의 모든 멤버들이 불 선생네를 포함해서 만장일치로 투표했다는 것이 놀랍습니다. 그러니 제가 할 수 있는 거라곤 발을 빼는 것뿐입니다.

그리운 옛 집이 이제 막 자리를 잡기 시작했고, 과일 나무들과 덩굴들, 딸기들, 그리고 스테이션의 귀염둥이인 우리 풍차 등을 뒤로해야 합니다. 그리고 제 사역에 특별한 관심을 가지고 기도와 돈을 쏟아부어온 미국에 있는 소중한 친구들에게 그들의 것이었지만 이제 예전과 같지 않게 되었다고 말해야 하는 것입니다. 그러나 무엇보다도, 사람들을 떠나야 하는 것이 가장 힘듭니다. 이런 일을 당해야 하는 어느 누구도 특히 어느 목사도 본 적이 없습니다. 우리가 이 교회에서 저 교회로 슬픔에 잠겨 갈 때 그들은 울면서 우리에게 매달리고 저항하고, 또 어떤 이는 이것에 대해 박사님께 편지를 써서 이를 제지할 영향력을 고국에서 하게 하라고 협박도 하고, 어떤 이는 우리를 따라 전주까지 따라왔습니다. 이 사악한 곳으로 오는 것, 그리고 사람들에 관한 한 실질적으로 손이 미치지 않은 도시에 와서, 모든 것을 다시 시작해야 하는 것입니다.

형제여! 이건 제가 여태까지 맞섰던 것 중 가장 어려운 일이랍니다. 제가 있는 곳에서는 무임금으로 일하는 잘 훈련된 일꾼들이 많이 있고, 현지인들에게 임금을 받는 전도사가 있으며, 새로운 장소로 사역이 끊임없이 이어지고 있습니다. 이런 말을 해서 미안하지만 해리슨이 어제 일요일 이곳에서 마지막 예배를 열었을 때, 두 명의 유급 도우미 외에 오직 세 명의 남자만 참석했는데, 그들은 이 상황에 대해 정말 무관심한 듯 보였습니다. 사실 한 한국인이 다가와서 "글쎄요, 이 목사나 저 목사나 다 좋아요. 그가 설교를 잘 하는지 여부가 유일한 관심사에요" 하더군요. 목사와 성도 양편 모두 서로 사랑하는 것이 군산의 사역을 성공적으로 만들었지요. 이 사랑을 모두 포기하고 새로운 사람들에게 돌아서서 그들의 사랑을 얻기 위해 노력하는 것, 그러한 일은 제가 적에게라도 하길 바란 적조차 없는 일이에요.

나는 솔직히 몇 년 동안 얻은 모든 영향력을 희생하는 것은 어리석은 일이라고 생각합니다. 제 최고의 사역이 군산에서 이제 막 시작되려는 시점에 이르렀음을 느꼈습니다. 그동안 침묵을 지키고 있었지만, 제 마음은 줄곧 반항적이었습니다. 하지만, 할 일이라곤 과거를 잊고 지금 이곳의 필요를 향해 나아가는 것이지요. 정말 처참하고 슬픈 부분은 이 도시는 자급자족한 상태이고 아무것도 필요 없다고 생각한다는 것입니다. 제가 도시 사역을 좋아해서 온 마음을 쏟을 수 있으면 좋겠지만, 저는 시골과 시골에서 사는 사람들을 좋아합니다. 그들의 삶은 더 소박하고 깔끔합니다. 이런 일로 박사님을 지루하게 해드려 죄송합니다. 하지만 어떤 식으로든 화를 풀어내지 않으면 뭔가가 터져버릴 것 같군요.

하지만 우리는 이 의사들을 얻게 되어 기쁩니다! 그들 모두는 좋아 보이고 놀런(Nolan) 선생이 영어를 맘대로 구사하는 것은 한국인들에게 전혀 해를 끼치지 않을 것입니다. 당신이 보낸 통신문이 포사이드 박사를 군산으로 가게 하는 계약을 확정한 것이라 믿습니다. 군산으로 가는 포사이드 박사는 불이 밴쿠버에서 그의 전보를 받았지만 포사이드 박사가 임지에 도착했을 때 불은 그것에 대해 한마디도 하지 않았습니다. 내가 해석할 수 있는 유일한 이유는 그는 우리가 먼저 가서 군산과 전주에 다른 사람들을 임명할 것이니 앞으로 다가오는 일을 지켜볼 것이라고 생각했던 것입니다! 아마도 박사님이 좀 더 자비로운 설명을 생각할 수 있겠지만, 우리가 포사이드 박사가 올 확률과 그의 어머니와 여동생이 따라올지 여부에 대해 논의했을 때, 그는 완벽하게 침묵을 지켰고, 자신은 우리보다 더 아는 것이 없다는 인상을 주었답니다.

이제 언급할 필요가 없을지도 모르지만, 다시 한번 언급하는 것이 좋을 수도 있습니다. 박사와 다니엘 여사는 전주에 부임했지만 군산으로 곧바로 가서 불 여사가 이 겨울에 혼자 남지 않을 것입니다.

군산에 있는 당신의 모든 물건을 포사이드에게 넘겨주는 것이 당신의 의도인 것이 확실한 것 같습니다. 다니엘 씨는 넉넉하고 헤지스의 옷들이 있어서 이런 것들이 필요치 않습니다. 하지만 포사이드가 이곳으로 당신의 총을 가지고 오려고 했을 때, 군산의 누군가가 (아마도 불 여사) 무슨 말을 해서 그것을 남겨두게 했습니다. 저는 그가 그 총을 가지고 오고 싶어 하는 걸 알고 있었습니다. 오늘 불 선생이 그에게 빌려주는 형식으로 총 한 자루를 보냈는데, 그의 편지에 이런 이상한 내용이 적혀있었습니다. "포사이드 박사, 당신의 총을 갖게 될 때까지 이것을 갖고 계십시오." 이제 이건 아무 의미도 없을지 모르지만, 박사님께서 다음에 불 선생에게 편지하시게 되면 "물론 포사이드가 군산의 의사를 위해 남겨 놓았던 것들과 내 총을 갖기를 바란다"라고 쓰시는 것이 좋을 것 같습니다. 이래야 정리될 상황이 있으면 이러한 편지가 상황을 깔끔하게 정리할 것이고, 만약 그렇지 않은 상황이더라도 해가 될 일은 없을 것입니다. 나는 오히려 다니엘 씨가 이 문제에 있어서 잘못된 인상을 가졌던 것이 아니라, 불 여사가 아무 것도 군산에서 가져갈 것이 없다는 걸 알게 된 것이 좀 질투가 난 것이라고 생각합니다. 하지만, 저는 당나귀를 타고 가니, 박사님께서 이 당나귀의 영향력과 음악적 재능이 계속 군산에 머물라는 지침이 있을 때까지 계속 타고 있겠습니다.

이 일을 시작한 후 저는 처음으로 한국 형제와 함께 설교를 위해 장터에 나갔습니다. 에드워드(Edward)와 윌리엄(William)은 카드를 그리며 우리와 함께했는데, 금세 완벽한 인파에 휩싸였습니다. 다행히도 그들은 예의 바르게 행동했고 우리는 한두 마디의 짧은 대화 후에 저녁 식사 시간까지 소책자를 나누어 주었습니다. 저는 돌아서다가 포사이드가 군중 틈에 있는 것을 보고 놀랐습니다. 그는 자기 나름의 책 몇 권을 가지고 나왔습니다. 그는 사역을 훌륭하게 맡아 벌써부터 사람들로부터 사랑을 받고 있습니다.

우리가 전주에 오기 2주 전에 한 여인의 생명을 구했습니다. 쌍둥이를 낳고 나서, 산후 회복을 못 했습니다. 군산에서도 다니엘이 도착한 하루 이틀 후에 똑같이 한 여인이 죽었습니다. 다니엘이 도착한 다음 날 같은 일로 한 여성이 사망했습니다. 그가 박사님의 수술대를 막

펼치고 준비했지만 이미 모든 것이 끝났다는 소식이 전해졌습니다. 포사이드 박사가 한국에 만족하고 있고, 그 앞에 장대한 일이 있다고 생각하는 것 같습니다. 그의 어머니와 누이, 그리고 군산에 임명된 얼(Earle) 씨와 함께라면 그들은 좋은 팀을 이룰 것입니다. 나는 얼을 아는데, 그는 좋은 동료이자 열심히 일하는 사람입니다. 다니엘 씨도 유난히 좋은 사람이고, 그는 범상치 않은 좋은 조건을 가졌습니다. 그들은 둘 다 키가 크고 눈에 띄게 잘생긴 짝입니다.

맥커첸이 더블하우스를 지을 계획이랍니다. [어휴!] 그가 이 문제에 대해서는 입을 꽉 다물고 있어서 우리가 할 수 있는 말은 이것이 전부입니다. 고향에 여자가 있는지 모르지만, 제 생각에는 지난 연례회에서 서울에 있는 감리교 아가씨와 꼭 붙어 다니는 사이였습니다. 선교사들이 서울에 새 집 한 채를 사는 데 500엔을 주었습니다. 맥커첸이 그녀와 나갔는데, 그녀가 집 조감도에서 50엔짜리 정사각형의 반을 샀답니다. 불 선생이 내게 귀띔하기를 "맥커첸이 다른 반쪽 칸을 차지해야지, 그렇지 않으면 쓸모없게 될 것"이라고 했습니다.

이제 마지막으로 우리 한 사람 한 사람을 기억해주시니 박사님께 얼마나 감동받았는지 말씀드려야겠네요. 놀런 박사를 통해 우리 모두와 아기들까지 기억해 주셔서요. 놀런 박사가 기부를 시작하자 큰 센세이션을 일으켰죠. 선교부의 비서가 박사님께 러브레터를 쓰도록 지시를 받았답니다. 만약 그가 그렇게 하지 않았다면, 그는 우리 회의의 정신을 파악하지 못한 것이고, 그가 지시에 따르지 않은 것입니다. 우리가 당신에 대한 생각을 말로 다 표현할 수 있고, 우리가 만나는 새로운 사람들을 위해 우리와 함께 기뻐할 수 있으면 얼마나 좋을까요! 우리는 아직 전주에는 살고 있지 않습니다. 물건들이 배를 타고 오는 중이며, 집이 도배되는 동안 군데군데 돌아다니고 있습니다.

따뜻한 형제애로
전킨 올림.

1905년 2월 2일
한국, 남장로교 선교회, 전주

알렉산더 박사
우드번

친애하는 박사님께

뉴욕을 거쳐 캔자스시에서 날아온 반가운 소식을 받고 너무 기뻤습니다. 두말할 필요도 없이 우리 모두 깊은 관심을 가지고 있답니다. 바라기는 한국을 경유하는 호반도시로의 신혼여행이거나 아니면 신혼 후 여행이라도 있기를 기대하고 있습니다. 모든 계획을 세워놓겠습니다. 한국에서 박사님을 다시 보게 된다면 얼마나 좋을까요.

내가 최근에 알게 된 비밀에 대해 말씀드리고 싶군요. 맥(McC.)이 진도가 나가는 듯합니다. 바로 버지니아에서 온 하운드쉘(Houndshell) 양인데, 꽤 왕비과 분위기입니다. 그는 2주 만에 나타나서 집짓기에 관심을 보였습니다. 그러나 이게 말하려는 비밀은 아니지요. 당신이 알아맞히면 내가 우길 수는 없지만 나도 주위에서 들은 것만 말씀드릴 수 있지요.

당신이 베네딕스(Benedicts)를 떠난 후엔 미혼인 친구들이 신랑 들러리를 어떻게 구할지 모르겠군요. 당신이 한국에 사진을 보내기 전까지 얼마나 걸릴까요? 물론 우리가 글로 묘사하는 사진을 기대할 수는 없지요. 긍정적이면서도 최고의 비교급 형용사들이 너무 많이 필요하겠지요?

포사이드(Forsythe)가 내게 전주에 가장 시급한 것이 무엇이라고 생각하는지 물었을 때 포사이드의 얼굴을 당신이 보았어야 했습니다. 나는 싱글 여성들이 필요하다고 분명하게 제안했지요. 캔자스시가 당신이 한국을 알리기 위해 북을 두드리는 소리에 귀 기울일 것이라고 생각하지는 않습니다. 만일 테이트 양에게 무슨 일이라도 생기면 이곳에서 여성을 위한 일들은 엉망이 될 것입니다. 그리고 우리는 도시와 시골에 있는 교회에서 소녀들을 위한 기숙학교를 시작할 필요가 있습니다. 소녀들은 결혼 후 어느 정도 시간이 지나도록 밖으로 나올 수 없기 때문에 그러한 기숙학교 이외의 곳에서 여러 명의 소녀들을 교육한다는 것은 불가능합니다. 위원회에서는 우선 이런 일을 담당할 선생님을 보내주셔야 합니다. 그래야 그녀가 언어를 습득하고 학교를 시작할 준비를 할 수 있을 것입니다. 전킨 여사는 현재 소녀들을 위한 유일한 일반 학교에서 7명을 가르치고 있는데, 이것이 기숙 시설과 교사가 확보될 때까지 우리가 바랄 수 있는 전부입니다.

오늘 포사이드 박사가 다니엘과 의논하여 각자의 자리 – 다니엘 박사는 군산에, 포사이드 박사가 여기에 있기로 결정했다고 말하는 것을 듣고 퍽 놀랐습니다. 포사이드 박사가 바라는 이유 두 가지는 첫째, 어머니가 더 만족하실 거라고 것이고, 다음은 그도 전주에서 하는 일을 좋아해서 떠나기 싫다는 것입니다. 군산에 대해 다니엘도 같은 생각을 하고 있는 것 같아서 둘 사이의 문제를 해결한 것 같습니다. 당연히 둘 다 좋은 친구여서 양쪽 스테이션에서 어느 쪽이든 기뻐할 것이기 때문에 누구도 이러쿵저러쿵 하지 않을 것입니다. 다니엘은 덩치가 크고 매력이 많은 드물게 잘 생긴 남자입니다. 그의 아내도 마찬가지입니다.

포사이드 박사에 대해 우리가 느끼는 단 한 가지의 안타까움은 결혼할 만한 사람이 세월을 낭비하고 있는 것을 보는 일입니다.

군산의 옛 집이 병원으로 사용되어야 한다는 귀하의 생각에 동의합니다.

주거용으로 사용할 때보다 두 배의 비용이 날 것이고 마무리하는 데에도 비용이 들 것입니다. 마침 고향에서 건물 기금으로 사용할 수 있는 1,700불을 모금했기에 의료 목적으로 따로 떼어 놓았습니다.

기증자들에게 병원과 의사가 생겼다고 보고했는데, 많은 이들이 "군산에 병원을 세우는" 것이 무슨 의미인지 이해하기 어려울 것입니다.

군산 선교부의 갑작스러운 조치가 이곳에 머물기를 원하는 포사이드 박사와 관련이 있다고 생각합니다. 이는 선교회의 일이지 스테이션이 관여할 문제는 아니기 때문에 그들은 아무 것도 할 수 없습니다.

그러나 불 선생은 거기에 있는 모든 사람을 시켜 포사이드 박사가 그곳에 살기를 바란다고 말하고 있습니다. 그러나 포사이드 박사는 집짓기를 원하고 있어서 좀 거북해합니다. 만일 그가 이곳에 머물게 되면 그는 잉골드 박사의 집을 사용할 것이고, 그녀는 아마도 더 작은 집을 지을 것입니다.

여기에서 내가 하는 일은 아래 일정과 같습니다. 주일 – 교회 전체를 위한 성경 수업, 오전 10시 30분 설교, 오후 2시 30분 – 5시 서문(西門) 설교. 우리는 노래로 군중을 모으고, 밤에는 남자들에게 설교합니다. 화요일 밤과 목요일 밤에는 테이트 양의 수업이 있고, 토요일 밤엔 남자 예비 교사 수업이 있습니다. 월–금요일 9-10시 한국 소년들 가르치거나 에드워드에게 라틴어를 가르치고, 오후에는 의사 대기실에 가서 설교를 하거나, 마을에 나가 설교하고 전도합니다. 5일에 한 번씩 이곳에는 큰 장이 서는데, 우린 그곳에서 군중들에게 설교도 하고 문서도 나누어 줍니다.

저는 김필수라는 매우 소중한 조력자를 얻었습니다. 어제 그의 성격을 보여주는 한 가지 작은 사례가 발생했습니다. 어떤 일본인이 그에게 한 시간에 10엔을 줄 테니 자기에게 통역해달라고 부탁했습니다(그는 일본어를 알고 있습니다). 그러자 그는 이 일본인이 관철시키려는 상행위를 거절했습니다. 미국의 평범한 변호사들이 하는 일들도 그는 거의 하지 않습니다. 좋은 사람들이 어떻게 돈 때문에 정의를 갉아먹고 죄에 빠지게 되는 것인가가 내겐 풀리지 않은 의문이었습니다.

불 선생님은 1월 1일 부인의 상태 때문에 신학 수업을 참석하러 오시지 않았습니다. 이제 2월에 상당히 접어들었고 아직 소식이 없습니다. 다니엘이 나에게 소를 얻을 수 있냐고 편지를 썼지만, 어린 불의 상태가 어떻게 되어가는 지 모르는 것처럼 여기 있는 어린 송아지들의 상황도 잘 모르겠습니다.

테이트(Tate) 씨는 시골에 자주 머물며 사냥을 합니다. 사슴 두 마리는 잡고, 세 번째는 놓쳤습니다. 전주 근처에는 사냥이 거의 없습니다. 그러나 여기서 약 2마일 떨어진 고대 왕의 무덤 근처 소나무 숲에서 사슴이 나온다고 한국 사람들이 종종 이야기하는 것을 들었습니다.

최근에 이곳 교회에 13명이 추가되었습니다. 둘은 외국인 자녀 – 에드워드와 윌리입니다. 윌리(Willie)는 의사가 되고 싶다고 생각했지만 군산에서 의사가 어린 소녀의 다리에 바늘을 꽂으려는 것을 보고 마음을 바꾸었습니다. 그는 매우 여린 심성을 가졌습니다. 한번은 그가 작은 물고기를 산 채로 잡았지만 좀처럼 잡아들이지 못하고 잡은 장소로 돌아가서 엄마에게 돌아가라고 말하며 놓아주었던 일을 기억합니다. 에드워드는 좋은 학생이고 윌리도 때가 되면 선교사가 될 것입니다. 그들은 지금 전도지 배포에 큰 관심을 갖고 있습니다.

포사이드 박사는 저녁 식사 후 30분간 우리 학교 남학생을 훈련시키고, 나는 목수를 시켜 각 남학생에게 나무총을 만들게 했습니다. 우리 아이들은 스쿼드를 가지고 연습합니다. 오늘 포사이드 박사가 산책하러 그들 중 일부를 데리고 도시로 나갈 때 그들은 각자의 나무총을 가져갔습니다. 그러자 곧 도시 소년들 40명 정도가 […] 훈련에 참여하려고 줄을 섰더랍니다. 우리 아이들에게 포사이드 박사와 같은 사람이 있다는 것에 매우 감사하게 생각합니다. 포사이드 박사는 꽤 소년다운 면이 있습니다.

당신의 이번 여행을 더 길어지게 하지 말아야 합니다만, 캔자스시티에서 여력이 있어, 월넛 스트리트(Walnut St.) 1204에 들르시면 따뜻한 환영을 받을 것이라고 생각합니다.

따뜻한 형제애로
전킨 드림.

1905년 12월 15일
전주, 한국

알렉산더 박사님
켄터키주 스프링 스테이션

친애하는 박사님께

우리는 당신에게서 소식 듣는 것이 정말 즐거웠습니다. 당신의 편지는 최고의 활력소입니다. 당신에게 편지를 쓰기가 부끄러웠습니다. 저는 캔자스시티에서 당신이 결혼 선물을 받기를 바랐는데, 레이놀즈 부인은 귀환하는 선교사를 통해 보낸 것입니다. 저는 포사이드 박사가 미국으로 가기로 결정한 마지막 순간에, 귀국하는 트렁크에 선물을 넣었습니다. 그런데 그가 가지 못해서 그 선물이 서울에 방치되었습니다. 하운드쉘(Houndshell)이나 맥퍼랜드 등의 여러 사람들을 통해 보낼 수 있었는데, 그러나 포사이드가 가장 좋은 기회로 보였습니다. 결혼기념일까지는 선물을 받으실 수 있기를 바랍니다!

여기에서 일어나는 일을 어디서부터 말해야 할까요? 그동안 꽤 바쁜 시간을 보냈었습니다. 정부는 우리가 이전 선교지로 이사하기를 원하면 우리에게 그 예전 선교사 주택을 다시 팔기로 동의했습니다. 우리는 그 집값으로 15,000엔을 받았는데, 그들에겐 1600엔을 주었습니다. 그렇지만 부수적인 일들이 남았습니다.

스테이션은 우리 국제위원회를 통해 돈을 받을 수 있도록 한 형제(선교사)를 임명했습니다. 그런데 그는 군산에 갔다가 돈 한 푼 못

받고, 1년 내에 갚겠다는 약속만 받고 돌아왔습니다. 그 사이 서울에서 매매가 확정되었고, 정부는 돈을 받고 싶어 했습니다. 우리가 현금으로 거래하겠다고 했더니 한국 관리들은 1년 기다리는 것을 너무 싫어해서, 포사이드 박사와 나는 우리가 이 돈을 빌리더라도 당장 지불해야겠다고 생각했습니다. 이로 인해 결국 일본인들에게서 14% 이율로 빌려야 했으며, 그렇지 않으면 체면을 잃을 것 같았고 전주교회의 담임목사인 저를 불리한 입장에 몰아넣게 될 것이었습니다.

집에 대한 저의 주된 관심은 그 집 중 하나를 교회로 사용하는 것입니다. 현지인들은 원래 가격보다 상당 부분을 자유자재로 깎아 주었지만, 다시 허물고 재건하려면 660금화가 더 필요할 것입니다. 건축할 때 우리는 연달아 난관에 봉착하면서 점점 더 깊이 빚에 빠졌습니다. 그러나 교회는 이제 거의 마무리되고 있습니다. 일본인들은 우리가 건축하는 동안 우리 교회의 주변을 사들이기 시작해서 가격을 10배나 올렸습니다. 우리는 교회 부지를 추가하거나 다른 건물도 추가할 수 없게 되었습니다. 그래서 나는 1년 전에 300냥을 주고 얻을 수 있었던 부지에 300엔을 주고 들어갔습니다. 포사이드 박사는 그가 할 수 있는 모든 것으로 나를 지원하지만, 그가 계속할 수 있는 거라고는 급여 외에는 아무 것도 없었습니다. 그래서 12월 18일 제 생일이 돌아왔을 때, 뉴욕과 버지니아 친구들이 보낸 편지에 교회 빚을 탕감할 수 있을 만한 액수가 들어있는 편지가 도착할 때까지는 나는 그다지 행복하지 않았습니다. 나는 그저 버지니아의 펠리건(Phlegan) 판사님에게 돌아가는 상황을 적었고, 고향에 있는 교회에 알리도록 요청했을 뿐입니다. 그러나 그는 개인 수표를 월스트리트(Wall St.)의 친구에게 보내서, 재량껏 돈을 모았습니다. 나는 나 자신을 위해 빚을 지지 않을 것이지만, 이것은 포사이드 박사와 나에게 너무나 분명하게 하나님의 인도하심으로 우리가 믿음으로 나아갔고 지금 그것을 매우 기쁘게 생각합니다. 위원회가 돈을 보내주면 다른 집값을 치르고, 나는 이자만 내면 됩니다.

우리의 조그마한 고아원도 마찬가지였습니다. 교회에 모든 것이 들어가기 때문에 고아원 자금이 부족했습니다. 우리는 보통 그들을 충분히 잘 돌보고, 누구에게도 도움을 요청한 적이 없습니다. 그래도 요구하지도 않은 수표가 와서 청구서를 채우고 고아들도 배불렸습니다.

우리에게 새로 태어난 아가가 있는데, 주로 염소 우유로 삽니다. 그러나 나이 든 염소가 죽었고, 우리는 다른 염소를 찾기 위해 샅샅이 뒤졌지만 헛수고였습니다. 새끼 염소가 아직 태어나지 않았습니다. 그래서 우리는 염소 하나를 보내달라고 주님께 간구했습니다. 그리고 그것은 바로 다음날 아침에 이루어졌습니다. 한 시골 남자가 염소를 도시에 팔러 가져왔는데 가격이 맞지 않아 다툰 뒤에 다음에 다시 오려고 가져갔는데, 손을 다쳐서 병원에 갔다가 환자가 염소를 보고 병원에 와서 우리에게 알려주어서 우리가 얻을 수 있었습니다. 주님이 염소를 보내주셨으니 우리는 너무 기뻤고 안도했습니다. 그러나 그 사람은 너무 많은 액수를 요구했습니다. [질의], 당신이라면 그와 싸웠을까요? 하나님은 우리에게 선하십니다.

지난 2개월 동안 도시와 시골에서 260명이 전주 현장에서 문답을 받았으며 약 60여 명이 내가 그들에게 갈 수 있을 때까지 기다리고 있었습니다. 토니요? 그는 어제 테이트 씨와 함께하기 위해 시골로 갔습니다.

천주교 신부가 지난주에 한국인을 쏘았는데, 그가 이번 주에는 무장한 단체들과 함께 우리 지도자들을 검거하고 체포하고 구타하려고 합니다. 우리는 평화를 유지하기 위해 일본과 한국의 헌병을 보냈습니다. 점잖은 탕(Tang) 신부에게 남아있는 설교가 무엇일지 상상하기 어렵습니다. 그는 확실히 우리의 "사랑" 안에 있지 않습니다. 어제 가톨릭 신자들이 총과 많은 양의 탄약을 가지고 이곳을 떠났다고 합니다. 그러나 그들이 그것들을 사용하기 전에 일본인들이 **분명** 현장에 나타날 것입니다. 우리는 천주교에서 더 나은 리더가 **나오**기를 원할 수는 없습니다. 그는 점잖은 사람들을 모두 혐오할 **것이며** 거친 사람들이 그의 기준에 맞추어 몰려들 것입니다.

저는 지난 2주간 일과 두려움과 근심으로 병에 걸려 나갈 수 없었습니다. 포사이드는 경비원과 동행했기 때문에 그에게 무슨 문제가 생길 것이라 걱정하지 않습니다. 추후 소식을 듣게 되면 더 자세히 쓰겠습니다. 우리 사람들 중 일부는 맨발과 헐벗은 옷으로 눈 속으로 내몰렸습니다. 나는 그가 이것으로 무엇을 얻기를 기대하는지 모릅니다. 다섯은 쌀과 다른 재산을 가지고 갔지만 그는 "좋은 명성을 얻는 것이 낫다"는 것을 알고 있습니다. 한 영국 신부가 철도가 생기기 전에 우리가 제물포에서 서울로 가곤 했던 배에 탔습니다. 군함의 장교들도 타고 있었는데, 그들이 사제에게 꽤 큰 병을 건넸는데, 잠시 후 그 술병과 사제가 사라졌고, 한 장교에게 한 잔을 요청하자, 강화에서 온 하나님의 사람이 탑승한 후부터 그 병을 본 사람은 아무도 없었습니다.

나는 스테이션에 소방 우물 안에 힘 좋은 펌프를 설치했는데, 그 우물이 우리 마당에 있기 때문에 내가 돈을 조금 내어 몇 개의 추가

파이프와 작은 식수 탱크를 설치하여 부엌과 욕실에 물이 나오게 했습니다. 15분 펌프질로 하루 동안 쓸 물이 공급되기 때문에 따로 풍차가 필요하지 않습니다. 나는 포사이드에게 그의 진료소를 통해 우리 집과 연결할 수 있을 거라고 말해주었고, 아마도 내년 봄에 파이프 몇 개를 설치할 것입니다. 내가 스테이션에 펌프를 요구한 것은 포사이드의 부엌(그는 D. J. 집이 있음)에 불이 났을 때인데, 단순한 사고가 우리에게 물을 꺼내 쓸 수 있게 했습니다. 이런 일이 없었으면 우리는 그것을 꺼내 쓸 수 없었습니다. 나는 마침내 테이트와 맥커첸에게 펌프 문제에 지지하지 않으면 우물 사용을 중단시키겠다고 위협했습니다. 이것으로 그들과 하나로 묶였습니다. 그것은 집에 좋은 생명 보험입니다. 그들은 우리 집 식수 탱크에는 투표하지 않았을 텐데, 화재 진압으로 사용될 수 있다면 그것은 화재 보험료로 생각할 수 있습니다.

맥은 여전히 노력하고 있지만 그가 사랑하는 여인은 원산 앞바다에 머물러 있어서 안타깝습니다. 포사이드는 내가 아는 누구보다 좋은 아내가 필요합니다. 그는 자신을 돌볼 줄도 모르고 돈이나 의류 관리도 할 줄 몰라서 그것들이 어디로 갔는지 전혀 모릅니다. 이곳 스테이션에서 필요한 것을 이야기하자면 포사이드의 아내입니다. 그는 해안가에 있는 여인과 사랑에 빠졌음을 시인하고 있습니다. 정말 그의 아내나 그의 어머니가 나오지 않으면 나는 그가 걱정됩니다. 그는 늘 의기 탱천하여 주위를 아랑곳하지 않고 가고 싶은 대로 내지르는 사람입니다. 테이트 씨가 신랑이 되는 일을 상상할 수 있겠습니까? 신랑과 관련된 부분을 떠올리실 수는 있겠지만, 테이트? 겁에 질린 미소가 어렴풋이 떠오릅니다.

포사이드가 "총독"이라고 부르는 우리 아기는 모두에게 미소를 머금고 있는 사랑스럽고 유쾌한 친구입니다. 포사이드는 그를 매우 좋아하는 것 같고, 그는 보이는 그대로인 사람입니다. 포사이드가 서울에 있을 때 놀런이 왔었지만, 목사님이 아파서 포사이드가 급히 서울에서 내려와 그날로 놀런도 떠났습니다.

총독 아가는 10파운드가 족히 되고, 다른 여분 옷이 없어 담요에 싸여 있었답니다. 그의 어머니가 입힌 옷들은 모두 너무 작았습니다만 아가는 전혀 개의치 않았으며, 일주일에 2파운드 느는 일이 잦자 윌리가 할머니에게 보내는 편지에 아기에게 옷을 만들어 주기 위해 밤을 새워야 했다고 썼답니다.

테이트 씨는 이제 모든 것을 사냥합니다. 그는 사슴, 야생 조류를 사냥하고, 이번 주에 큰 멧돼지를 잡았습니다. 현지인들이 농작물을 키우는 지역에 멧돼지들이 너무 많아서 그렇지 않으면 농작물을 다 망가뜨립니다. 당신이 나오시면 함께 사냥합시다.

그건 그렇고, 만약 총기 수집가를 만나면 저를 좀 연결해주십시오. 제가 평양에서 6주 동안 신학 수업을 가르칠 때 호랑이 사냥꾼의 소총을 얻었습니다. 아주 오래된 것이고, 권총 손잡이가 달린 스톡이 있는데, 총구까지는 한 개의 견목으로 되었으며, 22개의 놋쇠 밴드(Sousa것은 아님)가 장착되어 있습니다.

고귀한 가톨릭 성도 무리들이 사제의 집으로 피신했으며 일본인들이 문 앞에 앉아있다는 소식을 방금 들었습니다! 미사는 물론 내일-일요일 안에 올려질 것입니다. 군인들은 그들이 들어갈지 아니면 기다려야 하는지에 대한 지시문을 작성했습니다. 이는 위기입니다. 왜냐면 이 사람들이 지금 효율적으로 자리 잡지 못한다면 우리가 이

나라에서 일할 수 없을 것입니다. 나는 그들이 일본사람들을 잘 모르는 것 같습니다. 왜냐면 그들은 자기들이 잘못하면 잡혀갈 것이라는 것을 잘 모르는 것 같습니다

"잭"은 정말 몸집 좋고 쾌활합니다--그는 설교하러 가기 싫을 때면 걷는 것을 포기하고 인력거에 올라타 집으로 돌아오는 버릇이 있습니다.

저는 여기 테이트 집 앞에 있는 기와집을 거래했습니다. 아주 이상적인 학교 부지가 될 것이며 21칸을 가진 집인데, 1과 1/2 에이커의 토지(정원)와 1/2에이커의 논을 600엔에 샀습니다. 수개월 내에 우리가 필요로 하는 것을 사지 않는다면 가격이 끔찍하게 오를 것이고, 일본인들이 다 차지할 것이기 때문에 우린 전혀 얻지 못할 것입니다. 선교부가 필요로 하지 않으면 저는 개인적으로 사들이고 난 후에 두 배 값에 팔 수 있습니다.

대학 교육을 받은 남자들이 이곳에 함께 있다면 이곳이 학자들로 와자지껄하도록 채워지겠지만, 그러진 못할 것 같습니다. 여학교의 경우에도 위원회에서 말만 많고 실천은 없습니다.

캔자스시에 있는 제 누이가 박사님을 보게 되어 즐거워하겠지요. 내 논문이 실린 것을 박사님께서 기뻐하시리라 믿습니다.

따뜻한 형제애로
전킨 올림.

메리 전킨 선교사 편지

1896년 11월 25일
한국, 서울

아기가 편지를 이렇게 막 구기고 입으로 가져가려 하네요.

사랑하는 가족에게

월[5]과 레이놀즈 부인, 벨, 해리슨, 테이트 씨와 테이트 양과 데이비스 양이 지난 목요일 3시 30분에 제물포를 출발하여 금요일 12시에 군산에 도착했습니다. 이 여정이 범선에서 거의 일주일을 보내는 것보다 훨씬 낫지 않아요? 월이 내게 편지하기를 바다는 유리알 같았고, 아픈 사람은 아무도 없었다고 했습니다. 테이트 양과 레이놀즈 씨가 아프지 않았다면 순조로운 여행이었던 것이 분명합니다. 그들은 우리 집과 정원이 쓸 만한 상태이며 드루도 꽤 좋아진 것을 확인했습니다. 해리슨 씨와 테이트 씨는 군산에서 배에 실린 물건을 10마일 정도 떨어진 전주로 옮긴 후, 거기에서 조랑말과 사람 등짐에 실어 옮겼습니다. 데이비스 양은 군산에 머물기로 했습니다. 테이트 양과 아마 양은 인력거를 타고 레이놀즈 씨는 자전거를 타고 육로로 전주로 갈 예정입니다. 그들이 조랑말을 다시 돌려보내주어

---

5 남편 윌리엄 전킨의 애칭이다.

서, 월과 벨 선생과 모두 화요일에 예정되었던 여정을 전주에서 출발하기로 했습니다.

내가 지난 편지에서 말한 것 같은데, 이번 여행의 목적은 군산이 선교 기지로 최선의 위치인지, 건물 등에 돈을 쓰는 것이 맞는지 등의 의구심을 확인하고자 하는 것이랍니다. 월은 나를 군산으로 데려가기 위해 크리스마스 전에는 여기로 돌아올 수 있기를 바라고 있습니다.

우리는 해안에 있는 우리 아래쪽의 목포가 개항장이 되고 어쨌든 목포가 열리면 우리 지역에 개항장이 생기게 되기 때문에 우리 선교에 도움이 될 것이라서 이번 겨울에 배가 다시 돌아올 것이라고 기대하고 있습니다. 군산 스테이션이 목포 바로 위의 도시로 이전하게 되면, 서울과 제물포의 관계처럼 유지될 수 있을 것이라 생각합니다. 목포항은 물길로 다니는 항구입니다. 그들은 목포 자체로는 사역에 좋은 곳은 아니라고 생각하고 있습니다. 그곳은 너무 작아서 사역하러 들어갈 만한 시골이 없는데다가 항구에는 늘 사악한 외국인들로부터 유입된 나쁜 영향력이 들끓는 곳입니다.

월은 서울에 있는 동안 램블러(Rambler) 자전거를 주문했습니다. 해리슨 선생(Mr. Harrison)이 에이전시가 있어서 자신과 다른 여러 사람을 위해 주문했는데, 60달러에 구입했습니다. 물론 선교사가 판매 과정에서 어떠한 지분도 취할 수 없지만 자신과 다른 사람들을 위해 훨씬 저렴하게 구입할 수 있었습니다. 월이 하나 가지게 되면, 선교 재정도 절약하고, 수고도 많이 덜게 될 것입니다. 순회도 가능해서 한 번에 오랫동안 출타해 있지 않아도 될 것입니다. 박사님이 하나 가지고 있는데, 월이 서울에서 레이놀즈 씨의 것을 꽤 잘 타게 되었습니다. 레이놀즈 씨는 데이비스 양과 도티 양이 살던 곳에 살고 있는데, 외딴 곳이어서 걸어다니는 것이 거의 불가능합니다. 월은 우리가 이런 곳에서 살게 된다면 자기도 하나를 구해야겠다고 합니다. 여성분들도 여러 명 자전거를 갖고 있고, 그들의 사역이 여기저기 흩어져있어서 시간과 돈을 절약할 수 있게 되었다고 합니다. 남성분들은 대부분 가지고 있습니다. 장마철만 제외하면 시골 어디에서나 잘 사용할 수 있고, 서울은 전혀 문제될 것이 없습니다. 다른 성문에서 서울로 이어지는 거리는 원래 꽤 넓었는데, 점차 초소와 집들이 많이 들어서면서 좁은 골목길이 많이 생겼습니다.

최근에는 이 불법 거주자들을 모두 내보내도록 하는 법이 만들어져서 이제 꽤 넓은 거리가 생기고 잘 관리되고 있지만 보도가 없습니다. 이것은 주로 이곳에서 훌륭한 일을 하고 있는 서재필 박사(Dr. Jason)의 업적입니다. 그는 12~13년 전 민영익이 부상을 당했던 사건의 중심인물 가운데에 있었고, 윤 씨와 함께 미국으로 도피했습니다. 그는 대부분의 시간을 워싱턴에서 지내면서 대학 교육과 좋은 의학 교육을 받았습니다. 그곳에 머무는 동안 그는 기독교인이 되었고 주로 세계적인 교수와 친분을 쌓을 것으로 기대합니다. 그럼에도 불구하고 나는 그가 진정한 크리스천이며, 분명 진보적 기상과 그의 모든 작업에 열정을 갖으리라 믿습니다. 그는 1주에 3회[6] 나오는 신문을 시작했는데, 한국어와 영어가 반반씩 섞인 신문으로 한국에 큰

---

6 영어 편지에는 "tri-weekly"라고 되어 있는데, 서재필이 1896년 4월 7일에 창간한 『독립신문』이 처음에는 1주에 3회(화, 목, 토요일) 간행되다가 1898년 7월 1일부터는 격일간지에서 일간지로 발전하였다. 처음에는 4면만 영문판으로 간행하다가, 1897년 1월 1일부터 영자신문을 독립시켜 1주에 3회 격일간으로 간행하였다.

도움이 됩니다.

서울 거리에서 신문팔이 소년들을 구경하는 것이 퍽 재미있습니다. 제이슨 박사는 미국 시민이고, 사고방식도 철저히 미국인입니다. 그는 워싱턴 여성과 결혼했는데 그녀는 그에게 별로 도움이 되지 않을 것입니다. 그녀는 퍽 어리고 철저히 시류적인 여성인데, 자기 집에서는 꽤 즐거워 보이지만, 다른 사람들과 여가 시간을 보낼 때엔 침묵을 지키거나 지루해 하기 때문에 그녀가 무슨 생각을 하는지 또 생각은 있는 것인지 말하기 어렵습니다. 상식적인 사람이라면 조상에 대해 아무것도 모르는 외국인과 어떻게 결혼할 수 있는지 상상할 수 없겠지요. 그들이 다른 많은 사람들처럼 첩을 두지 않는다면 그것은 큰 은혜입니다. 이 사람의 경우는 첫 번째 아내가 실제로 죽었고 어린 나이에 망명을 하게 되었습니다. 그는 아마도 축첩하지는 않았을 것입니다.

아버지와 어머니가 만났던 이 씨 부인은 그의 첫 번째 부인이 아니었지만, 그의 아내가 죽은 이후로 쭉 이 부인하고만 함께 살았다고 들었습니다. 아버지와 어머니가 본 사람은 하층 계급 출신인데 대부분의 첩은 하층 계급입니다. 더욱이 그들의 첫 번째 결혼은 그들이 아주 어릴 때 이루어지는데, 당시의 그는 상류 출신이 아니라 낮은 계급에 있었지만, 고위층으로 자라서 지금 행정 수반이 되었잖습니까? 한동안 그녀는 매우 배타적이었지만 최근에는 그녀의 옛 지인들과 다시 만나고 싶어 하는 것 같아서 돌아가기 전에 그녀를 만나러 가봐야 할 것 같습니다.

이 편지를 쓰는 오늘은 바람이 많이 부는 추운 날씨이어서 아이들이 밖에 나가지 못하자 애드워드와 볼링(Bolling)이 2분마다 싸움을 해서 나는 가끔 정신이 빠지곤 합니다. 에드워드는 대부분의 또래 아이들보다 말을 더 잘합니다. 매일 밤 그가 짧은 기도를 하지만 기도 중에 장난치기도 합니다. 나는 그를 교회에 세 번 데려갔는데, 한번은 목사님이 기도할 때 목소리를 높여 노래를 부르고 저보다 큰 아이들을 웃게 만들려고 갖은 장난을 다하며 짓궂게 굴었습니다. 그와 볼링이 한국어로 다투고 서로 반말을 사용하는 것을 들으면 재미있습니다. 물론 그들은 좋은 유머로든 나쁜 유머로든 서로에게 반말이나 아이들 어투를 사용합니다.

빈튼(Vinton) 부인이 자기 아이가 어려서 입던 옷을 에드워드에게 주었습니다. 작은 멋진 양복, 허리까지 오는 셔츠 두 벌, 속바지 세 벌을 받았습니다. 나는 아기에게 예방 접종을 세 번 맞혔는데 마지막 하나까지 맞지 못할까 봐 걱정하고 있습니다. 우리가 집에 가기 전에 마지막 접종까지 성공할 수 있기를 간절히 기다립니다.

편지가 가족들에게 도착하기에 앞서 사진을 받으셨겠지요? 아이들 모습은 빛나지만 윌과 저는 형편없습니다. 모두들 나보다 나이가 많아 보인다고 하고, 윌 모습도 전혀 마음에 들지 않습니다. 우리가 사진들을 에드와 마가렛, 그리고 수지에게는 보내지 않았어요. 각 가정에 한 세트씩 보내서 그 사진들을 최대한 활용하고 싶었기 때문입니다. 마가렛에게는 한국 나비를 몇 마리 보냈습니다. 비록 훌륭한 예술 작품은 아니지만 순수한 한국 토산물로 그녀가 방화문 만들 때 사용하면 좋을 것 같아요. 그녀에게 좀 더 근사한 것을 보내고 싶었지만, 집에 가는 사람들 중 아무도 물건을 가져가 주겠다고 말하는 사람들이 없었고, 그런 일이 나중에 문제를 일으킬 수 있기 때문에 그들이 물어보지 않는 한 우리도 부탁하고 싶지 않았습니다.

모두에게 사랑을 전하며,

메리 전킨 올림.

1899년 2월 22일
한국, 군산

존경하는 어머니께

어머니에게 보내는 편지를 조금이라도 쓰지 않고 이 하루를 보낼 수가 없습니다. 오늘 아침 일어나니 윌이 어제가 22일이라고 표시해 놓은 것을 보고 어제가 어머니 생신이었는데 그것도 모르고 편지도 안 썼다며 놀랐어요. 그 후 몇 가지 메모를 쓰기 시작하다 보니 윌이 실수한 것을 알았습니다. 어쨌거나 나는 어제 요리사에게 케이크를 만들어 달라고 해서 짧은 시간에 제대로 된 저녁을 먹을 수 있었습니다. 우리는 로스트 오리, 셀러리, 올리브, 피클, 슬로 야채, 마카로니, 요리된 셀러리, 코코넛 케이크와 복숭아를 먹었습니다. 테이트 씨가 전킨과 함께 회계 장부에 대한 감사가 있어서 이리로 오늘 올 줄 알았는데, 아직 안 온 것으로 보아 우리가 오지 말라고 보낸 쪽지를 출발 전에 받은 것 같습니다. 전킨 씨는 다음 주에 전주에서 만나는 한국인들을 위해 연수 강의를 준비를 하느라 이번 주 아주 바쁘게 보내고 있습니다. (테이트 씨가 방금 오셨네요.)

팻시도 내가 오기를 무척이나 바라지만 너무 힘든 여정이라 가지 않을 생각입니다. 나는 에드워드가 볼링과 놀 수 있게 보낼까 생각을 하고 있었지만 윌리가 그 말을 듣고 상심하여 말하길 에드워드는 집에 머물러서 엄마를 돌보고 자기를 아빠와 함께 가게 해 달라고 말했습니다. 윌은 자전거를 타고 가는 것이 훨씬 더 쉬울 것이라서 에드워드가 안 가는 경우엔 그 편으로 갈 것 같습니다. 에드워드가 많이 실망하겠지만, 어쨌든 둘을 떼어놓는 게 안됐습니다. 이제는 그들 중 어느 누구에게도 상대보다 눈곱만큼도 더 줄 수 없을 정도가 되어 가고 있습니다. 이 문제는 평상시에는 아주 원만합니다. 그래서 자기가 무언가 요구할 때는 항상 다른 사람의 몫도 함께 요구합니다. 그들은 나와 마가렛과의 관계를 생각나게 합니다. 윌리에게 어제 아침 우스꽝스러운 사고가 있었답니다. 전날 밤 목욕하느라 물이 반쯤 채워진 세탁조만 한 욕조가 방에 놓여 있었지요. 아마(Ama)가 윌리에게 막 옷을 갈아 입혔는데, 그가 욕조에 뒤로 넘어졌어요. 윌이 옆에 서 있다가 금방 그를 꺼냈지만 벌써 목까지 빠져서 온통 흠뻑 젖었습니다. 그는 너무도 당연히 차가운 물벼락을 싫어했고, 에드워드도 울면서 "우리 아가 동생이 욕조에 빠졌어요"라며 울먹였답니다.

2월 23일 – 테이트 씨가 온 후 나는 편지를 치워놓고 그가 먹을 것 좀 챙겨야 했습니다. 에드워드가 나더러 자기 손을 잡고 어머니에게 보내는 짤막한 편지를 쓰게 했습니다. 색연필이 너무 부드러워서 그곳에 편지가 도착했을 때 읽을 수 없게 될까 봐 걱정됩니다. 편지 맨 아래에 그가 칠면조라고 부르는 그림을 그려 넣자는 것은 에드워드의 생각입니다. 에드워드는 부화한 새끼 칠면조에 얼마나 관심이 많은지 몰라요. 윌리는 그들에게 별로 관심이 없고요. 요즘 그의 주된 관심은 오르간 연주이며 모든 가구를 오르간으로 삼아 연주하는 것입니다. 자기 앞에 책을 놓고 의자의 가로대에 발을 얹고, 무슨 오르간이든 상관없이 연주하면서 목소리를 높여 노래합니다. 그의 모습이 요즘 들어 퍽 예쁘답니다. 머리카락은 어머니가 황금색이라고 부르는 색이고, 자연스러운 곱슬이 생겨서 잘라주지 않아도 자연스럽게 되었습니다. 캐서린(Katherine)의 사진 모습과 꽤 비슷한 것 같습니다.

나는 마가렛(Margaret), 캐서린, 수지(Susy)와 수지 친구, 주방에 모여 있는 동생들 사진을 보게 되어 너무 즐거웠고, 방을 다시 들여다 보는 것처럼 여러 물건들이 눈에 들어왔습니다. 내 카메라로도 찍을 수 있으면 얼마나 좋을까요. 카메론 존슨(Cameron Johnson)이 증기선 갑판에서 우리 사진을 찍었는데, 월과 저는 괜찮았지만 아이들이 좀 움직였습니다. 어머니에게 하나를 보내드리고 싶었는데 그가 팻시 (Patsy)에게만 사진을 보냈고 우리에겐 주지 않아서, 우리도 볼 수 있게 해달라고 편지를 써야 했습니다. 아이들은 내가 무엇을 썼는지 거의 알지 못할 정도로 소란을 피우고 있습니다. 카메라를 좀 더 공부 하고 나서 곧 몇 장 찍어보려고 해요.

드루 박사(Dr. Drew)는 지난주에 서울에서 돌아오는 길에 큰 우편물 을 가지고 왔습니다. 우리는 약 6주 동안 아무 것도 받지 못한 터라 아주 기뻤습니다. 마가렛과 찰스의 이사에 관한 소식이 담긴 아버지 와 어머니 편지를 받았습니다. 그들이 거기로 가게 되어 정말 기쁩니 다. 산토스(Santos) 가족들과 가까이 지내시기를 바랍니다. 우리가 노퍽(Norfolk)에 있는 동안 그들과 함께 지냈는데, 그들은 정말 친절하 고 좋은 분들이며 지금도 월에게 자주 소식을 전합니다. 월을 지원하 는 교회가 바로 그들의 교회랍니다.

궁말에 집 지을 땅이 모두 매입되었다는 소식을 듣고 기뻐하셨을 줄 압니다. 월은 전주에서 돌아오는 대로 건물을 짓기 시작할 생각이 고, 장마 전까지 완성은 안 되었더라도 입주할 수 있기를 바라고 있습 니다. 그렇게 빨리 시작할 수 있게 되어 저는 기쁘지만 월에게는 두려 운 일이지요. 한국에서 건물을 짓는 일은 선교하는 일보다 더 힘든 일이라고들 합니다. 여기에서 일하는 각 이사회에서 건물 짓는 일에 경험이 많은 사람을 보내줄 수 있다면 더 좋을 것이라는 것이 일반적인 견해 같습니다. 여기에서 우리가 할 수 있는 일은 지치지 않고 밀고 나가는 일인데, 일꾼들이 너무 적습니다. 월이 6개월 이상의 시간들을 포기하며 일꾼들과 주택 건설에 시간을 허비해야 하는 것은 유감스러운 것 같습니다. 주택 일은 보다 건강한 처소와 좀 더 많은 방이 있는 집을 위한 피치 못할 일이라고 생각합니다.

현 상태에서는 날씨가 좋지 않아서 아이들이 밖에 나가 놀지 못할 때면 우리 모두가 함께 북적대는 곳에서 월이 설교를 준비해야 합니다. 이 때문에 저는 종종 여성들을 만나거나 침실로 병든 이를 데려오는 일을 피해야 할 때가 있습니다. 이러한 일은 겪어 보지 않으면 누구도 육적으로나 영적으로 얼마나 힘든지 모를 것입니다. 우리를 위해 기도해 주시기를 원합니다. 어떤 이는 일주일 내내 일꾼들과 씨름한 후에 일요일에 일어나 설교할 수 없을 것 같다고 합니다. 건물이 지어지는 현장에 사람들이 얼마나 많이 오고 가는지 모릅니다. 영적으로 바로 서 있기만 한다면 설교의 기회가 너무 많습니다. 모두 이상하게 들으시겠지만, 슬프고도 엄연한 사실입니다.

지난 2주 동안 월은 교회에 여성 12명과 남성 1명을 받아들였습니다. 우리 보모도 그중 한 명입니다. 요리사와 일을 도와주는 남자 아이는 종교에 관심이 없는 것 같습니다. 월은 여성들을 문답하기 위해 한 번에 한 명씩 데려와야 했고, 저는 항상 그들과 함께 앉아 있었습니다. 그들을 한꺼번에 다 오게 하면 그들은 마치 양처럼 다른 사람들을 따라 해서 그들이 정말 무엇을 믿는지 알기 어렵습니다. 월의 선생님의 아내와 열두 살쯤 된 어린 딸도 포함되었습니다.

그 딸아이는 똘똘하고 예쁜 아이인데, 그녀에게 예수가 이 땅에 언제 왔느냐고 물었더니 자기 생일날이라고 대답했답니다.

월이 전주에 있는 동안 나는 여성들을 위해 주일과 수요일 밤 예배를 섬기고자 합니다. 박사님과 선생님이 아침 예배를 주관할 것이고 저도 아이들과 섞여 그 일을 하고 싶습니다. 나는 소년들에게 내 아이들을 가르치게 하고 싶어요. 예배 전에 가르치려고 합니다.

드루 여사는 해리슨 여사가 떠난 후 소녀들을 데리고 해 보려고 했지만 그녀의 자녀들이 너무 아프고 집도 너무 작아서 포기해야 했습니다.

하루나 이틀 안에 배가 나오길 바라면서 이 편지를 쓰고 있습니다. 어머니 생신을 어디에서 지내시는지 궁금하네요. 저도 함께 보낼 수 있으면 얼마나 좋을까요. 사랑하는 아버지에게 편지를 쓰지 않았기 때문에 이 편지가 아버지 어머니 모두에게 해당될 것입니다. 저는 날마다 소중한 기독교인 부모 밑에서 살게 된 것에 대해 점점 더 감사함을 느낍니다. 정말로 향수병이라고 말할 수는 없지만 때론 어릴 때처럼 어머니 무릎 위에 누워 귀여움을 받고 싶고, 또 사랑하는 두 분을 즐겁게 해 드리고 싶습니다. 나는 두 분이 우리와 우리의 사역을 위해 기도해 줌으로써 여기에 있는 우리 사역의 많은 부분을, 아니 어쩌면 그 이상을 감당하고 계신다고 생각하곤 합니다. 저는 제 삶에서 많은 기도에 대한 응답을 받았기 때문에 큰 믿음을 가져 마땅합니다. 어머니가 지난 편지에서 말씀해 주신 소식이 그 중 하나인데, 그 소식을 들으니 얼마나 기뻤는지 모릅니다. 저는 종종 우리가 하나님께서 그의 약속을 이루시는 것을 보면서 우리가 더 기도하는 것이 아닌가 하는 생각이 듭니다.

수지(Susy)와 엘리자베스(Elizabeth) 그리고 어린 마가렛(Margaret)이 보내준 크리스마스 편지들과 어머님의 편지를 지난번 우편으로 받았습니다. 낸시가 아프다니 너무 슬프네요. 저의 사랑을 전해주세요. 나의 자매들, 그리고 내게 편지하는 대부분 사람들에게와 마찬가지로 그녀에게도 편지를 써야 한다고 생각하면서도 아무리 노력해보지만 불가능하네요. 편지를 써야겠다고 느낄 때는 늘 사랑하는 아버지와 어머니에게 쓰게 됩니다. 왜냐하면 어느 누구보다도 어머니 아버지가 우리를 가장 사랑하고 소식을 못 들었을 때 가장 상심할 것이라고 알기 때문이지요. 마가렛 동생에게 쪽지를 동봉할게요. 아니요. 그녀에게 제가 편지를 제대로 쓸게요.

카메라에 예쁜 색의 실레시아 같은걸 넣은 사람이 누군가요? 아이들 스크랩북처럼 잘라서 내 카메라 상자에 넣어서 왔지만 아무도 말하지 않아서 나에게 보낸 것인지 드루 씨 댁이나 오웬 박사에게 보낸 것인지 알 수가 없습니다. 내가 침대에 있을 때 카메라가 와서 그것들이 상자 안에 있었는지 상자 밖에 있었는지 기억나지 않아요. 작은 카드들이 왔네요. 마가렛 동생에게 고맙다고 말해주세요.

2월 24일 - 두 척의 증기선이 막 들어왔습니다. 이 글을 쓰기 전과 이후로 이 글을 포함하여 38페이지에 달하는 편지들과 6개의 메모를 썼습니다.

사랑하는 딸
메리 올림.

우편이 막 도착했지만 가족에게서 온 편지는 없었습니다. 편지 받은 것이 언제인가 싶게 편지가 그립네요.

1899년 4월 20일
한국, 군산

사랑하는 가족들에게

저는 이 편지를 쓰면서 문 옆에 앉아 정원 가꾼 일을 바라보고 있습니다. 요즘 들어 저는 정원의 꽃 사이에서 가장 많은 시간을 보내고 있는데, 꽃들은 최고의 상태에 있는 것 같습니다. 상추는 거의 먹을 수 있을 정도로 자랐지만, 벌레들이 무를 거의 다 갉아 먹어서 다시 심어야 했지요. 칠면조가 양파 꼭대기를 모두 먹어 버려서 나머지를 다 뽑아버렸답니다. 부화한 칠면조 열여섯 마리 중에서 이제 두 마리만 남았어요.

약 10일 전 테이트 양과 잉골드 박사가 서울 가는 길에 이곳에 와서 우리와 함께 일주일을 보냈습니다. 그들을 보는 것이 매우 즐거웠답니다. 일주일 정도 머무는 동안 내려갔던 배가 올라올 기미가 보이지 않자, 목포까지 내려가서 36시간 만에 다행히 한 척을 얻을 수 있었습니다.

드루 박사(Dr. Drew)가 그들과 함께 제물포까지 갔는데, 거기에서 돛단배를 사서 그걸 타고 아주 짧은 시간에 집으로 돌아왔답니다. 정말 멋진 배이고 그가 그걸 가지게 되어서 기쁩니다. 그는 여기 근처의 강을 따라 섬들과 마을들을 오르락내리락하면서 일하는 데 사용할 배를 오랫동안 갖고 싶어 했습니다. 그는 자기가 치료한 외국인들로부터 선물로 받았던 돈을 배 값에 사용했지만, 자기 주머니에서도 많은 액수를 사용해야 했습니다. 어제 우리는 모두 강을 따라

배를 타고 다니면서 정말 즐거운 하루를 보냈습니다.

　지금 이곳 자연은 아주 예뻐지기 시작했는데, 강둑을 따라 핀 진달래들이 너무 아름답습니다. 우리 집이 완성되면 진달래꽃과 함께 사랑스러운 야생 자포니카를 구해 와서 마당에 심으려고 합니다. 마모사 나무가 여기저기에서 자라나는데 이끼를 막기 위해 키우려고 합니다. 흰색 인동덩굴과 클레마티스와 여러 종류의 백합과 다양한 꽃들이 이곳에서 자라고 있습니다. 그것들을 좀 가져다가 우리 마당에 심어 가능한 한 예쁜 집을 만들고 싶습니다. 사촌인 엘라(Ella)의 온실에 있던 석류를 기억하시지요. 그 나무 두 그루가 바로 제 뒤뜰에 있는데 높이가 약 10피트나 됩니다.

　흠, 구경꾼들 때문에 멈췄었는데 비가 올 것 같아서 토마토와 양배추를 두 번째 옥수수 묘밭에 심으러 나갔다 왔어요. 첫 번째 옥수수 묘판은 약 2인치 높이로 자랐지만 아직 콩들이 나지는 않았어요. 씨앗이 오래된 것들이라서 잘 자라지 않을까 걱정되네요. 그러나 비츠는 멋지게 올라왔습니다. 우리 마당에는 데이지, 팬지, 담장이 꽃, 호랑가시나무, 겹 포추리카가 있지요. 상자에 심은 모란 씨앗과 칸나, 과꽃, 검은 점박이 데이지꽃, 코스모스, 나팔꽃 덩굴, 접시꽃이 있고, 묘판에 봉선화 꽃이 있으며, 적색 세이지도 아직 있답니다. 귀여운 알리줌과 팬지 외에도 심으려고 받아둔 나스튜르튬 씨앗 등이 있어서, 우리 집 일이 끝나는 대로 겨울 마당에 심기 위해 아껴두고 있습니다. 팻시가 편지하기를 그녀의 창가엔 꽃들이 가득 피어있다고 하더군요. 그녀는 제게 주려고 제라늄을 많이 키우고 있는데, 잉골드 박사도 지난 가을에 제게 보내기 시작했고, 또 애클리스(Ackles) 양도 올 봄에 보내주어서, 출발이 좋을 것 같습니다. 지금은 일곱

가지가 있는데, 앞으로 분명 더 많아질 거예요.

　일본에서 장미 두개와 백합 구근을 꽤 여럿 얻었지만 제대로 관리하지 못한 것 같아요. 오늘은 이것들이 왜 안 올라오나 보려고 파 보았더니 모두 썩어있었고, 장미도 하나는 죽었고, 다른 하나도 신통치 않아 보였어요. 제게 있는 한국 백합 뿌리를 가족들과 나눌 수 있었으면 좋았을 텐데요. 꽃밭 하나에 가득 차서 75개에서 100개가량 되는데 8월이 되면 사랑스러운 분홍빛으로 피어나지요. 이른 봄에 올라오기 시작할 때에는 이파리들이 수선화와 비슷한데 7월에는 모두 사라져서 아무 것도 심지 않은 것처럼 생각되지만 장마가 끝날 무렵, 8월 초~중순부터 붉그스름한 싹이 마치 커다란 아스파라그라스가 싹을 틔우는 것처럼 보입니다. 이것이 수일 내에 최대한 높이 자란 후에 사랑스러운 핑크 백합이 열리기 시작해서 차츰 라벤더 색으로 물들어 간답니다. 각 줄기의 꼭대기에는 5개에서 9개 혹은 그 이상이 모여 있으니, 올 여름에 나의 꽃밭이 얼마나 예쁠지 상상하실 수 있으시겠지요. 마이어(Myers) 씨가 오신다고 했으니 우리를 보러 오면 몇 개 보내드리도록 하겠습니다.

　지금은 비가 조용히 부드럽게 내리고 있는데, 화분들을 내놓아서 너무 즐겁습니다. 밖에 내놓기에 조금 일렀지만 상자 안에서 너무 신통치 않아 보여서 위험을 감수했던 것입니다. 장마가 시작되기 전에 잘 익지 않으면 너무 늦거든요. 재작년에 우리는 최고로 좋은 토마토를 수확했었는데, 무게가 1파운드 이상이었으며 너무 달콤하고 좋았지만, 작년에는 별로 잘되지 않았습니다. 여기 토양의 소금이 토마토와 셀러리에 잘 맞는 것 같습니다. 우리는 올해 3월초에 셀러리가 나와서 좀 더 오래 먹을 수 있을 거라 기대했지만, 만조가 오는 바람에 썩었습니다.

우리는 코닥 카메라를 시도해 보았지만 화학 물질이 모두 젖는 바람에 손상되어 인화를 망쳐서 다시 구할 때까지 기다려야 할 것입니다. 가족들에게 아이들의 모습을 너무 보여드리고 싶었는데 많이 속상했습니다. 윌의 어머니께서는 우리가 보내드린 편지 내용에서 윌리가 아직 팬츠를 입는지 아닌지를 모르겠다며 윌리가 너무 작은 것 같다고 쓰셨더군요. 놀랍게도 윌리는 거의 1년 동안 팬츠를 입고 지냈습니다. 그는 지난여름 내내 서늘한 날이나 혹은 친구들과 놀 때, 그리고 가을 내내 작은 외출용 팬츠를 입고 지냈어요. 저는 에드워드가 쓰던 것이 많이 남아 있어서 그것을 입혀주고 덧치마를 만들지 않았지요. 윌리는 나이에 비해 크고 활동적이라서 킬트를 입으면 모습이 우스꽝스러워 보이고 너무 불편해 보였습니다. 그와 에드워드는 지금 아주 통통하고 건강하며, 밤이면 그들의 작은 다리가 피곤하도록 하루종일 잘 뛰논답니다. 그들은 작은 돼지들처럼 더러워지는데, 우리 마당이 잔디가 없는 진흙 밭이기 때문입니다. 마당의 흉칙함을 달랠 수 있는 것이라곤 작은 나무 두 그루가 있는 꽃판 3개와 그 옆의 딸기 묘판이 전부랍니다. 우리가 집을 짓고 있는 집 밖 뒤편과 옆면에는 언덕이 있는데 그런 곳에서 잘 자라는 거친 풀들로 무성하답니다. 앞쪽에는 기초 공사로 퍼낸 흙이 높은 언덕을 이루어 그곳에 잔디 씨를 뿌릴까 생각하고 있습니다. 중간 크기의 나무 한그루와 작은 나무가 하나 있지만 둘 다 집 근처에 있지는 않습니다.

이곳 사람들은 우리가 거기에 건물을 짓고 있기 때문에 언덕의 혼령이 시끄럽게 군다고들 한답니다. 지난밤에 미진이 있었는데 이걸두고 사람들은 혼령이 떠나는 것이었다고 말한답니다. 보통은 사람들이 기뻐할 일이라고 생각할 테지만 이곳 사람들은 아닌 것 같습니다. 언덕 이편에 사는 어떤 사람에게 아픈 아이가 있는데, 이 일과 관련되었다고 생각한답니다. 한국에서 건물을 짓는 일은 여러분이 집 지을 때처럼 훌륭한 목수와 석공, 칠장이, 도배장이가 필요하지만, 그 외에도 무한한 인내와 기독교인의 사랑과 관용이 필요한 것 같습니다.

얼마 전에 제니 아주머니에게 편지를 쓰기 시작했는데 구경꾼 때문에 중단했다가 다시 전주에서 사람들이 오는 바람에 아직 완성하지 못했습니다. 조금 더 쓰지 않으면 우리가 집에 갔을 때 친척과 친구들이 우리를 반갑게 보러 오지 않을 것 같아요. 저는 그들을 자주 생각하고 기도도 하지만 글을 쓸 시간은 많지 않답니다. 수요일 밤 여성기도회를 맡고 있는데 이 일이 너무 즐겁습니다. 저는 여러분이 주일학교에서 중급반에서 하는 것처럼 그들을 가르칩니다. 가능한 혀끝에 한국어가 붙어 있게 하려고 날마다 조금씩 한국어를 공부하려고 노력합니다. 외국인을 위한 강의를 이용하는데 몇 달 뒤에 사촌 엘리자베스 앨런이 내게 몇 년 동안 보내주고 있는 공과집 『Earnest Worker』를 이용하고 있어요. 그녀와 우리 렉싱턴 선교 협회에도 편지를 쓰려고 하지만 펜은 저의 생각과 사랑만큼 움직여주지 않습니다.

아이들이 잠자리에 들 때면 항상 기도하기를 "하나님, 아빠와 엄마, 할머니와 할아버지, 그리고 아마와 윌리와 저에게 복을 주시고, 우리 모두 좋은 아이가 되도록 해주세요" 하고 말한답니다. 얼마 전 하루는 에드워드는 꽤 피곤한 듯했는데, "우리 모두를 좋은 아이들이 되게 해주세요"라고 말하지 않고, "우리 모두를 좋은 남자 아이들이 되게 해주세요" 하는 것이었어요. 어머니는 어떻게 생각하세요?

또 다른 날은 내게 묻기를 우리의 작은 아가를 여기로 데려온 천사와 또 그를 하나님의 집으로 데려간 천사를 보았느냐고 묻는 거예요. 에드워드는 한국어와 영어로 여러 찬송가를 아주 사랑스럽게 부르지요. 저는 'Nancy Dorson'과 'Little Nancy' 노래, 그리고 아버지가 즐겨 부르시던 옛날 노래들을 가르쳐 주었답니다. 에드워드가 제일 좋아하는 노래는 "A Frog he would wooing go"이고 윌리는 "As I go down the new cut road"를 가장 좋아합니다. 최근에는 혼자서는 거의 노래를 부르지 않지만 내가 부르는 노래 소리에 귀를 쫑긋 세우고 열심히 들어요. 매주 일요일 아침에 주일학교가 있는데, 학생은 그들과 또 교사의 어린 아들 "곱창이(Copchungy)"이지요. 곱창이가 노래할 때마다 말 울음소리가 연상된답니다. 소리만 크고 음정과 박자가 전혀 없지요. 나는 곱창이에게 주일학교에서 3주 연속 찬송가의 한 구절을 부르게 했더니 이젠 제대로 음정이 잡히고 예전과 달라진 모습에 보람을 느꼈습니다. 그는 밝고 어리지만 매우 꿈 많은 친구입니다.

레이놀즈 씨 가족을 자주 보셨나요? 여러분 모두가 그들을 알게 되면 좋겠습니다. 또한 그들이 집에 들르게 되면 마가렛이 팻시와 레이놀즈 선생을 자주 만나서 우리가 그곳에 없을 때 한국과 우리에 대해 많은 소식을 들을 수 있다면 정말 좋겠어요. 팻시는 찰리가 그곳으로 갔다는 소식을 듣고 아주 기뻐하는 것 같았습니다.

자, 취침 시간이 지났으니 편지를 마쳐야겠네요. 윌은 매일 아침 일찍 식사를 마치고 점심을 싸 가지고 나가지요. 그래서 저는 정오에 아침을 먹고 밤에 저녁 식사를 하기 시작했어요. 내가 보기에 다른 곳에 있는 남부인들만은 그렇게 하지 않겠지만, 저녁에 두 끼의 양만큼 먹는답니다. 우리 자신들에게는 썩 괜찮지만 아이들에게는 밤에 아주 간단한 것만 주기 때문에 좋지 않지요. 버터 바른 빵에 젤리나 잼을 조금 발라서 식사를 마치게 해요.

월도 함께 가족 모두에게 사랑을 전합니다.

사랑을 담아,
메리 전킨 올림.

월이 평양 보고서 중 하나를 참조용으로 보관하고 싶어 해서 사촌 E.에게 따로 보낼 수 없으니, 여러분이 다 보신 후에 E.에게 보내주시면 감사하겠다고 합니다.

오늘 아침에 증기선이 반가운 편지를 가져왔습니다. 수지, 아버지와 어머니의 편지와 에드(Ed)의 지난번 편지 한 통을 받았습니다. 어린 캐서린이 건강하고 아무도 아프지 않기를 바랍니다.

여러분의 우편요금은 문제없습니다. 일본이 골드 베이직(gold basic)이라며 우편 요금을 두 배로 올렸지만 실제로는 여러분이 늘 지불했던 것보다 많지는 않습니다.

레이놀드가 번역 위원회를 만나기 위해 서울로 가는 길에 한 달 동안 그곳에서 일할 것입니다. 그만 마치고 그의 점심을 해결해 주어야겠습니다.

모두에게 사랑을 전하며. 이 우편에 제니 이모 편지도 동봉합니다. 이만 총총 사랑을 담아.

메리 전킨 올림.

4월 27일

나는 이 우편으로 평양 연차보고서 사본을 보냅니다. 그곳에서 하는 일은 거의 기적에 가깝고 세계에서 가장 번창한 선교 사업이라고들 합니다. 그들은 유능하고 헌신적인 남성과 여성들의 놀라운 힘을 가지고 있습니다. 이것은 거의 모펫(Moffett) 씨의 생명을 앗아갈 뻔했고 대가를 치러야 했던 일입니다. 메인주 교회의 사랑하는 홀 박사님(Dr. Hall)은 목숨을 바치셨습니다. 연차 보고서가 두 부만 있어서, 하나는 사촌 앨런(Allen)에게 보냈습니다. 그러니 여러분이 이것을 읽고 나서 에드(Ed)와 다른 사람들에게 보내주면 감사하겠습니다. 오, 우리가 하는 일에도 이와 같은 축복이 있기를 바랍니다. 평양에 있는 베어드(Bairds) 씨 부부가 휴가를 얻어 집에 갔습니다.

1901년 10월 8일
캐나다 태평양 철도회사

R. M. S. "인디아 특급"

소중한 어머니에게

우리는 빅토리아에 다가가고 있습니다. 여기에서 이 편지를 부칠 수 있기를 바랍니다. 오늘 아침 동이 트자 항해를 시작했고 지금은 11시가 넘었습니다. 마가렛(Margaret)과 캐서린(Katherine)이 우리 아이들에게 보낸 편지를 항해하기 전에 마지막으로 받았습니다. 아이들이에게 온 편지라며 얼마나 자랑스러워하는지 주머니에 넣고 다녔습니다. 승선하기 전에 어머니와 수지(Susie) 외에 다른 사람들의 편지는 모두 받았어요. 다른 사람들은 모두 화요일에 우편 발송을 했는데, 어머니는 아마 수요일 전에 부치지 못해서 어머니 편지는 늦게 올 것 같아요.

우리는 편리하고도 중앙에 위치한 멋진 방을 맡았으며, 근처에 아이들의 멋진 놀이방이 있어요. 승선한 아이들이 몇 명 더 있답니다. 우리는 화이트와 패터슨 씨네와 같은 테이블에 있어요. 아이들이 어른들에 앞서 전부 한 번에 다 같이 먹는데 완전 아수라장이 된답니다.

내가 보낸 지도를 다 보셨으면 마가렛 모어랜드가 관심 있어 할 거 같아요. 이제 수 분 내에 우편을 마감한다니 다른 사람들에게 편지를 쓸 겨를이 없군요. 프라이스(Price) 부인께 옥수수에 대한 감사

노트를 썼지만 그녀의 사무실 주소를 몰라서 찰리에게 보내 전달을 부탁했습니다.

오늘 날씨는 화창하고 바다 물결은 너무도 매끄러워서 대부분의 승객들이 데크에 나왔습니다. 아직 아무도 만나지 않았지만 좋은 선교사들이 여럿 있으며 우리 말고도 한국의 선교사도 세 분 더 있습니다. 빅토리아에서는 해변에 나갈 시간이 거의 없을 것 같아요. 날씨만 좋으면 좋은 여행이 될 거에요.

오늘 아침은 푹 쉬어 기분이 좋습니다.

이제 빅토리아에 닿았으니 우편물이 마감되겠네요. 가족 한 사람 한 사람에게 사랑을 전합니다.

사랑을 담아,
메리 전킨 올림.

1902년 1월 4일
한국, 군산

사랑하는 어머니에게

내가 필기도구를 꺼내 든 것은 어머니에게 편지를 쓰려 했던 것이 아니라 오랫동안 방치되어 있던 몇 통의 편지에 답장하기 위한 것이었어요. 그런데 날짜를 쓰고 보니 이 편지가 올해 들어 처음으로 쓰는 편지라는 것을 알게 되었어요. 특별한 일은 없었지만, 새해 첫 편지는 어머니에게 보내면서 시작하고자 합니다.

윌은 어제 시골에 갔는데 월요일까지 가 있기 때문에 어머니도 아시다시피 몹시 외롭답니다. 요즘 아침 내내 제 아이들과 한국 소년들을 가르치느라 바쁘게 지냅니다. 그리고 일요일 밤 강연을 위해 매일 조금씩 공부하려 노력하고 있어요. 내 한국어는 늘 퍽 서툴지만 한국말을 모른 채로 사역하기가 어렵다는 것을 깨달았어요.

지난 토요일에 온 배로 어머니 편지가 도착했어요. 마가렛 편지가 동봉되어 있었고 또 에드(Ed)에게서 온 편지도 있었어요. 에드(Ed)가 우리 사내아이들의 사진을 받아 루시(Lucy) 아주머니에게 보냈다니 정말 기뻤어요. 내가 무심해서 미안했는데, 그걸 생각해 낸 것은 샐리(Sallie)이었을 것이고, 에드(Ed)가 우리 아이들 사진 하나를 자기 아이들 사진과 함께 루시 아주머니에게 보내주어 얼마나 잘한 일인지요. 그가 내게 보낸 사진이 크리스마스 전날 도착해서 너무 멋진 일이 되었어요.

여기는 지난 토요일에 폭설이 내렸는데 군산에서 그렇게 눈이 많이 내리고 추웠던 적은 처음이었어요. 화분 여러 개의 흙이 여전히 얼어 붙어 있고, 모두 죽을 것 같아서 몇몇은 바라보기 너무 고통스러워요. 모든 것들이 조금씩 상처 났지만, 제라늄과 핑크는 정말 멀쩡해요. 내가 미국에서 가져온 자주달개비와 드루 부인이 준 초롱꽃 두 개는 완전히 죽었고, 다른 몇몇 개도 땅에 묻어야 할 것 같아서 거의 울 뻔했어요. 저는 무척 꽃을 사랑하는데, 꽃들은 나의 휴식처랍니다. 오랫동안 코앞에서 나쁜 냄새가 진동할 때, 흉한 말과 행동을 하지 않는 순수한 꽃향기를 맡는 것이 얼마나 좋은지요.

화요일과 수요일 하루 종일 그리고 목요일 아침 몇 시간 동안 전킨 씨는 장정들과 소년들 50명에게 불 선생(Mr. Bull)과 우리 가족이 사용할 얼음을 채우도록 했습니다. 물론 불 선생이 병이 난 후에는 그 일에 참석할 수 없어서, 우리 모두 힘을 합쳐 불 선생 집의 아주 큰 얼음 창고를 채웠습니다. 전킨 씨는 우리 두 가족 말고도 더 많은 사람들이 사용할 수 있을 것이라고 합니다. 대부분의 사람들은 그것을 얻기 위해 몇 마일을 가야 하는데, 우리는 언덕 기슭에 바로 있어서 매우 운이 좋다고 할 수 있지요. 위원회에서 의사를 보내주어 얼음을 함께 사용하게 되기를 바라고 있습니다. 우리는 인원 증원이 너무 필요하고 여기에는 이미 좋은 집도 있습니다. 불 선생 댁이 이번 주에 드루 박사 댁으로 이사했으며, 그들의 집이 완료되는 봄이면 자신의 집으로 이사할 것입니다.

1월 8일 – 윌이 어제 야생 칠면조 두 마리와 거위 여섯 마리를 가지고 집에 왔습니다. 오늘 아침 일찍 우리는 사진을 찍고 서둘러 오후 1시 식사를 위해 칠면조 하나를 잡았습니다. 칠면조 한 마리와 거위 한 마리는 불 선생 댁으로 보냈으며, 하인에게도 거위 한 마리를 주었습니다. 내일은 아픈 이에게 한 마리 줄 계획입니다. 그는 시골에 있는 동안 약간 먹어보긴 했지만, 그곳에서는 큰 조류를 요리하는 방법이 그다지 좋지 않아서 굽거나 삶는 것뿐이랍니다. 전킨이 시골에 있는 동안 한국 사람들이 고기를 얻게 되어 이 어려운 시기에 두말할 것도 없이 매우 기뻐했습니다. 그곳에는 많은 사람들이 있는데, 세례를 원하는 사람들이 더 있는지 알아보기 위해 전킨 씨는 토요일에 다시 갈 것이고, 거위들을 털을 뽑고 속을 채워 넣어서 사람들을 모으는 미끼로 사용할 계획이랍니다. 한국인들은 까마귀를 좋아해서 그들을 위해 사냥을 많이 해주었습니다.

시골에 갔을 때 전킨 씨는 40명의 세례 후보자들에게 문답을 실시했습니다. 토요일에 돌아가서 시험 치른 사람들에게 세례를 주고 또 다른 사람들에게도 문답을 치르게 할 예정입니다. 시험을 치른 사람들 대부분은 교인의 아내로 20여 명 정도가 교인으로 받아들여질 것입니다. 그런 다음 월요일에 다른 곳으로 가서 다른 사람들을 시험하고 수요일에 돌아올 것으로 예상합니다.

우리는 어제 오웬 박사로부터 여기 기근으로 고통 받는 사람들을 돕기 위해 33엔($16.50)이 들어있는 편지를 받았습니다. 목포에 있는 한인 기독교인이 오웬 박사의 것에 자신의 돈을 보태 함께 보냈습니다. 기근이 널리 퍼진 것이 아니라서 다행입니다. 우리가 가장 최악의 상황에 처해 있으며, 위로는 서울까지, 그리고 아래로는 한국의 중부까지 퍼졌습니다.

윌이 시골에 있을 때 우리 교회 식구인 가난한 장님 노인을 만나러 갔습니다. 그녀가 약 6피트 크기 상자 같은 더럽고 작은 오두막 집에서 두 명의 손주와 있는 것을 발견했습니다. 추운 계절에 그녀의 아들은 이곳 불 선생 댁에서 일을 하고 있었는데, 교회의 몇몇 여신도들이 그곳에 가보니 그녀가 거의 동사 상태인 것을 발견했습니다. 그들은 먹을 것을 얻기 위해 자신의 작은 집을 팔았는데, 그들이 살고 있는 오두막집을 1달러에 살 수 있었지만 그것조차 없었습니다. 아들의 아내는 죽었고, 노모가 자주 아파서 할 수 있는 일이라곤 거의 없어서 아들이 일하러 나가기도 어려웠습니다. 하나님께서 우리가 하는 것보다 이 사람들을 더 사랑하시고 이 이교도 땅에서 죽어가는 영혼들을 돌보신다는 사실을 안다는 것은 얼마나 위안이 되는지 모릅니다.

이곳에 더 많은 일꾼이 생기기를 간절히 바랍니다. 해야 할 일은 많은데 일꾼이 적습니다. 평양 선교기지에서는 며칠 전 천연두로 귀한 일꾼을 잃었습니다. 저는 그를 잘 모르고, 지금 그의 이름을 잊어버렸습니다. 그에게 아내가 남겨진 것으로 아는데, 그의 노래가 무척 아름다웠다고들 합니다.[7]

내일 배가 올 예정이므로 이제 마치고 내일 이른 아침에 보낼 준비를 해야겠습니다. 윌의 시골 순방을 준비하느라 바쁘고, 이제 잠자리에 들 준비가 된 것 같으니 마치겠습니다.

나의 소중한 어머니와 사랑하는 형제자매 한 사람 한 사람, 그리고 모든 조카들에게 사랑을 전하며,

메리 레이번 전킨 올림.

---

7 조지 렉 목사.

1902년 1월 30일
한국, 군산

사랑하는 언니와 마가렛에게

우리 자매들의 생일을 깜박 잊어버린 것을 알고 얼마나 속상했는지 몰라. 난 내 자매들을 전혀 잊지 않았고, 내 생일 다음날에도 마가렛 생일이 일주일쯤 뒤라고 생각했어. 윌이 내게 날짜가 지났다고 알려주자 왜 안 알려줬냐며 윌에게 화를 냈지 뭐야. 이제 달력이 두 개 있어서 앞으로 더 잘 지킬 수 있을 거야.

오늘 저녁에 창가에 앉아 이 편지를 시작하고 있었지. 그때 윌이 우리 집 바로 앞에 있는 논밭에 거위를 쫓아 막 나갔는데, 누가 무엇 좀 부탁하기에 내가 열쇠를 찾아보니 윌이 가지고 나간 것을 알았어. 나는 거위들이 길을 잃을까 봐 불안해서 아이들을 뒤따라 내보냈어. 편지 쓰다 말고 아이들이 논두렁길을 따라 달려가는 뒷모습을 보고 있자니까 윌이 15분 전쯤에 사냥한 곳에서 상처 입은 거위들이 날아오르다가 떨어지는 거야. 나는 사환 아이와 요리사더러 쫓아가 보라 했고, 마을의 어린 남자 아이들도 함께 추격했어. 그것은 마치 새끼 병아리와 하늘이라는 옛날이야기를 생각나게 하더구나. 그리고 나서 내가 불 선생의 개를 시켜서 거위를 찾게 했더니 불 선생과 개와 모두가 함께 추격해갔지. 그러나 그 거위를 못 찾았어. 하지만 사환 아이가 내 열쇠를 받으러 윌에게 갔더니, 윌이 두 마리를 잡아 가지고 돌아오는데, 그 중 한 마리는 날개의 첫 마디만 부러진 채 살아 있었어. 그래서 날개를 잘 맞추어 붕대를 감으려고 했지만, 그것이 휙 하고 풀려서 다시 덜렁대는 부분을 잘라내고 붕대를 감은 다음 봉지에 넣어 꿰매주었어. 지금은 부엌에 있는 상자 안에 있는데, 음식물을 주어도 아픈 것은 잘 나아지지 않는 것 같고, 음식보다 우리 손톱을 물어뜯는 것을 더 좋아하는 것 같아.

꽃들은 죽은 몇 송이를 제외하고는 서리에서 회복되고 있고, 한 송이의 분홍색과 제라늄, 헬리오트로프 장미꽃이 활짝 피었고 많은 꽃들이 싹을 틔우고 있어. 지금 피어나고 있는 카네이션은 여린 분홍색이야. 나에게 보내준 아홉 중에서 여섯 개가 살았고, 여러 가지 역경을 이겨낸 후의 모습이 좋아 보여. 이들이 모두 꽃을 피워서, 내게 보내준 네 종류들을 각각 어서 빨리 볼 수 있으면 좋겠어. 또한 제라늄 슬립 6개와 4개 품종이 있었는데, 남아 있는 6개 중에서도 4가지의 꽃을 볼 수 있을지 궁금해 죽겠어. 이들이 서리 이후에도 여전히 연약해 보여서 봄이 오기 전에 꽃을 피우긴 힘들 거야. 맥도너에서 온 작은 진홍색의 두 마리 토끼와 아멘트루트 양(Miss Armentrout)이 내게 준 두 마리의 볼티모어 종은 지금은 정말 좋아 보여. 비록 한동안은 그들이 분명히 죽었을 것이라고 생각했지만, 그들은 하얀 곰팡이로 뒤덮여 있었던 거야. 내가 그들에게 담배잎 차를 뿌렸더니 그것이 매우 도움이 된 것 같았어.

윌이 며칠 전에 닭을 많이 가져와서 곧 좋은 달걀이 많이 생길 거로 기대돼. 예전처럼 가까운 이웃들이 많지 않아서 믿음 가는 달걀을 많이 얻을 수 있으면 좋겠어.

에드워드와 윌리는 지난주까지는 연 날리기에 빠져있었는데 지금은 다시 연 날리기 열풍이 불기를 기다리며 벽장 위에 연들이 걸려 있어. 지금은 온통 대나무로 만들어진 활과 화살만이 그들의 관심

대상이야. 둘 중에서 에드워드만은 로빈슨(Robinson)의 『스위스 가족(Swiss Family)』에 흥미를 보여서 오늘밤에 읽기를 모두 마쳤어. 내 생각엔 아이들이 이 책에서부터 활과 화살에 관심이 생긴 것 같아. 아이들이 그렇게 많이 즐기는 책이 더 간결한 언어와 덜 과장된 언어로 써질 수 없다는 것은 유감스러운 일이야.

아이들은 학교에서 꽤 잘 지내고 있는 것 같아. 나는 그들을 오래 붙잡아 두지는 않지만, 매일 심지어 토요일에도 규칙적으로 훈련시켜.

내가 맡은 한국 남자애들도 잘 지내고 있어. 내가 주문한 한국어 책을 받는 즉시 그들에게 지리와 산수를 가르치고 싶어. 나는 소녀들을 위해 작은 규모이지만 밝고 재미난 주일 학교를 열었어. 일요일 아침에는 아래층 교회에서 월요일 저녁에는 이곳 위층에서 가르쳐. 부인들을 위한 일요일 밤 수업은 그만 두었어. 내가 주일 학교도 하고, 내 아이들도 돌봐야 하기 때문에 일이 너무 벅차다는 것을 알았어. 가르치는 것보다 그걸 준비하는 시간이 더 많이 들어. 게다가 그들 대부분은 일요일 예배에 참석하고, 내가 맡은 주일학교 수업과 불 여사의 수요일 저녁수업에도 참석하기 때문에 어린 소녀들이야 말로 내가 가장 필요하다고 느꼈어.

어젯밤 잠자리 들기 전에 편지를 끝내지 못했더니 역시 아침에 쓸 기회가 전혀 없었지. 우리는 보통 토요일에 배가 있기 때문에 오늘 저녁에 이 편지를 끝내고, 고베에 계시는 프라이스 부인에게 내 도자기에 관해 쪽지를 써서 레이놀즈 팻시에게 보내는 메모에 동봉하려고 해. 왜냐면 그들이 다음 달에 한국으로 오는 길에 고베를 거칠 것 같아서 말이지. 프라이스 부인이 내게 편지하기를 접시 12개와 설탕 그릇과 크림 그릇도 샀는데, 색깔들이 정확히 일치하지 않을까 봐 걱정된다고 했어. 그것이 가장 예뻤기 때문에 골랐을 거라고 믿고 있어.

우리 모두는 드루 씨 네에 대해서 아무 소식도 듣지 못한 채로 시간이 많이 흘러서 매우 걱정하고 있어. 가여운 여인, 그녀의 귀향이 행복한 일이 아니면 어쩌나 싶어.

나의 자매들 모두 나를 위해 많은 것을 해 주었고 내가 자매들과 함께 있을 때 너무 행복했기 때문에 지금은 윌과 아이들과 함께 돌아보고 이야기할 수 있는 즐거운 날들이 너무 많아. 지난겨울 크리스천스버그에 있을 때 내가 너무 이기적이었겠지만, 자매들이 그리워서 쾌활하지 못하고 덤덤하게 지냈어. 그 후에 자매들과 사랑하는 어머니와 함께 있게 되어 즐거운 마음이 회복된 것 같아. 가끔 여러분 모두와 함께 할 수 있다면 얼마나 좋을까. 여러분이 이곳에 올 수 있다면 이곳을 어떻게 고쳐야 편안할까를 상상하며 즐거워하지. 그것은 다소 아이들 놀이 같지만 나는 너무 즐겁고, 또 나를 여러분에게 더 가깝게 있는 것처럼 느끼게 해.

이번 봄에 우리 집 내부의 사진을 찍어서 보내드리고 싶어. 아직 도배는 안 했어. 먼저 약간의 수리를 해야 했고, 드루 부부가 하얀 종이를 발랐는데 몇몇 방들은 꽤 괜찮아 보였어. 그리고 이 기근이 지속되는 동안 한국인들이 너무 가난할 때 우리 집을 고치게 할 마음이 없었어. 하지만 집수리 일이 그들 경제에 보탬이 될 테니까, 봄까지는 집수리가 완성할 것이라고 생각해. 거실이 거의 엉망이고, 그을리고, 누더기처럼 덧대어서 이곳 먼저 손볼 생각이야.

올 겨울 나무는 완전히 비참했어. 연기만 피우고 연통을 막히게 하는 젖은 소나무 탓에 몇 주에 한 번씩 거실에 있는 난로를 청소해야 해. 우리는 유아원을 목욕탕과 탈의실 그리고 학교 방으로 사용하므로 항상 그것을 청결하고 따뜻하게 유지해야 하지. 그곳엔 잔솔가지로 난방하는 한국식 마루가 있어. 침실에 화로가 있긴 하지만 한쪽은 거실로 큰 문이 열리고 다른 한쪽은 유아방으로 통하는 문이 열려서 이 두 문이 방의 열기를 쉽게 떨어뜨려.

그리고 뜨거운 물통이 있어서 저녁 무렵에 침대에 넣어두면 우리가 침대에 들어갈 때 침대가 따뜻해져서 매우 추운 날씨일지라도 아주 편안하게 잠자리에 들어.

이전에 일하던 하인들이 모두 돌아왔는데, 잘 지내고 있어서 한 명씩 여러분께 넘겨 드릴 수 있으면 얼마나 좋을까. 아마에게 바느질감을 부탁할 때마다 자매들이 떠올라서 자매들의 바느질감도 여기로 매주 가져올 수 있으면 좋겠다고 생각할 때가 종종 있어. 그녀는 나보다 훨씬 더 잘해서 바느질을 잘 배웠어. 그녀는 유아방의 따뜻한 바닥에서 잠을 자고 부엌 스토브 위에다가 밥을 짓고, 항상 내 곁에 있어서 윌이 멀리 떠나 있을 때 내게 큰 위안을 줘. 요리사와 바깥일을 돕는 일꾼도 모두 최근에 본격적인 교리 교육을 받았어. 하지만 아직 세례를 받지는 않았어. 나는 그들 모두 진실하다고 믿고 사동 소년도 기독교인이 되기를 바라지.

최근 세례를 지원하는 사람들이 많아졌어. 이들 중 몇몇은 오랜 기간 기다려온 사람들이지만, 가장 오래된 사람들 중 일부는 시련과 유혹의 기간 중에 큰 죄에 빠졌어. 그래서 우리는 세례 주는 일을 더디게 진행하는 것이 최선이라고 생각해. 특히 교회에 있는 사람들이 유혹에서 벗어나 더 강한 기독교인으로 성장할 수 있도록, 그리고 잘못된 사람들이 다시 돌아오고 용서를 받을 수 있도록, 그 어느 때보다 여러분의 기도가 필요해. 다른 한편으로 여기 우리 교인 중에는 목사님 누구라도 위로와 격려를 받을 만한 기독교인도 있어. 그래서 우린 너무 감사하게 생각해.

에드(Ed)에게 전할 말이 있어. 우리는 며칠 전에 맥도너 찬송가 중 하나를 부르고 있었는데 우리 아이들이 학교에서 어떤 단어를 다른 아이들이 발음하는 것을 흉내 내었지. 그래서 내가 그것은 북부 사람들의 발음 방식이라고 말해주었더니 샐리 이모와 맥도너에 있는 사람들 모두 양키들이냐고 묻더구나.

윌리는 여전히 개구쟁이지만, 학교에서는 기대보다 훨씬 더 잘하고 있어. 그리고 에드워드는 토끼 꼬리에 소금 뿌릴 때처럼 진지하고 열정적이지. 그들은 브릭스(Mr. Briggs) 씨와 자기들을 위해 토끼를 잡아 준 이야기를 아직도 하고 있어.

자 이제 마무리하고 다른 편지들을 써야겠어. 마가렛 생일이 먼저이니까 이 편지를 먼저 네 앞으로 보낼게. 그 후에 언니에게도 보여 준 후 어머니와 에드(Ed)에게도 보여줘. 학교를 그만 두고 나니까 편지를 많이 쓰고 싶지가 않네.

소중한 언니 동생 모두에게 사랑을 담아 보내. 우리 아이들이 머기(Muggy)와 캐서린(Katherine), 그리고 소년 찰리에게 특별한 사랑을 보내면서 여기에 와서 자기들과 강아지들과 함께 놀았으면 좋겠다고 한단다.

사랑을 담아,
메리 전킨.

1902년 2월 12일
한국, 군산

소중한 어머니에게

어머니에게 편지를 보낸 지 꽤 한참 되었네요. 지난주에는 감기로 거의 한 주일을 침대에서 보냈고, 이번 주에는 아마(ama)를 데리고 이것저것 바느질을 하며 지내고 있습니다. 내 베갯잇을 모두 사용하고 있어서 친구가 왔을 때 사용할 여분이 한 개도 없어서 아마에게 좀 더 만들도록 시켰어요. 그리고 침대를 좀 더 깔끔하게 보이게 하려는 욕심에 자로 재고 시침질하고 했지만 아마가 제대로 못 하네요. 다음번에는 평범한 수준에서 만족해야겠어요.

소녀들을 위한 학교는 꽤 잘 되어가고 있어요. 그렇지만 일요일 빼고 날마다 그들을 돌봐야 하니까 내 시간의 대부분을 차지하고 있지요.

이번 주에는 해리슨 씨와 오웬 박사가 재정 장부를 감사하러 이곳에 와 계십니다. 지난 2년 넘게 회계 감사를 받지 않았기 때문에 퍽 큰일이지요. 해리슨 씨는 여기에 머무르고 있고, 오웬 박사는 불 선생 네서 지내요. 해리슨 부인이 제게 양배추 한 포기와 미나리를 좀 보내주어서 맛있게 먹었지요. 그들은 크리스마스 때에도 신선한 야채들을 보내주었답니다. 드루 박사네 염소들이 그 집 정원에서 나는 것들, 우리랑 불 선생 댁에 나누어 주려고 심었던 것들 그리고 우리가 떠나기 전에 여기에 심었던 것들을 모두 먹어치웠답니다. 친구들 여럿이 우리에게 딸기 뿌리와 포도 넝쿨을 잘라 주기로 약속했기 때문에 곧 새로운 시작을 하게 되겠지요. 게다가 윌이 미국에 유실수 나무를 주문했어요. 미국으로 떠나기 전에 우리가 나무 심는 데에 큰 비용을 들이지 않았던 것이 정말 다행이에요. 만일 그랬더라면 아무것도 남아있지 않았을 것이 분명하니까요.

잉골드 박사가 수요일에 불 선생네로 왔습니다. 그들이 어제 이곳에 모두 모인 것이 천만다행이에요. 오늘 엄청난 폭설이 내렸거든요. 이번 겨울은 군산에서 지내던 중 가장 추운 겨울이에요. 그래도 한국 사람들은 이런 날씨가 풍년을 가져온다고들 하는데 그 예측이 잘 맞았으면 좋겠어요.

우리는 암탉 15마리와 수탉 두 마리를 얻었어요. 곧 신선한 달걀을 먹을 수 있을 거라고 기대하고 있었지요. 그런데 어젯밤 닭장 문을 열어 놓았다가 족제비가 한 마리를 잡아먹었어요. 얼마 전에는 드루 씨네 고양이들이 두세 마리를 잡아먹어서 고양이들을 쏘아 죽였답니다. 한국 사람들도 자기 닭을 잡아먹은 고양이를 죽이자 기뻐하는 것 같았어요. 우리는 올 겨울에 사냥을 많이 했는데, 대부분 거위와 오리, 비둘기들이었고, 꿩은 많지 않았어요. 여기에 꿩이 많긴 하지만 더 멀리 나가야 있습니다. 지난번 편지에 썼던 그 절름발이 거위는 차츰 좋아지고 있었는데, 지난 일요일 우리가 교회에 가 있는 동안에 길을 잃고 돌아다니니까, 어떤 한국 사람이 그것을 잡아 며칠 동안 보관했다가 돌려보냈지만 그 다음날 죽었어요. 아마 그 사람이 보관하는 동안에 잘 먹이지 않았던 것 같아요.

에드(Ed)가 더함(Durham)에 가게 되었다니 기쁘네요. 그가 헤지스빌에서 그랬던 것처럼 그곳에서의 사역에도 축복이 넘칠 것이라 믿어요. 그곳의 따스한 기후 탓에 에드(Ed)가 더 건강하고 기분 좋게 지낼 것이라 생각해요. 언젠가 그에게 편지를 하려고 하지만, 여기에서 편지 쓰는 일이 쉽지 않네요.

드루 씨네가 미국에 잘 도착했고, 샌프란시스코에 있는 옥시덴탈 호텔(Occidental Hotel)에서 여아를 낳았다고 들었습니다. 그들은 프리스코(Frisco)에서 만 하나 바로 건너편에 있는 캘리포니아 오클랜드에 살고 있어요. 그녀는 모든 일을 혼자 감당하며, 홀로 아이들 육아도 하고 있어서 매우 힘든 시간을 보내고 있고, 엄청 지쳐있어요. 그녀에게 편지를 통 안 했는데, 이 편지를 서둘러 마무리하고 그녀에게 써야겠어요.

지금은 에드워드에게 『Flat Boats』의 마지막 부분을 읽어주고 있는데, 그가 매우 좋아한답니다. 아직 윌리는 『마더 구스 리듬』이나 그런 종류를 제외하고는 잘 집중하지 않는답니다.

편지가 좀 짧아졌지만, 이제 마쳐야겠어요. 가족 한 사람 한 사람에게 특히 나의 소중한 어머니에게 사랑의 마음을 보냅니다.

메리 L. 전킨 올림.

1902년 3월 10일
한국, 군산

소중한 어머니에게

어머니에게 편지도 쓰지 않고, 어머니 생일도 특별히 기억하지 않고 지나가서 이상하게 생각하셨겠지요? 어머니 생일날에 군산의 샘 아저씨에게서 조카가 태어났기 때문에 다른 일을 돌볼 겨를이 거의 없었답니다. 그렇긴 해도 나의 이 건망증이나 다른 이유들 때문에 집에 있는 식구들의 생일을 기억하지 못한다는 것은 늘 실망스러운 일이지요. 저는 되도록이면 생일 맞은 식구들을 위해 편지를 쓰고 싶고, 어떤 식으로든 그들을 위해 특별히 기도하는 날로 삼고자 노력하고 있습니다. 어머니의 생일은 당연히 그래야 하고, 두말 할 필요도 없이 자녀인 저희에게 어머니의 생일은 감사절이랍니다. 자녀들에게 엄마 이상으로 더 고귀하고 더 진실한 축복을 할 이가 없으니 이보다 더 감사한 일이 어디 있겠습니까? 살아가면 살아갈수록 저의 소중한 부모님이 저를 위해 하신 일을 더 많이 깨달으며 저도 제 자녀들을 잘 훈육하고 가르치려 노력하게 됩니다.

에드워드와 윌리는 우리가 돌아온 이후로 정말 행복해 보이고 잘 지내고 있습니다. 그들은 지금 씨앗을 뿌려놓은 자기들의 작은 정원에 엄청 관심이 많습니다. 그곳에는 땅콩과 딸기가 자랄 것이랍니다.

요즘은 날씨가 꽤 좋지만 여전히 퍽 춥습니다. 윌은 우리 집 앞 높은 둑을 돌아 마당에 구획을 나누고, 테라스 위에는 포도넝쿨을 심으려고 합니다. 비록 그가 기근으로 고통 받고 있는 사람들을 돕기 위해 대부분의 일을 하고 있지만, 그 일은 우리 집 외관에도 매우 도움이 될 것입니다. 어머니 편지에서 가난한 그들을 도울 돈을 보낼 수 있었으면 좋겠다고 말씀하신 일이 있으셨지요. 물론 우리는 그들을 돕기 위해 우리가 할 수 있다고 생각하는 것을 하지만, 비록 우리가 쓸 수 있는 돈이 많다고 해도, 여전히 더 많은 것을 노력해야 하고 당황스러운 일들이 끊임없이 남게 될 것입니다. 우리가 볼 수 있는 것에도 한탄스러운 일이 많이 있는데, 육체적 고통만이 아니라 그 후속 결과가 염려되는 일이 많습니다. 자녀들에게 무엇이 최선인지 아시는 주님께서 우리보다 이 백성을 더욱 사랑하사 이곳에 오시도록 허락되셨으니, 저는 교회에 저주가 아닌 복이 되도록 간절히 기도합니다. 사랑하는 어머니, 이미 교회 신자가 된 이들에게 하나님의 영이 쏟아지기를 함께 기도해 주실 것을 부탁드립니다, 어떤 이들은 우리의 마음을 응원하지만 어떤 사람들은 저희들을 슬프게 만들고 있습니다.

우리는 이번 주에 도배를 시작할 것 같습니다. 도배 일 동안에는 가장자리를 잘 맞추어 잘 바르는 것을 지켜보느라 바쁠 것입니다. 여기 일꾼들이 종이 바르는 일을 믿을 수가 없는데요. 그들은 위아래를 거꾸로 붙이거나, 서로 반대로 붙이거나 간에 모두 예쁘다고 생각할 것이기 때문입니다. 나는 거실 방에서 시작하여 그 방이 완전히 건조되면, 그곳으로 이사한 후, 우리 방을 도배하고 수리할 생각입니다. 올해 안에 더 늦기 전에 지금 하는 것이 나을 것 같습니다. 좀 있으면 우리 집에 오고 가는 일들이 더 많아질 것이기 때문입니다. 우리 요리사는 매우 똑똑하고 목공이나 다른 모든 종류의 일에 능합니다. 겨울 내내 그에게 바쁘게 집안 허드렛일을 돌볼 수 있도록 하였습니다. 그가 다섯 개짜리 선반을 달아주었고, 출입문과 창문에 모두 손잡이와 볼트를 달아주었습니다. 물론 집 지을 때 달았던 자물쇠나 손잡이를 달았다는 말은 아닙니다. 그리고도 손님방에 알맞은 붙박이 세면대를 만들어 주었고, 개집 두 개와, 접이식 수납 찬장을 만들어주었으며, 주방 식탁에 서랍과, 아이들 책꽂이, 주방용 세면대와 수건걸이, 다림질 판에 다리를 달아주었고, 수도 없이 많은 사소한 일들을 해 주었습니다. 지금은 제가 한국에 온 첫해에 서울에서 산 작고 오래된 책상을 고치고 있습니다. 제가 쓰기엔 너무 높고 경사가 너무 심해서 그는 그것을 납작하게 잘라내고 지금 알코올로 문지르고 있습니다. 그 위에 새 테이블보를 깔면 정말 멋져 보일 것입니다. 나는 그를 상당히 바쁘게 하려고 노력하고 있습니다. 그것은 그가 장난치는 것을 막아주고 우리에겐 엄청 도움이 됩니다. 이 편지에 묻은 얼룩은 그의 책임이라고 생각합니다. 어제 저녁에 편지를 쓰다가 책상 위에 놓아두고, 오늘 아침에 그가 일할 수 있도록 비켜 주었습니다. 그런데 잉크가 빈 것으로 보아 그가 잉크를 엎지른 것 같아요.

월은 나에게 멋진 화단을 만들어 주고 있어요. 나의 제비꽃들이 대부분 여러 가지 일들을 겪었지만 잘 살아있어서 기뻐요. 미국 제라늄 중 세 개가 싹이 텄고, 핑크꽃 중 세 개가 꽃을 피웠어요. 하얀색, 연분홍색, 진분홍색이에요. 그리고 아직 피지 않은 세 개는 붉은 줄이 있는 노란색일 거라 믿어요. 여동생이 그런 것을 한두 개 보냈거든요.

전킨 씨는 포드 선생과 함께 불 선생 네 아가가 도착하기 바로 전날 성서협회에 참석하기 위해 서울에 갔습니다. 그는 한주일 동안 서울에 있었는데, 블랙베리, 구스베리, 블랙, 레드 라즈베리, 커런

트, 아스파라거스 뿌리 등을 가지고 돌아왔습니다. 그래서 우리는 전주에서 딸기나무와 포도 접목을 구하려고 합니다. 감나무는 이미 몇 그루 구했지만 접목시켜야 해요. 이 근처에서 영국산 호두와 밤나무도 구하려고 합니다. 마당을 가꾸기 위해 할 수 있는 한 모든 예쁜 관목들을 구하려고 노력할 것입니다.

잠잘 시간이 되어 마쳐야겠습니다. 사랑을 듬뿍 담아 수지와 지니(Gene)와 또 다른 사랑하는 사람들과 렉싱턴의 모든 친구들과 그리고 무엇보다도 소중한 나의 어머니에게 드립니다. 엄마에게 굿나잇 키스를 얼마나 하고 싶은지요.

사랑을 담아
메리 레이번 전킨 드림.

1902년 5월 5일
한국, 군산

나의 소중한 어머니와 사랑하는 이들 모두에게

자리를 잡고 앉아서 가족들에게 편지를 쓴 지가 한 달이 훨씬 넘은 것 같네요. 그 이후로 집안에서 자잘한 목공 일들이 이어져 왔어요. 집 내부 일과 전체 집일보다 훨씬 더 많은 일이었어요. 창고 방 도배하기, 방 하나에 페인트 칠하기, 창문 닦기 등의 일 말고도요. 페인트칠과 도배 전에 자잘한 수리들을 수도 없이 해야 했는데, 내가 하인들을 데리고 일일이 돕고 지시하면서 완성했어요. 지금은 집이 근사하고 멋져 보여서 내게 얼마나 큰 기쁨을 주는지 모르겠어요. 사람들이 모두 내가 도배를 훌륭하게 해냈다고 하는데, 내가 가린 벽들을 생각해보면, 내가 생각해도 잘 한 일 같아요. 예전 벽들은 군데군데 헝겊과 압착 풀, 종이 등으로 메꾸어야 할 곳이 여러 곳이었기 때문이지요. 물론 꽃과 무늬가 있는 종이가 일반 종이보다 훨씬 더 결점들을 잘 덮어줘요. 남자 일꾼 4명은 외국 종이를 맞추고 자르는 것에 대해 전혀 알지 못하고, 심지어 한국인 관점에서도 도배 일에 문외한이었어요. 그러니 내가 부엌에 있던 시간 외에는 모두 종이를 자르고, 가장자리를 다듬는 등 거의 모든 일을 지켜보았답니다. 거칠고 굽은 것들로 인해 집수리나 목공일들이 미국 집의 도배 일보다 두 배는 더 힘들다고 여겨집니다. 나는 이 남자들을 데리고 14일을 일했는데, 실제로 그들이 일한 기간은 14일이지만, 집이 제 모습을 찾은 것은 훨씬 뒤였어요. 첫 주가 지나서 저는 사흘을 침대에 누워서 쉬어야 했습니다. 다음에도 또 며칠을 쉬는 중에 하루는 아픈 여성들 두 명을 보러 시골로 나갔는데, 그 중 한 명이 그 후에 죽었습니다. 동이 틀 때 일하러 나선 후 아침 식사 때까지 일하고, 그리곤 아침과 저녁 사이에 정오에 한 번, 그리고 오후에 한 번 쉬면서 담배 피우고 나서 어두워질 때까지 일하는 것이 한국의 풍습입니다. 저는 그들이 일할 수 있도록 준비하기 위해 아침 일찍 일어나야 했고, 그들이 쉴 때에도 저는 여전히 종이를 자르거나 집안일을 돌봐야 했습니다. 우리의 침실이 예전에는 너무 누추한 방이었지만, 지금은 아주 예쁘게 변해서 제일 기분 좋답니다. 나는 매일 아침 침실에 누워 변한 모습을 바라보며 감사함을 느낍니다. 드러난 목재가 너무 많은데다가 광택도 없어서 우울한 자줏빛 갈색이었는데 우리가 그 위에 페인트칠을 했지요. 그런데 참, 스미스는 우리에게 크림 화이트 대신 카나리아 옐로우를 보냈어요. 우리는 메인(ME) 주에 있는 불 선생에게서 흰색 페인트를 좀 구해서 좀 나아졌지만 여전히 우리가 선택했던 것보다 훨씬 더 노랗게 되었답니다. 마지막 코팅으로 니스를 좀 발랐더니 꽤 좋아졌고, 붉은 장미가 들어간 크림색 종이가 좀 밝긴 해도 무척 사랑스러운 느낌입니다.

거실의 목재에 니스 칠을 칠했는데, 엄청나게 좋아졌어요. 가구들 작업은 모두 끝났고, 테레빈유를 더 구하게 되면 주방의 목재에 작업할 양이 꽤 됩니다. 또 요리사가 손님방에 만들어준 작은 세면대에도 페인트칠을 했어요. 한국인 방문객들이 와서 잠시 멈췄었네요. 하긴 집수리에 관한 것은 충분히 쓴 것 같습니다.

비가 많이 와서 우리 집 앞의 계곡은 거의 큰 호수처럼 보이고 농부들은 농사일을 준비하기 시작했어요. 한 달 내에 있을 보리 수확을 어렵게 했습니다. 보리를 수확하는 일은 최악의 기근이 끝나는 것이므로 기쁜 날이 될 것입니다. 비는 쌀에 큰 영향을 주기 때문에 올해는 쌀농사가 풍년일 것이라 믿어요.

어머니께선 이 기근자들을 돕기 위해 우리에게 돈을 보냈으면 좋겠다고 말씀하셨죠. 우리는 그들을 위해 우리가 받았던 자그마한 도움에 대해 기쁘게 생각하고 있으며, 우리가 할 수 있는 모든 것을 하려고 노력해 왔어요. 그러나 기근과 함께 오는 여러 종류의 시련과 당혹스러운 일들을 물론 돈으로 전부 해결할 수는 없지요. 한국에서 선례가 만들어지면 그들은 곧 다음에도 또 도와줄 것이라 생각하는 경향이 있기 때문입니다. 그렇게 된다면 먹을 것을 위한 기독교인을 만들게 되는 큰 위험이 있습니다.

우리는 기독교인들에게만 도움을 주는 것이 아니라 실상은 우리가 그들의 필요를 알고 그들과 더 많이 접촉함으로 인해 그들이 가장 큰 도움을 받는 것입니다. 우리는 되도록 그들에게 일을 주어 도우려 하고, 때론 그들을 위해 일을 만들어서 주기까지 합니다. 월은 특히 그들이 잘 할 수 있고, 놀고먹지 않는 일들을 잘 찾아 준답니다. 우리 멤버들 중 좋은 평판을 받는 사람들은 일반적인 공동 작업에 익숙하지 않더라도 생계를 위해 기꺼이 주어진 일들을 하지요. 그러나 몇몇은 일을 등한히 하거나 너무 게을러서 어린 자식들에게 가사 일을 시키고, 아내와 모친들을 우리에게 보내 구걸하게 하기도 합니다. 이들이 늘 하는 말은 돈을 좀 빌려주면 얼마 있다가 갚겠다고 한답니다. 그러나 나도 그들도 그런 날이 절대로 오지 않는다는 것을 알지요. 그래도 종합해보면 내가 우려했던 것만큼의 상황으로 가지는 않았습니다.

4, 5년 전 인도의 기근에 대한 글을 읽고 난 후, 피골이 상접된 사람들과 또 기근으로 실신한 사람들의 사진을 보고나서 물론 여기서도 같은 것을 보게 될 것이라 생각했어요. 여러 가지의 고난과 그로 인한 직간접적인 많은 죽음이 있었지만 인도에서 묘사된 것과 같은 그러한 끔찍한 일은 일어나지 않았어요. 내가 처음 돌아와서 힘든 시기와 굶주림, 아침부터 밤까지의 굶주림을 들었을 때 나라면 너무나 비참해서 이런 상황을 버텨낼 수 없을 것 같았어요. 두말할 필요도 없이 힘은 들지요. 그러나 교회 신도 중 한 명은 크리스마스를 4달 앞두고, 한 달도 더 못 살 거라 생각했지만 어찌된 일인지 주님이 그를 보살폈고, 주의 보호가 계속될 것임을 알았습니다.

가장 힘든 일은 가장 믿음 좋은 멤버 중 한 사람이 실족한 것입니다. 이 마을에 아주 똑똑한 남자 한 사람이 있었는데, 그는 초창기 교회 신도들 중 한 명이었지만 얼마 전 도박과 술 때문에 정직당했습니다. 그리고 나는 그 남자에게 아직 어떤 선의가 남아 있는지, 아니면 그가 사탄으로 가득 차 있는지 알 수 없습니다. 그의 행실로 보자면 분명히 후자에 속할 것입니다. 또 다른 두 명의 약한 남자가 도박과 음주로 정직 처분을 받았는데, 이 둘도 게으름뱅이로 이름이 났고, 정직한 방법으로 돈을 벌려 들지 않는 사람들입니다. 이들 세 명이 다른 선량한 사람들 즉 교회 신자도 아니고 교회에 다녀본 적도 없는 사람들과 함께 강 건너 마을에서, 한 남자를 구타하며 말하기를 선교사들이 보냈는데 도박 빚을 갚을 돈과 절반은 교회 건축비로 낼 돈을 요구하고, 만일 돈을 내지 않으면 그를 이곳으로 데려와 우리 지하실에 감금할 것이라고 했다는 것입니다. 그들은 이런 일로 두 번이나 이곳에 왔으며, 두 번째에는 우리 모두 그들과 어울려 다

닌다고 생각하는 교회 신도 한 사람을 시켜서 7냥 50센트를 갈취했습니다.

그 남자가 받은 유혹은 의심할 여지없이 강력했고, 우리가 알고 있는 한 그것이 그의 첫 번째이고 갑작스러운 실족이었으므로 나는 그에게 큰 희망을 품었지요. 그러나 여러 면에서 불 선생과 윌이 그를 좋아하고 신뢰해서 다른 이들보다 그를 선호하고 도와주었다는 이유가 변명이 되지 않았습니다. 만약 그가 주님 일에 어긋나는 이 해악을 계획하는 동안 그가 이 유혹에 굴복하지 않고 주님을 조금만 더 신뢰했다면 얼마나 더 좋았을까요. 하나님은 불 선생의 마음에 그에게 페인트칠을 가르치게 하고, 드루 박사의 집 페인팅을 일본인에게 맡기지 않고 그에게 맡길 수도 있었을 것입니다. 물론 전킨과 불 선생이 강 건너 마을에 가서 교회는 그들의 일과 아무 상관이 없다는 것을 완전히 이해시키고 그 남자에게 자신을 때리고 돈을 갈취한 사람들을 체포하라고 조언했어요. 그들이 그곳에 있는 치안관을 만나러 가기로 했지만 그가 서울 가고 없는 것을 알았답니다.

다음 월요일 전킨 씨가 설교 사역을 하나 마치고 돌아오는 길에 대부분 불량배들이 살고 있는 그 지역 치안관을 만나러 갔습니다. 불 선생도 그를 만나기로 했었지만 들를 수 없었지요. 전킨의 임무는 치안 담당자에게 모든 일을 알리고 우리랑은 아무 상관이 없는 일이었으며, 교회 이름으로 그런 일을 하는 사람들이 처벌받기를 원한다는 것을 알리는 예의 바른 심부름이었습니다. 그런데 그 늙은 영감탱이가 윌에게 한껏 무례했고, 각종 무례한 어휘를 사용했답니다. 나는 윌이 그 영감탱이가 쓴 말보다 높은 말을 사용하지 않았으며, 그것이 그 영감의 위신을 더 깎는 일이 되었다는 것을 말할 수 있어서 기뻐요.

월과 함께 있던 한국인들은 그 치안담당이 무례했다며 매우 분개하면서, 그는 점잖지 못한 사람이며 무식하지 않으면 그렇게 할 수 없는 일이라고 했습니다. 하여튼 그는 그 남자들을 체포하는 대신에 아들과 형제들 그리고 그가 잡은 불량배 두목의 가족 중 아무나 잡아갔습니다. 우리가 들은 바에 따르면 이 치안 담당이 대단한 도박꾼으로 아마도 이번 체포에서 돈을 가로챌 것이라는 것이었습니다. 내가 앞서 말한 사람들 중 전체 일을 주도한 그 똑똑한 사람의 아들만이 체포되었는데, 그들이 말하길 그 아버지만 매일 맞아야 마땅하다고 하고, 나도 그러기를 바랍니다. 이 모든 일이 있은 후에 당신은 그들이 밤낮으로 월을 근심에 빠트리는 뻔뻔함을 가지고 있다는 것을 눈치 채지 못하겠지요. 월은 처음에는 그들에게 반성이 너무 늦었으나, 그들이 경고하길 그들이 돈을 돌려주고 문제를 완전히 정리한다면 그는 이 조치를 취하지 않을 것이라고 말했답니다.

그 어머니들도 나를 상당히 걱정시켰는데, 여러분은 내가 강퍅해졌다고 생각할지 모르겠어요. 나는 그들에게 죄가 없는 아들들을 살려달라고 애원할 때 벌을 받아야 한다고 말하였습니다. 나는 아들들은 죄가 없으나, 그 아비들이 죄가 없다고 말할 수 없으니, 내가 아는 최선의 방법은 죄가 있는 아버지들이 그 자리를 대신하는 것이라고 대답했습니다. 이런 식으로 그들 문제가 대체로 정리되었어요. 그런데 한 여자와 그녀의 어린 아들이 그녀의 아들을 위해 중재하기 위해 꽤 멀리서 왔어요. 제가 최근에 본 사람 중 가장 역한 냄새를 풍기는 이상한 모습을 하고 와서 앞장서서 말하기를 전킨 씨가 자기 아들을 감옥에서 꺼내주기만 한다면 언제까지 저와 함께 살겠노라고 말했습니다. 가여운 일이지요! 그녀와 잠깐만이라도 함께 있는 것이 얼마나 고통스러운 일인지 그녀가 알 수만 있었더라면 얼마나 좋을까요! 나는 여러분이 나더러 선교사답지 않다고 생각할까 봐 두렵습니다. 왜냐하면 나는 진정코 그들과 함께 있는 것을 좋아하지 않기 때문이지요. 하지만 나는 그들을 불쌍하게 여겨요. 그리고 치안담당이 윌에게 그런 식으로 대한 후에는 하늘에서 불 벼락이 내리기를 기도했던 사도와 같이 되었어요.

하지만 한국인의 또 다른 면을 말씀드려볼게요. 그것은 내가 전에 말했던 것보다 훨씬 더 보기 즐겁고 자꾸만 생각나는 한국인의 모습이지요. 윌이 이곳에서 6마일 떨어진 마을에서 교회 신도 4명을 뽑아 도배 일을 시켰어요. 윌은 그들에게 그 일이 필요할 것 같았고, 또 그들은 예의 바른 사람인데다가, 그 일을 썩 잘할 것이라 생각했기 때문이지요. 이들 중 가장 어린 사람이 최곰보였는데, 부유한 늙은 양반이 그를 입양해서 마침내 그를 그의 딸과 결혼시켰는데, 그가 기독교인이 되자 그의 장인이 그를 때려내어 쫓고, 그의 아내까지도 빼앗아 가겠다고 했습니다. 내 생각에 기독교인들이 그를 조금 도운 것 같아요. 그는 작은 오두막을 얻었고 평범한 일용직 노동자로 일하러 나가게 되었지요. 그러자 그의 젊은 아내는 그녀가 누리던 안락한 집을 떠나 그 남자에게로 왔어요. 그들은 많은 것들을 누릴 수 있었지만 오직 주를 믿는 믿음으로 가난하게 살아가고 있지요. 이 모든 일들이 우리가 미국으로 가기 전에 일어난 일이지만, 그 남자는 전킨에게 그 일에 관해서는 한마디도 말하지 않았고, 전킨 씨는 다른 한국인을 통해서야 그 사실을 알게 되었답니다. 그는 내가 본 기독교인들 중 가장 총명하고 명랑한 사람입니다. 그가 폐병을 앓아 너무 가엽습니다. 사람들은 그가 매맞고 학대받아 건강한 적이 없었다고들 합니다.

참 이 도박 일과 관련된 것을 말하려다 잊었습니다. 며칠 전에 전 킨 씨는 이 마을의 유일한 양반으로부터 전화 한 통을 받았답니다. 그는 친절하고 신사다운 노인처럼 보이지만, 나는 그가 교회에 와서 평범한 사람들과 함께 바닥에 앉는 것이 그의 체면을 손상하는 것이라고 생각하는 것 같았고, 우리에게 공손하긴 하지만 종교에는 전혀 관심을 갖지 않는 것 같았습니다. 그가 떠나기 전에 월에게 건넨 말은 그가 취한 조치들을 기쁘게 생각하며, 그들을 감옥에서 빼내기 위한 조치는 아무 것도 안하겠다는 것이었습니다. 우리는 그처럼 영향력 있는 사람이 그러한 견해를 가진 것을 듣고 퍽 기뻤습니다. 어쩌면 그가 수감된 사람들 중 어떤 이들에 대해 사적인 원한을 가지고 있을지 모르는 일이지만요. 그들 중 도박과 음주와 행악한 이들 세 명은 우리 어린 아기가 죽었을 때 우리 곁을 지키며 장례를 돕던 이들 중에 있던 사람들이었습니다. 비록 그들이 그렇게 멀리 길을 잃고 떠나 있지만 그들이 회개할 것이라고 여전히 믿고 있답니다. 우리는 그들과 그들의 가족들을 위해 우리가 할 수 있는 모든 것을 하려고 노력하고 있습니다. 물론 처벌과 이와 같은 범죄를 밝혀내는 것은 교회적인 삶을 위해 필요한 일이지요.

이 편지를 여러 번에 걸쳐 띄엄띄엄 쓰다 보니 뒤죽박죽되어 걱정이네요.

내 꽃들은 아주 잘 자라고 있고 큰 기쁨이랍니다.

레이놀즈 가족이 지난주에 목포 가는 길에 들러 우리와 며칠을 보냈어요.

모두에게 사랑을 보냅니다.

메리 올림.

저 학교를 그만두었어요.

1902년 7월 23일
한국, 군산

윌과 아이들이 사랑과 키스를 보냅니다. 아이들 편지 볼 때 조심하세요.

소중한 어머니께

나는 며칠 전에 우편물을 부쳤는데 벌써 다음 배로 보낼 편지를 준비하고 싶어졌어요. 내가 그 편지를 쓰기 전 일주일 동안은 몸이 별로 좋지 않았었는데, 지금은 다시 괜찮아졌어요. 약간의 설사와 구토 증세가 있었어요. 칼로멜을 복용했더니, 약효가 일주일쯤 걸쳐 다 나았어요. 침대에 있는 동안 『The Master Christian』과 『The Man From Glengarey』를 읽었는데 아주 재미있었어요. 나는 지난 가을에는 캐나다와 브리티시 컬럼비아의 많은 지역을 거쳐 간 후 『Glengarey』에 나오는 남자에 대해서 별 관심이 없었어요. 그런데 이곳에서 캐나다인들과 여러 교류를 갖게 되면서 좋은 사람들을 많이 알게 되었어요. 만약 엉클 샘이 그들이 해왔던 것처럼 쓰레기 같은 사람들을 미국에 들어오게 한다면, 나는 몇 세대 안 가서 우리나라에 대해 자랑할 거리가 별로 없을 것이라 생각합니다. 어머니는 수지 레인하트 박사(Dr. Susie Rijnhart)가 쓴 『천막과 사원에 있는 티베트인들과 함께(With the Tibetan in Tent & Temple)』을 읽어보셨나요? 정말 읽어볼 만하며 잘 알려지지 않은 나라와 사람들에 대해 배울 수 있는 흥미가 있습니다. 내가 읽어본 것들보다 중국인에 대한 견해를 더 잘 전달하고 있습니다.

어제는 비오는 날이었어요. 그래서 아이들에게 책을 읽어주고, 이일 하다가 또 저것 하다가 하면서 편지 쓰기가 밀렸는데, 배가 지금 들어와서 긴 편지를 쓸 시간이 안 될 것 같아요. 지금은 확실히 장마철로 들어섰어요. 비가 억수같이 쏟아지는데 그 소리를 듣노라면, 처음엔 한국 사람들의 말처럼 "툭 툭" 하는 소리로 시작되지요. 처음에는 거실에서, 그 다음에는 옷장에서, 그 다음에는 손님방, 그러다가 집 전체 여기저기에서 빗소리가 들려, 아무 것도 할 생각이 안 들 정도랍니다. 불 선생 댁의 새 집과 박사님의 집도 더하진 않지만 우리 집만큼이나 열악하지요. 기와가 썩 잘 입혀지지 않아서 빗물이 그 밑으로 들이치지요. 새 집들은 일본식 기와를 사용했지만 더 좋은 것 같진 않아요.

우리 옥수수가 지금 풍년이 들고 있어요. 벌레들이 신나게 갉아먹고 있지만요. 토마토는 벌레가 돌자 거의 썩어가고 있어요. 우리는 이런 작은 소동을 두 번이나 치렀어요. 내가 프라이스 부인의 토마토에서 구한 씨앗은 최상 품종이었습니다. 우리는 여기에서 1.5파운드씩 나가는 덩굴들을 두 개나 얻었는데, 이들마저도 약간 흠집이 났더군요. 토마토는 장마철에는 항상 많이 썩곤 합니다.

벼농사가 풍년이 들 것 같아서 진심으로 감사하답니다. 우리 멤버 중 한 명이 올 봄에 감자를 몇 개 넣었는데, 윌이 그가 감자를 캐는 것에 대해 말하는 것을 듣고 웃었다고 하더군요. 그들은 방 하나만한 공간에 감자를 심고는 모자 하나 정도는 가득 채울 것으로 예상했지만, 그들이 감자를 캐기 시작했을 때 첫 번째 줄에서 이미 그보다 더 많이 캤고, 주먹 두 개만 한 크기의 감자를 캐자 흥분이 절정에 다다랐고 쌀농사만큼 좋아했답니다. 내가 바라기는 그들이 쌀과 보리에만 의존하지 말고 감자를 좀 더 일상적으로 재배하고 사용할 줄 알면 좋겠습니다. 이 나라 어떤 지역에서는 감자를 꽤 많이 재배하지만, 이들은 다른 식재료를 얻을 수 있으면 감자 자체만을 먹지는 않는답니다. 우리는 감자가 풍작이어서 겨울용 야채 공급은 전망이 좋습니다.

월은 여성 11명을 시켜서 마지막 비가 오기 직전에 정원의 잡초를 뽑게 했는데, 정말 필요한 일이었습니다. 월은 그들이 잡초를 뽑던 바로 그 자리에서 독사를 잡아 죽였습니다. 참새들이 그것이 어디에 있는지 월에게 알려주었습니다. 그 뱀은 꼬리 끝에 뿔이 달려 있었는데, 한국 사람들은 그것이 독니만큼 위험하다고 합니다.

한때는 전도유망한 사람이었지만, 이번 봄에는 교회에서 정학당해야 했던 한 남자가 자기 정원의 잡초를 뽑다가 뱀에게 양손을 물렸습니다. 그는 일요일 교회가 끝난 후 양손에 바를 연고를 얻으러 여기에 왔어요. 양손은 모두 벗겨지고 부은 것처럼 보였고, 힘들어하고 있었습니다. 그의 어린 아기가 역시 아팠는데, 그 어린 소녀는 나의 일요일 학교 수업에 있는 아이인데 매우 박약한 것 같았고, 피부종을 앓는 것 같았습니다.

나는 요즘 10세~15세 대상의 아주 똑똑하고 재미있는 아이들을 위한 수업을 하게 되었어요. 그들은 모두 주일학교뿐 아니라 내가 이곳에서 준비한 월요일 수업에 잘 참석하고 있어요. 나는 루시 아주머니가 보내준 카드를 받아 너무 기뻤어요. 아이들에게 10회 참석한 후에 주는 큰 카드 몇 개 빼고는 모두 다 소진했어요. 나는 도장도 찍어주고, 아이들에게 주었던 데칼코마니아 사진도 사용했지만, 이것들도 다 사용해서 내가 찾을 수 있는 아무 것이나 카탈로그에서 그림을 오려내어 사용했답니다. 머기(Muggie), 캐서린(Katherine), 메리 리스티(Mary Liste)가 이런 사진들을 잘라서 보내줄 수 있으면 큰 도움이 될 거에요. 아무 오래된 달력들이나 색 있는 작은 그림들이 10회 출석한 아이들에게 줄 상으로 적절해요. 또 색이 있든 없든 작은 그림들도 일주일에 한 번씩 주는 카드로 사용할 수 있어요. 나의 월요일 수업에서는 카드를 주고 있지는 않지만 그들도 똑같이 참석하고 있어서 주일학교뿐 아니라 월요일 수업도 10회 출석에 포함하지요. 루시 아주머니가 처음 보낸 작은 꽃무늬 딱지를 그들은 매우 좋아했어요. 아주머니가 지난번에 보낸 카드들도 예뻤는데 이번 것을 훨씬 더 좋아하고 즐거워했답니다. 만약 모어랜드(Moreland) 씨네 아이들이 무언가를 보내려 한다면, 그냥 묶기만 하고 봉인하지 말라고 말해주세요. 잉골드 박사와 다른 사람들이 카드들이 봉인되었기 때문에 반 달러 정도를 더 내야 했어요.

마가렛은 치킨 사업에 뛰어든 것 같네요. 우리도 많이 키워요. 올해는 닭이 동이 나서, 닭을 거의 구할 수 없었어요. 사람들이 닭들을 먹일 게 없다고 생각해요. 며칠 전날 밤, 바람이 불어서 작은 닭들이 들어 있던 닭장이 뒤집어졌는데 다음날 아침에 보니 닭들이 널려 죽어가고 있었어요. 우리는 닭들을 거두어 난로 아래 두고 빨간 고춧가루를 듬뿍 넣은 옥수수가루를 먹였더니, 한 시간쯤 지나 예전처럼 살아났고, 지금은 부엌문이 열릴 때마다 그들은 난로 안으로 뛰어 들어와서 난로 아래로 들어간답니다. 마치 학교 교실 난로에 둘러앉아 몸을 따뜻하게 하려는 어린 아이들과 같은 모습이지요.

불 부인의 아기는 매우 건강하지 않아요. 이빨이 나기 시작하는 것이 아니라면 뭐가 문제인지 잘 모르겠어요. 그들은 의사 없이 지내는 생활을 시험하는 중입니다. 오웬 박사가 렉싱턴에서 연회가 있는 해에 집에 있게 되어 기쁘게 생각합니다. 레이놀즈가 이번 가을에 서울로 다시 이사해야 할 것 같습니다. 왜냐하면 회원들이 여기저기 흩어져 있으면 번역 일을 빠르게 진행하는 것이 불가능하기 때문이지요. 만약 올 가을 증원군이 오지 않는다면 목포에는 아무도 남게 되지 않을 거예요. 물론 스트래퍼 양을 제외하고요. 북부 선교단은 매우 관대한 것 같아요. 레이놀즈 씨의 시간이 완전히 채워지지는 않을 것이고, 우린 서울에서 일이 없기 때문에, 그들은 그의 봉급 절반을 주겠다고 제안했어요. 그리고 그는 그들의 일과 연관된 복음 전도 일을 한답니다. 우리는 그에게 그의 월급의 절반과 집 한 채를 마련해 주어야만 할 것이지만, 우리 남부 교회는 물론 이 민족에게 하나님의 말씀을 전하는 쪽의 일을 하고자 한답니다. 이제 우리는 신약성서와 시편의 일부를 가지고 있습니다.

소중한 우리 가족 한 사람 한 사람에게 따스한 사랑을 전하며

메리 L. 전킨 올림.

1902년 7월 30일
한국, 군산

사랑하는 마가렛에게

올 여름은 이례적으로 선선하긴 했지만 지난 며칠간은 이 지역의 7월 날씨다웠단다. 언덕 위에 통풍이 잘 되는 이 집에서 우리는 끓인 물도 있고, 다른 것들을 식혀줄 얼음이 있어서 크게 고생하고 있진 않아. 최근엔 이틀 저녁을 배를 타고 나갔는데, 지난번엔 다른 사람들과 물속에 들어가 즐거운 시간을 보냈지. 우리들의 즉석 수영복을 네가 봐야 했는데... 에드워드와 윌리는 수영 배우기에 엄청 열심이야. 에드워드는 모든 일에 열심인 것처럼 수영에도 진지해. 나는 손님용 방에 큰 욕조를 마련해 두고 하루에도 몇 번씩이나 몸을 담그곤 한다.

요즘은 옥수수와 토마토가 한참이야. 1.5파운드(680g)나 나가는 토마토가 많이 열렸어. 달달한 오이 피클도 만들었고 가을 내내 먹을 오이지도 많이 담갔어. 또 한국 참외로 절임을 만들고자 했는데, 우스운 실수를 했지 뭐야. 그것을 백반 물에 끓여야 하는데, 그만 소금물에 끓이는 바람에 호박처럼 되었어. 그런데 버리지 않고 어쨌거나 계속 만들었더니 살짝 과일맛과 향이 나는 멋진 잼이 되어버렸어.

윌이 군산에서 가져온 알에서 깬 새끼 오리가 10마리 있는데, 우리 가족은 그들이 수영하고 다이빙하는 것을 지켜보면서 하루의 상당 부분을 보내고 있지. 그 오리들은 아이들 발 위로 뛰어올라 아이들 발가락을 물어뜯어가며 즐거운 시간을 보낸단다.

에드워드는 자신의 생일에 있을 교리문답을 배우는 중인데, 이제 마지막 페이지만 배우면 되지. 이맘때가 되면 너와 함께 지내던 지난 날들이 종종 생각나곤 해. 샐리도 지금 거기에 있었으면 좋겠다. 꼬마 찰리와 그 개가 얼마나 보고 싶은지 몰라. 우리 아이들은 찰리에 대해 많이 이야기하면서 늘 그가 친절하고, 귀엽고 멋지지 않았냐고 말한 단다.

에드(Ed.)에게 말해줘. 에드워드가 그를 잊지 않았고, 그곳에서 함께 보냈던 날들을 종종 이야기한다고 말해주렴. 또 납(Nap) 박사 에게도 안부를 전해주고 우리에게 베풀어준 호의를 기억한다고 전 해줘. 월과 내가 올 봄에 벙거 씨가 만든 것만큼 좋지는 않지만 풀밭 을 만들었단다. 그들에게도 우리가 사랑한다고 전해주렴. 에드워드 는 아직도 그 아래에서 잡았던 물고기가 얼마나 컸는지 자랑하는데, 시간이 흐르면서 그 물고기 크기가 점점 커지는 것 같아. 아멘트루 트(Mary Armentrout) 양에게도 안부 전해주고, 편찮다는 말을 들어서 우리가 몹시 속상해한다고 전해줘. 보내주신 볼티모어산 장미 두 송 이가 봄 내내 잘 피었었는데, 옮겨 심었더니 죽어버렸어. 내니 양에 게도 그녀가 보내준 달리아가 아름다워서 한국 사람들이 모두 이렇 게 예쁜 꽃을 본 적이 없다고들 한다고 전해줘. 그들은 내게 꽃씨를 많이 받아놓았는지 묻곤 하는데, 그 말인즉 내게 꽃씨 좀 달라는 뜻 이지. 그러니 나는 그들에게 씨앗을 나누어 주고 꽃을 가꾸도록 독 려하려고 노력할 뿐이야. 프라이스 부인에게는 우리의 자랑스러운 토마토는 바로 네게 준 씨앗에서 나온 것이라고 말해주렴.

무슨 실수가 생겨 그들이 우리에게 준 옥수수는 처음에는 바로 심 지 못했는데, 지금은 썩 잘 자라고 있다. 잉골드 박사에게도 조금

나눠 주었는데 아주 멋지게 빨리 나왔다고 편지했단다. 우린 좋은 마당이 있어서 겨울에 먹을 채소도 잘 자랄 것으로 보여. 브릭스 부인과 아그네스 양에게도 우리 안부를 전해주고, 우리 아이들이 브릭스 부인 댁 나무에서 따오던 그 멋진 사과에 대해 자주 이야기한다고 말해주렴.

에드워드가 그렇게 무거운 짐을 지는 것을 두고 네가 나무라곤 한 일이 생각나지. 우리가 돌아온 이후로 나도 같은 문제를 겪었어. 나도 어린 아이가 그렇게 열심히 일하는 것을 진심으로 좋아하는 것을 본 적이 없어. 그는 자기 아버지 돕는 일에 매우 야심이 넘쳐서 많은 양의 감자와 토마토를 나르고 있단다. 나는 아이에게 멈추지 않으면 등짐을 뺏어야겠다고 말했지. 그리고 무거운 짐이 크고 강한 남자로 자라지 못하게 할 수도 있다고 설명했더니 아이는 더 이상 그러지 않겠다고 말하더라. 그리곤 자기에게 해가 되지 않을 정도가 얼마나 되느냐고 묻더구나.

8월 4일 – 나와 닭, 오리, 강아지들 빼고 식구 모두 땅 파고, 감자 캐고 나르기 등을 하러 나갔어. 일꾼들이 수는 적은데다가 어린 아이들이 많아서 실망스러워 하는 것 같아. 감자는 아주 질이 좋고, 크고 고르게 잘 자랐어. 4~5배럴 정도나 되는 것 같은데, 이보다 더 질 좋은 감자를 본 적이 없어. 전킨 씨는 지하실에 대나무로 만든 멋진 선반들을 만들어서 공기가 그 사이로 통하게 해 두었어. 물건들을 적절한 장소에 두어 썩지 않게 할 수 있으니 얼마나 편리한지 몰라. 하지만 이 집은 물새는 곳이 많아. 불 댁과 드루 댁은 일본식 기와 집이지만 우리 집보다 더 심하게 새고 있지. 이 집은 보통 비는 며칠씩 내리더라도 물이 전혀 새지 않지만, 기와가 너무 적게 겹쳐서 폭우가 쏟아지면 기와 아래에 들이친단다. 기와는 많은 면에서 이곳 기후에 매우 적절해. 널빤지나 금속판보다 여름엔 더 시원하고 겨울에 더 따뜻하기 때문이지. 어쨌거나 우리가 얻을 수 있는 것은 그게 전부야.

오늘은 맛있는 아이스크림을 만들었어. 말린 살구로 가미하고 약간의 보리물로 우유를 걸쭉하게 했지. 우리는 아침 시리얼로 한국보리를 사용하는데, 맛이 꽤 좋아. 고향의 시리얼은 이곳에서 여름에 보관하기 어려워서, 보통은 쌀을 사용하지만 물론 나쁘지 않아. 그래도 보리를 먹어본 이후로 보리를 훨씬 더 좋아한다. 저녁 식빵으로 건포도가 들어간 통밀빵에 대해 들어본 적이 있니? 불 여사가 조지아에서 먹었는데 아주 맛있고, 빵이 마르지 않는다고 하더라.

사진 몇 장 보낸다. 어머니께도 몇 장 보내드렸어. 사진을 좀 더 뽑는 대로 동생들과 에드워드에게도 보낼 거야.

찰스와 꼬마 찰리, 소중한 너와 우리들의 어머니, 그리고 식구들 모두에게 사랑을 전한다.

메리 전킨으로부터.

에드, 이것 좀 샐리에게 전해줘.

1902년 9월 17일
한국, 서울 스테이션 호텔

나의 소중한 어머니에게

우리가 여기 온 이후로 너무 바빠서 나는 편지를 쓸 시간도 없고 편지 쓸 만한 조용한 장소도 없었어요. 연회는 오늘 아침부터 진행되고 있지만, 오전 내내 딱딱한 벤치에 앉아 있기에는 정말 피곤한 일이랍니다. 특히 우리는 에비슨 가족에게서 점심 초대를 받았고, 또 벙커(Bunker) 여사에게서 오후 티타임 초대를 받았기 때문에 더욱 그렇지요. 에드워드와 윌리는 우리가 여기 있는 2주 동안 학교에 갈 예정입니다. 우린 미처 생각을 못 했었는데, 헐버트(Hulbert) 여사께서 우리더러 그러겠는지 물어보셔서, 그렇게 짧은 동안 보내는 게 폐를 끼치지 않을까 염려스럽다고 말했지요. 나는 우리 아이들을 사실 서울에 데려오는 것이 겁이 났어요. 왜냐하면 서울 아이들은 아는 것도 너무 많고 행실이 안 좋다고들 들었기 때문이에요. 나는 우리 아이들이 학교 외의 다른 곳에서보다 학교에서 노는 것이 나쁘진 않을 것이라 생각했어요.

어제는 아이들을 위해 책을 많이 샀어요. 이곳엔 좋은 책들이 많이 있어서 기뻤어요. 나는 『하퍼의 퍼스트 리더(Harper's first readers)』와 『하퍼의 세컨드 리더(Harper's second readers)』[8], 에글스턴(Eggleston)

---

[8] 이 두 책은 1888년 1월 1일 하퍼와 형제들(Harper & Brothers)이 아메리칸 북 컴퍼니(American Book Company)에서 간행한 「하퍼의 교육학총서(Harper's Educational Series)」에 들어 있다.

의 미국 역사[9], 밀른(Milne)의 산수 첫째 권[10], 어린이를 위한 위인전, 다시 읽어보는 50가지 이야기책, 그리고 복사본 몇 권을 구했어요. 이것들로 내가 가르치는 일이 훨씬 더 즐거워질 것 같은 느낌이 들어요. 또한 아이들도 공부에 더 흥미를 느끼게 될 것 같아요. 집에 돌아가자마자 아이들 가르치는 일을 지속적으로 해나가게 되길 기대하고 있어요.

흠, 편지를 쓰기 시작하고 나니 연회가 끝났네요. 우리 선교부 회의는 오늘 저녁에 끝날 거예요. 레이놀즈 씨와 가족들이 곧 서울로 이사할 예정이에요. 이로써 목포가 몇 달간은 폐쇄될 것 같아 걱정이에요. 왜냐면 스트래퍼(Straeffer) 양이 혼자 그곳에 남아있을 수는 없는데다가, 다른 두 선교부에서도 지원할 사람이 없기 때문이지요. 우리는 벨 선생(Mr. Bell)이 올 가을에 돌아올 수 있는 지 확실히 알려주기를 바라고 있어요. 그는 매우 슬픔에 젖어 편지를 하고 있지만, 그렇게 슬픔만 키우지 말고, 집에서 일도 하고 사람들과 어울리다 보면 훨씬 더 행복하고, 책임 맡은 일도 더 잘해낼 거라 생각해요.

우리는 올 가을에 새로운 박사와 독신남 두 명이 올 것으로 기대하고 있어요. 그런데 목포에 유감스러운 일은 그들이 모두 독신으로 온다는 것입니다. 가능성은 희박하긴 하지만 다른 박사 선생님 한 분이 그의 어머니와 여동생을 데리고 온다면 상황이 크게 완화될 테지요. 제일 처음 오는 박사는 군산으로 가게 될 거예요.

---

9 어린이 도서를 많이 집필한 에드워드 에글스턴(Eggleston)의 『첫 번째 미국 역사 (A First Book in American History)』를 가리킨다.

10 윌리엄 제임스 밀른(William James Milne, 1843~1914)이 지은 『First Lessons in Arithmetic on the Inductive Plan』을 가리킨다.

우리 선교부에서 드루 박사에게 돌아오지 말라고 요청했다는 소식을 들으면 틀림없이 놀라시겠지요. 이 이야기는 다른 편을 통해 듣게 될 때까지 비밀로 해두세요. 나는 여러 번 이 일에 대해 전부 말해주려 했으나 차마 그럴 수가 없었어요. 우린 우리 선교부에 있는 그 어떤 다른 사람들보다 드루 박사 부부를 정말 사랑한다고 생각하지만, 그럼에도 일을 위해서는 그가 돌아오지 않는 것이 훨씬 더 나을 것이라고 믿어요. 그가 떠나기 전에 사람들이 모두 그에 대해서 마음이 편치 않았고, 그가 어서 집으로 돌아갔으면 좋겠다고 바랐지요. 그는 항상 비합리적이고, 그를 참아 내기가 어려웠어요. 그러다가 그의 건강이 나빠지면서 그의 태도는 점점 더 나빠졌고, 한국인들에 대한 그의 태도가 일을 더 그르치게 만들었어요. 아마도 그가 이곳에서 있으면서 했던 좋은 일만큼이나 해도 많이 끼치는 것처럼 느껴졌어요. 그의 동료들은 그와 더 이상 함께 일하는 것이 불가능하다고 느끼게 되었지요. 간단히 말하자면 그는 선교 일을 고려하지 않으려 했기 때문에 관리가 되지 않았던 거예요. 그는 여러 가지 슬픔과 시련, 우여곡절을 우리와 함께 나누었고, 견디기 힘든 일들을 겪는 동안에 그는 너무나도 친절하게 잘 위로를 해주었어요. 우리는 드루 박사 부부가 하는 일에 관해서는 그들에게 매우 친밀감을 갖고 있어요. 저는 이 일이 그들 부부에게 타격이 될 것을 알기 때문에 마음이 너무 아파요. 나는 어머니가 드루 여사에게 만들어주신 식탁보를 그녀에게 보냈어요. 그녀가 너무 감사해 하면서 어머니의 주소를 알려달라고 편지했는데, 아직 답신을 못 했어요.

서울엔 콜레라가 아주 심해서 되도록이면 빨리 집에 돌아가고 싶어요. 이곳 사람들은 물을 끓여 먹는다고는 하지만 불 여사 댁 일하는 아이의 말로는 물이 데워지자마자 불을 뺀다고 해요. 게다가 콜레라가 없더라도 항상 이질이 있기 때문에 위험하고, 열이 나는 일도 종종 있답니다. 우리는 콜레라 약과 소독약, 그리고 식수에 사용하는 콜레라균을 죽이는 산을 충분히 갖고 있습니다.

아까는 불 여사가 들어와서 어떻게 시작되었는지는 몰라도 이야기가 시작되었어요. 우린 서울에 온 이후로 과일을 정말 맛있게 먹었어요. 이곳엔 지금 포도가 아주 한창이고, 사과도 좀 먹었어요.

변화된 환경이 즐겁긴 해도 어서 우리 집과 가정으로 돌아가고 싶네요. 게다가 군산은 콜레라 위험도 심하지 않지요. 그 균은 도시의 오물을 먹고 번창하지요. 날씨가 너무 추워져서 우리는 거의 겨울이 된 것 같은 느낌이에요. 추위로 콜레라균이 사멸될 거라고들 하네요. 오늘은 겨울옷이 어울릴 것 같아요.

내가 두고 간 골프 케이프에 대해 스튜어드로부터 받은 편지에 대한 답장을 이 편지에 동봉합니다.

돌아가기 전에 가능하다면 묘지에 내려가 봐야겠어요. 이곳에서 3마일 남짓 떨어져 있고 험난한 여정이어서, 조지가 죽은 후에 한 번 가보고, 어린 시드니를 묻고 나선 한 번도 가보지 않았어요.

소중한 우리 가족 한 사람 한 사람에게 사랑을 전합니다.

메리 전킨 올림.

1902년 10월 2일
한국, 군산

소중한 어머니에게

집에 도착하고 나서 그 증기선 편으로 어머니에게 우편을 부쳤는데, 그 이후로 너무 피곤하고 멍하니 지내면서 새로운 편지를 시작하지 못했어요. 서울 여행은 우리 모두를 지치게 하고 많이 소모시킨 것 같아요. 이런 변화들은 장기적으로 보면 좋은 일이지만, 집이 역시 안락함을 주네요. 서울에서 사온 포도는 정말 맛있게 먹었지만, 빵은 우리가 집에서 만든 것만큼 맛있는 것은 못 봤어요. 또 우리 집의 싱싱한 야채도 그리웠지요. 숙소에서는 서너 가지 고기 코스에 감자가 함께 나왔지만 그 외 야채는 거의 없었습니다.

우리는 집에 와서 맛있는 수박 세 개를 먹었는데, 오늘은 그 껍데기로 장아찌를 만들고 있어요. 어제는 제물포에서 산 사과로 통조림 3통과 젤리 3파인트를 만들었어요. 또한 잘게 썬 양배추 피클도 시작했어요. 우리가 미국에 있을 때 사용한 요리책들을 모두 잃어버려서 마리온 할랜드(Marion Harland)의 요리책을 사용해야만 했는데 맛이 없을까 걱정돼요. 분명히 어머니 것만큼 좋지 않을 거 같아요. 어머니의 양배추 절임 요리법을 받을 수 있으면 좋겠어요. 아니면 어머니가 마리온 할랜드의 것을 훑어보고 무엇이 달라졌는지 말해주시면 엄마가 복사하느라 수고하시지 않으셔도 될 것 같아요.

다행히도 우리 요리사가 내가 가장 자주 사용하는 대부분의 요리법을 한국어로 적어 놓았지만, 물론 그 중 상당수는 한참 만에 한

번 사용했어요. 겨울 양배추의 대부분이 썩었지만 셀러리는 잘 될 것 같고, 순무도 넉넉하며 호박 30여 개와 감자가 필요한 만큼 넉넉하고, 또 아직은 안 나왔지만 크리스마스 즈음에는 아주 맛난 고구마도 나올 거예요. 오늘은 가을 상추를 심기 위해 묘판을 고치고 있습니다.

불 선생이 지난번 편지에서 그의 어머니와 누이 둘이 겨울을 함께 지내기 위해 올 것 같다고 했습니다. 그리고 우린 새로운 의사를 맞이하게 될 것 같아요. 불 선생 댁에서 그렇게 하길 제안했고 물론 우리도 가능하면 우리 집에 있었으면 하지만, 모든 것은 선교부 결정에 달려 있어요. 새로 오는 의사가 아내를 데려와 가정을 꾸렸으면 좋겠어요. 어쩌면 불 선생 댁 아가씨 중에서 한 명을 얻게 될지도 모르지요.

다음 주에는 아이들을 정기적으로 가르치기 시작하려고 해요.

올 봄에는 국화를 정원 여기저기에 많이 심었어요. 여름 동안에 물을 주고 돌보는 수고를 덜어볼 요량이었지만 이 실험은 성공한 것 같지 않아요. 그것들이 꽃으로 자라는 대신에 나무로 자랐고, 바람에 크게 손상되었지요. 어제는 월이 그것들을 화분에 옮겨 심어주었는데, 한 작업이 되었어요. 그들 중 여럿은 높이가 6, 7피트나 되는 것 같아요. 오레곤 포틀랜드에 유실수 나무도 좀 주문해 놓았어요. 마가렛에게 패랭이꽃이 다 지지 않았으면 흰색과 분홍색, 그리고 연보라색 씨앗을 더 남겨달라고 부탁해 주세요. 어떤 이가 씨앗 심은 상자를 떨어뜨렸는데 아무리 좋은 흙을 덮고 영양을 주어도 꽃이 올라오지 않았어요.

머기(Muggy)는 내가 꽃씨를 보내주면 좋아하려는지 모르겠네요. 꽃씨들을 많이 받아 놓아서, 원하는 사람이 있으면 기꺼이 보내드릴게요. 여러 종의 베르베나, 겹포츄리카, 노란 금잔화와 황금색 금잔화, 진홍색 샐비아, 여름 국화, 미뇨네트(mignontte), 이베리스(candytuft), 그리고 사랑스러운 겹물망초 꽃이 다양하게 있어요. 다알리아 꽃씨도 아주 많을 텐데 아직 모으지 못했어요.

장미 뿌리를 성공적으로 캐내어 자랑스럽다고 했었지만, 그 자랑이 옮겨 심으면서 실추되었어요. 상당수가 죽어버렸거든요. 스트래퍼 양(Miss Straeffer)은 장미들을 있는 곳에 그대로 두고 그 위에 오래된 텀블러나 병을 씌워 겨울을 나게 하여 매우 성공적으로 기르고 있어요.

토요일 저녁 – 어제 나는 소금을 섭취해야 했는데, 그 때문에 하루 종일 머리가 아파서 편지를 쓸 수 없었어요. 오늘은 아이들이 하루 종일 낚시를 하고 있어요. 지난겨울 우리가 얼음을 얻었던 집 근처 작은 개울에서 한국 사람들이 작은 물고기를 많이 잡아서, 어제 에드워드와 윌리에게도 가도록 허락했지만 하나도 잡지 못했어요. 에드워드 말에는 미끼가 너무 잘 안 맞아서 그랬다면서 오늘 아침 일찍 식전에 낚시용 벌레들을 잡으러 나갔지요. 그의 열정적인 부지런함과 지구력을 많이 느낄 수 있어요. 저녁 때 돌아오자마자 물고기를 잡았다며 아주 작은 물고기들과 뱀처럼 고통스럽게 꿈틀거리는 장어들이 가득 찬 듯 보이는 작은 바구니를 들어 올렸답니다. 아이들은 저녁 식사를 후다닥 마치고 나서 – 밥 먹는 일도 아주 힘들었어요, 그날 아침 낚시에 대해 말하느라 아주 바빴거든요 – 다시 이야기하기 시작했고, 아마도 제가 부를 때까지 절 찾지도 않겠지요.

윌이 불 선생 댁에서 데려온 예쁜 강아지에 대해 말씀 드렸던가요? 불 선생은 그 강아지가 지난 7월에 한국 개에게 물리자 광견병 공포증

이 생겼더랬죠. 그러나 우리가 서울 가기 전까진 광견병으로 발전되지는 않았어요. 그 강아지는 물건을 잡아채 무는 성향 말고도 광견병 증상을 보였지만 광견병으로 발전되진 않았어요. 불 선생네 강아지랑 우리 강아지 모두가 약하고 아파서 잘 먹진 않아도 광견병 증세는 안 나타날 것 같아요. 우리 생각엔 그 강아지가 물린 것은 아니었다고 믿어요. 다만 벌레들이 많은 것 같아서 약을 주고 있어요.

서울에 있는 동안 우리는 노신사 한 분을 만났는데, 그는 캐나다 장로교 선교사 일원의 아버지인데 퍽 한결같으신 분이었어요. 그는 74세로 일명 목수이지만 나사렛의 목수와 깊이 연관된 듯한 고상한 품격이 느껴지는 분이었어요. 그가 몇몇 기도 모임을 인도하는 곳에서 그를 뵈었는데 그는 확실히 성경을 잘 이해하고 있는 분이었어요.

그중 한 모임에서 그와 그의 아내가 남해제도에 선교사로 나가겠다고 제안했다가 그리스어와 히브리어를 모른다고 거절당한 이야기를 해주었어요. 그러다가 그의 아들 밥(Bob)이 태어나자 희망이 되살아났고, 그리스어와 히브리어를 몰라 선교사가 되지 못하는 것을 막기로 결심하고, 그 아들이 그리스어, 라틴, 히브리어 등 모든 것과 신학과 의학을 수강할 때가지 25년간 학교를 다니게 했고, 지금은 그가 한국에 선교사로 있게 되었다고 말해주었어요.

사람들에 의하면 그는 매우 전도유망한 사람이며 언어도 놀랍도록 빠르게 습득한다고 합니다. 그러나 그 노신사는 외국인 선교사로 파송받지 못했다고 해서 주저앉아 있지 않았어요. 그가 스코틀랜드에서 지낸 초기 시절에 대해서는 많이 듣지 못했지만, 캐나다에서 지낸 그의 말년에는 벌목 캠프를 돌며 설교와 집회를 하며 많은 시간을 보낸 것 같아요. 그는 놀라운 힘을 가진 듯 보였고, 누구든 꺾을 수 있을 듯 걸어 다녀요.

몇 년 전 그는 캐나다에 있는 벌목 캠프로 가던 중이었고 캠프에서 10마일 떨어진 곳에서 발목을 삐끗했는데, 가만히 있다가는 그날 밤으로 숲속에서 얼어 죽으리라 생각하고 나무 막대기에 기대어 한 발로 껑충대며 갔다고 합니다. 또 다른 한 번은 그가 목재 캠프로 가는 길에 만난 한 남자에게 길을 가르쳐 달라고 부탁했답니다.

우연히도 그 남자는 캠프의 주인이었는데, 매우 이상한 젊은이로 선교사들이 주변에 있는 것을 싫어했다고 해요. 그래서 그는 노인분에게 말하기를 '그리어슨 씨(Mr. Grierson) 그곳에 가지 마시오. 거긴 거친 친구들이 많아서 당신 말을 듣지 않을 것이오.'라고 했지요. 그러자 그 노인분이 대답하기를 '나의 친구여! 당신이 내 심부름을 잘 모르고 있네. 바로 그런 류의 사람들이 내가 찾는 사람이라네. 그곳에 가는데 어떠한 대가를 치러야 한다면 기꺼이 치르고라도 꼭 가야 하네.'라고 했답니다. 그리고 나서 그는 그곳에 가게 되었고 첫 방문 이후에 그 벌목장 주인은 그가 오는 것을 매우 환영했다고 합니다.

1년 전에 그는 아들을 보러 나오기로 했는데, 매우 가난하여 그는 대륙을 가로질러 상당한 길을 걸어가고 나머지는 이민자용 자동차나 3등 항해칸으로 가려 했지만, 몇몇 좋은 분들이 그 이야기를 듣고 그에게 한국까지 오는 편의 티켓을 보내주었대요. 분명히 그 좋은 사람들은 그와 접촉하는 모든 선교사들에게도 축복의 메시지를 보냈을 거예요.

한국에 오고 나서, 그는 아들의 집을 짓는 목수들의 일을 도우러 나섰고, 그 집엔 한국에서 가장 멋진 문과 창문이 생겼다고 하지요.

그는 한국어로 요한복음 3장 16절을 배워서, 그가 접촉하는 모든 한국인들에게 그 말을 전하고 있어요. 그가 서울 오는 길에 흰 수염을 가진 한국 사람을 한 명 만났는데 한국인들이 서로 어떻게 인사하는지, 흰 수염을 어떻게 흔들며 웃는지 알았대요. 그래서 그리어슨 씨도 그의 수염을 흔들며 웃으며 함께 여행했답니다.

의심할 여지없이 하나님은 그런 소중한 성자를 고향 땅에 두신 현명한 목적이 있었던 것이고, 그의 긴 생애 동안 얼마나 많은 선한 일을 하게 되었는지 이루 말할 수 없습니다. 서울에 있는 사람들은 모두 그에게 특별히 친절하게 대해주어 그가 한국 방문을 즐기는 것 같아요. 그는 보수적인 견해를 지녔지만 다른 사람들이 어떻게 해야 하는지에 대해서는 전혀 독선적이지 않아요. 그는 절대로 인력거를 타지 않을 거예요. 왜냐하면 자신과 동등한 사람을 짐승처럼 짐을 지우게 하고 싶지 않기 때문이지요. 서울은 엄청난 거리의 도시이지만 그는 항상 걸어 다녔고 결코 피곤한 기색이 없었어요.

우리 집 꼬마 어부들이 작은 바구니를 꽤 가득 채우고 돌아와서 저녁 스포츠에 한참입니다. 지금쯤은 한참 들떠있을 거예요.

몇 분 전에 증기선의 기적 소리를 들었는데 이 편지를 바로 보낼 수 있으면 좋겠네요.

나의 소중한 자매들, 형제들, 그리고 가장 소중한 어머니에게 사랑을 보냅니다. 혹시 사촌 루와 리지에게 편지 쓸 일 있으시면 안부 전해주세요. 얼마 전에 그들로부터 편지를 받았는데 곧 답장하고자 합니다. 또 샐리 프레스턴에게서도 받아서 아주 즐거웠어요.

우리가 집에 도착한 날 우편물이 꽤 많이 왔어요. 어머니와 샐리 편지도 받았고, 모어랜드(Moreland) 가족이 리치랜드를 방문한다는 소식을 전한 마가렛 편지도 받았어요. 그들이 그곳에 가서 정말 기뻐요. 그들에게도 좋고 마가렛과 찰스에게도 좋은 일이지요.

메리 L. 전킨 올림.

1903년 9월 17일
한국, 서울

소중한 어머니께

우리는 지난 화요일 아침에 군산을 출발했지만 11시경에 마침 썰물 때가 되어서 항구로 들어왔다가 조류를 따라 출발했어요. 물길을 거슬러 가기는 꽤 힘들거든요. 우리 배는 6시에야 떠나서 그곳에서 하루를 보내야 했어요. 그때 우리 배는 이 항로에서 첫 번째 순서이었기 때문에 강어귀에서 10마일밖에 내려가지 못하고 거기에 멈추어 밤을 보냈지요. 우리 배는 군산에서는 꽤 크고 편안한 배였으나, 외국 음식이 전혀 없어서 우리는 점심을 제대로 챙겨야 했습니다.

우리가 제물포에 6시쯤에 도착하여 항구 바깥에 바로 정박했지만 세관 수속을 기다려야 했고, 9시가 다 되어 강가에 내렸지만 도착해서 너무 기뻤어요. 그리고 다음 날인 일요일 정오쯤에 서울에 도착했어요.

레이놀즈의 새 집은 완공되지 않았지만 그들이 빌린 집을 내어 주어야 했기 때문에 그들이 산에서 돌아온 후에는 빈튼의 마당에 있는 집에서 지내고 있었어요. 빈튼 씨네 부부와 아이들 두 명은 회의 차 평양에 가 있답니다. 그들이 팻시에게 이르기를 우리를 초대해서 함께 지내도록 하라고 했다기에 우리가 이곳에 왔답니다. 팻시는 빈튼 씨의 집과 물건들은 사용하고 있지만, 식료품 등은 중국 가게에서 구입하고 있었어요. 물론 우리에게 드는 비용은 우리가 지불할 생각이에요. 빈튼 씨네 아이들 중 세 명은 여기에 있는데, 레이놀즈 씨네 아이들 셋과 우리 아이들까지 함께 집 안을 시끌벅적하게 만들고 있어요.

도티(Doty) 양은 테이트(Tate) 양과 잉골드 박사에게 자신의 집도 마찬가지 방식으로 사용하라고 했지요. 그래서 에비슨 박사 부부가 평양에 있는 동안에 에비슨 박사 집에서 스트래퍼(Straeffer) 양과 함께 있는 마가렛(Marfaret) 양을 제외하고는 불 선생 가족이 모두 그곳에 가 있어요. 독신인 남성분들은 앰버릴스 호텔(Emberlyls Hotel)에 묵고 있습니다. 이곳에서 미팅이 열릴 때는 이 도시에 있는 숙녀분들께는 더욱 편리해졌습니다.

우리는 이례적으로 좋은 미팅을 가졌고 사업이 밀려서 이번 주 수요일까지 지냈습니다. 윌이 사회를 보았는데 처음에 나는 섭섭한 마음이 들었는데, 그는 전혀 상처받지 않았던 것 같아요. 전에 없이 당당하고 좋아 보였으며 오늘 아침 시내를 걸어가는데 피곤해 보이지도 않았어요.

맥커첸(McCutchen) 씨는 전주에, 그리고 프레스톤 씨(Mr. Preston) 부부는 목포에 가게 되었어요. 나는 프레스톤 씨가 전주로 가지 않아서 섭섭했지만, 오웬(Owen) 씨네가 언제 돌아올지 확실한 소식이 없기에 프레스톤 씨를 목포로 보내야 했습니다. 스트래퍼 양은 목포로 돌아가고, 의사 선생님과 그의 여동생, 간호사, 그리고 스펜서(Spencer) 양은 군산으로 와요. 위원회는 가능하면 올 겨울 전주에 결혼한 부부를 보내달라고 촉구할 것으로 기대하고 있어요. 우리는 군산에 소년학교를 위해 200달러를 들여 작은 건물을 지을 예정인데, 그 돈의 절반은 이미 불 선생네와 함께 여행을 떠난 한 신사분이 기부해주었어요. 잉골드 박사는 봄에 휴가차 고향에 갈 예정인데, 그래서 결혼한 부부가 전주에 오지 않으면 숙녀 분은 테이트 양만 홀로 남아요.

며칠 전 어머니 편지를 받았는데, 우리를 위한 어머니의 특별한 기도가 이 시간 우리가 이렇게 화목한 회의를 갖게 된 것으로 응답받은 것 같습니다. 선교사들은 다투기 좋아하는 사람들로 호가 났고, 그것이 언제나 사실이라고 믿지는 않지만, 많은 남자들, 많은 사람들이 어울리기 위해서는 은혜가 필요하다고 생각합니다. 물론 예외도 있다는 것을 알지만 우리의 선교에서 화합이 규칙이라고 말할 수 있는 것에 감사함을 느낍니다.

해리슨(Harrison) 씨만이 선교회에 유일하게 참석하지 않았습니다. 그는 그녀가 죽은 후 중국으로 가서 우리 선교사들 여럿과 함께 산에서 여름을 보냈습니다. 지난 주에 그에게서 편지를 받았는데 여름을 잘 보내고 있는 것 같았어요. 제 생각에는 그가 특별히 참석해야 할 사업이 없어서 회의에 맞추어 돌아오지 않아도 되었고, 게다가 그에겐 정말 슬픈 일이었다고 생각해요.

집을 짓고 있는 레이놀즈 씨를 제외한 우리 신사 분들은 오전에 평양으로 가서 연회에 참석해요. 저는 빈튼 가족이 돌아올 때까지 팻시와 함께 있다가 엠버릴스 호텔로 가서 윌을 기다릴 거예요. 에비슨 박사가 윌의 목을 치료해주기로 해서 이곳에 좀 더 머물기로 했어요. 지금은 너무 어두워져서 더 쓸 수가 없네요.

지난 월요일 저녁 대부분의 남성들은 위원회 회의에 참석했지만 여성들 모두와 아이들은 도시 성 밖으로 나가서 암벽에 새겨져 하얀색으로 칠해진 크고 하얀 불상[11]을 보았어요. 길고 험난한 여행이었지

---

11 서울시 서대문구 홍은동 옥천암에 있는 관세음보살상(일명 普渡閣白佛. 서울시 유

만 주변이 너무 예뻐서 가볼 만했어요.

한 릭샤 안에는 12개의 짐 꾸러미와 아이들이 세 명 있었어요. 집으로 돌아오는 길에 빈튼 씨네 어린 소녀 아이가 내 무릎 위에 앉아 있었는데, 릭샤꾼이 우리를 거칠게 다루어서 아이의 발이 살짝 찢어졌고, 나도 광대뼈를 바위에 부딪쳐 작은 멍이 들었어요. 크게 다치지 않은 것이 천만다행이었지요. 테이트양도 역시 밖으로 떨어졌으나 나만큼 심하게 넘어지진 않았던 것 같아요.

월이 오늘 아침에 제물포에서 메모를 보내왔어요. 어제 아침 우리 선교부 남자분 모두 평양으로 가는 배를 타기 위해 제물포에 갔지만, 한 배는 목요일에 떠나고 다른 한 배는 오늘 저녁에 떠난다는 것을 알았어요. 그렇게 되면 그들은 개막식 연습에 참석하기에는 너무 늦을 텐데, 테이트 씨와 월은 첫째 날에 맞추어 갈 거에요. 어제 공지했던 배가 어째서 바뀌었는지 모르겠어요.

어제는 남동생과 자매들에게서 편지를 받았는데, 그 편지에는 마가렛 모어랜드가 보내는 편지와 그들 공동체에서 보낸 3달러 교환어음이 동봉되어 있었어요. 그 어린 친구들이 우리와 패터슨(Patterson) 씨네에게 그만한 돈을 보내기 위해 정말 열심히 일했을 것이라고 생각해요. 조만간에 그들에게 편지를 쓸게요.

사촌 루와 사촌 리지에게 편지 쓰실 때 제 안부도 전해주세요. 할머니들께, 그분들이 세상에 얼마나 좋은 일을 하셨는지, 우리가 그분들의 기도에 얼마나 많은 빚을 졌는지를 이 세상에서는 다 헤아릴 수 없을 것에요. 여러분 셋 모두를 위해 항상 기도해요. 하나님의 따스한

형문화재 제17호)을 가리킨다. 고려시대에 조성된 불상으로 높이가 약 5m인데, 고종 때 흰 칠을 해 백불로 불린다.

임재가 여러분과 함께 하길 빌어요. 루시(Lucy) 아주머니에게도 나의 사랑을 전해주세요. 우리 모두를 챙겨주며 매사에 관심을 가져주시는 게 얼마나 멋진 일인지요. 가여운 여인... 그녀가 지내온 삶이 어찌 그리 슬픈지요. 하워드 삼촌은 지금 뭐하세요? 그의 아이들에게 마음이 많이 쓰이고, 그들이 잘 자라길 바라고 있어요. 제니 고모가 렉싱턴에 정착하셨다니 안타까운 마음을 금할 수 없었어요. 제니 고모를 사랑하지만, 그녀가 너무 경솔해서 수지와 지니에게 이런 식으로 문제를 일으킬까 봐 걱정이 됩니다. 어린 엘리자(Eliza)와 아론(Aron)도 잘 지내길 바랍니다. 나도 어린 제임스를 똑같이 걱정하고 있지만, 어머니의 지난번 편지에서 특별히 제임스에 대해 언급하지 않은 걸 보니 이제 괜찮아졌으리라 생각합니다. 우리는 형제자매들 편지를 통해 샐리가 열병을 잘 극복했다고 들어서 안심이 됩니다. 그녀가 두 명의 좋은 하인이 있어서 너무 기뻐요. 여러분 모두 소년 찰리를 자주 언급하는데, 그가 이제 바지를 입는지 안 입는지를 말해주는 사람은 아무도 없네요. 에드워드와 윌리가 그에 대해 이야기를 많이 해요.

이 편지를 보내는 것이 너무 늦어져서 미안해요. 지난번 편지 쓸 때 윌이 완전히 회복되지 않았었고, 우표가 다 떨어진데다가 여기저기 돌아다니면서 편지를 쓰는 것이 불가능했답니다. 이 편지를 쓰는 동안 방해가 너무 많아서 쉬엄쉬엄 쓰는 바람에 내가 무슨 말을 했고, 무슨 말을 다 못 했는지 알 수가 없네요.

가족 한 사람 한 사람에게 사랑을 보내며. 팻시도 사랑을 함께 전합니다.

메리 L. 전킨 올림.

1903년 12월 4일

존경하는 어머니에게

우리가 스미스에게 주문했던 것이 이번 주 중에 왔어요. 몽고메리 워드에게도 주문을 보냈었기 때문에 스미스 주문에서는 그리 많은 것을 구하지 못했지만 너무 신났었지요. 우리의 겨울 의류들과 크리스마스 물건들이 모두 들어있는데, 짐이 아직 한국 땅에 도착하지는 않았어요. 만약 크리스마스 전에 오지 않는다면 과일 빵에 들어갈 대추 등 말고는 크리스마스 준비가 안 되네요. 어제 저녁 우리 모두 건포도를 준비했고, 내일쯤엔 과일 케이크를 만들 수 있을 것 같아요. 우리가 몽고메리 워드에 주문 넣은 것이 오면 기쁘겠어요.

아이들이 입고 있는 겨울옷은 헤지고 낡아서 나는 윌리에게 외투를 만들어 주었는데, 존슨 부인이 내게 준 얇은 플란넬로는 에드워드 것을 만들었어요. 오늘은 낡은 망토를 하나 잘라서 윌리에게 입힐 바지를 얼마쯤 완성했어요. 윌리는 옷을 꽤 험하게 입어서 그가 입고 있는 것이 단벌 겨울옷인데 막 떨어져 나가고 있어요. 우리의 주문이 올 때까지 버텨주면 좋겠어요. 사내아이들은 새 옷으로 기분이 좋아지겠지요.

나는 아침 식사 시간부터 12시까지 남자아이들을 가르치고, 그 이후엔 한국 소녀들에게 한 시간씩 가르치느라 오후 시간이 너무 짧아서 바느질을 할 시간이 많지 않아요. 아이들은 어딜 가나 다 똑같은 것 같아요. 어제 눈이 오고 바람이 불어 아주 추웠는데, 아이들에게 벨을 울리지 않고서 저녁을 먹고 있는데 아이들이 몰려왔어요. 그들 중 한 아이가 말하기를 당신이 우리를 불렀는데 우리가 듣지 못한 거라고 생각하고 왔다는 거예요. 그러면서 묻는 말이 예수님 생신까지 얼마나 남았냐는 거예요. 보통은 노인 한분이 계셔서, 불 부인이 소년들에게 산수를 가르치고, 나머지 대부분은 노인분이 나를 대신해 사내아이들을 가르쳤는데, 이번 주에는 노인분이 아프셔서 이 모든 것을 내가 해야 했답니다.

　12월 8일 – 내가 위의 글을 쓰는 동안 존슨 가족이 전주에서 돌아와서, 편지 쓰는 일보다 이야기를 더 많이 했어요. 그들이 방문해 주어 아주 즐거웠고 그들도 다른 사람들에 대해 그러기를 바라고 있어요. 마치 우리 모두가 그들에게 감사의 빚을 진 것처럼요. 그들은 어제 배를 타러 나갔지만 배가 목포로 가지 않았어요. 윌은 오늘 아침 시골로 떠났고 8일에서 10일간에 걸쳐 수업을 할 것 같아요. 나는 그의 사역이 예전처럼 한두 달씩 떠나 있는 대신 짧은 여정으로 감당할 수 있게 되어 너무 감사해요. 아직도 많은 선교사들은 한두 달씩 집을 떠나서 사역하고 있답니다.

　나는 방금 파오팅후의 비극을 읽었어요. 거기서 앤드류 우즈(Andrew Woods)의 부인이 그녀 언니와 형부를 잃었잖아요. 나는 그들이 보여준 그리스도인으로서의 영웅적 삶과 사역, 그리고 그들의 죽음에 관해서뿐만 아니라 선교사의 입장에서도 관심이 컸어요. 나는 이 문제가 있기 전에 이 선교사들이 우리보다 훨씬 더 생명의 안전함을 가진 것으로 느꼈어요. 그러나 그들은 항상 우리가 전혀 알 수 없는 위험에 직면해 있던 것 같아요. 그들의 신경이 어떻게 그토록 온전할 수 있었는지 모르겠어요. 그들 중 많은 사람들이 무너지기도 했지만, 너무도 당연한 일이지요. 내게는 중국에서 선교사가 될 만큼의 은혜가 주어지지 않은 것 같아 두려워요. 우리가 여기서 시련이 없어서가 아니라, 주님을 따르는 모든 이들은 이곳이든 고국에서든 늘 시련이 있는 법이고, 가장 큰 시련은 나 자신이라고 믿어요.

사랑하는 어머니가 우리와 우리 사역을 위해 기도하는 것을 느끼는 일이 우리에게 얼마나 위안이 되는지 모르실 거예요. 나는 우리 아이들을 가르치고 훈육을 위해 지혜와 많은 도움이 필요해요. 엄마이면서 선생님이고, 주일학교 선생님이기고 하고 또 모든 것을 감당해야 하는 일이 너무 힘들어요. 존슨 씨 부부가 이 일에 있어서 나를 너무 잘 도와주고 있어서 매우 감사하게 생각하고 있어요.

에드워드는 오늘 2급 읽기에 들어갔는데, 준비가 아주 잘 되어 있어서 꽤 쉽다는 것을 알게 된 것 같아요. 물론 그는 아주 뒤쳐졌지만 작년에 우리가 앓았던 병 때문에 어쩔 수 없는 일이지요. 그들은 매우 사랑스러운 꼬마 녀석들이에요. 윌리는 아주 많이 발전했는데, 주위에 아무도 없으면 온순한 소년이지만 낯선 사람들 앞에서 우쭐대고 자랑하고 싶어 해요. 존슨 씨는 아이들을 너무 재미있어라 하고 사진을 몇 장 찍었는데 잘 나왔으면 좋겠어요. 그들 중 한두 개는 망아지 위에서 찍었고, 또 우리 강아지 베스와도 찍었어요. 참, 베스가 사랑스러운 새끼를 8마리나 낳았어요. 어미 베스는 우리가 고베에 들렀을 때 태어난 강아지 중 유일하게 살아남은 놈이에요. 강아지를 달라는 사람이 많네요.

지금은 사냥 시즌이랍니다, 우리는 존슨 가족과 함께 오리, 거위, 꿩 그리고 비둘기를 잡았어요. 가족들에게 모두 조금씩 보낼 수 있으면 얼마나 좋을까요. 특히 수지요. 그녀의 편지에서처럼 우린 가금류만 좀 있으면 충분하다고 생각해요.

렉싱턴과 그렌개리의 데이 스쿨에서 쓰신 편지가 어제 도착했어요. 둘 다 너무 재미있었고 지금도 웃음이 나요. 어머니와 마가렛이 렉싱턴을 방문해서 수지를 만나게 되어 정말 기뻐요. 나도 그 기쁨을 함께 누릴 수 있다면 얼마나 좋을까요. 꼬마 찰리가 너무 보고 싶네요.

말하고 싶은 것이 더 많지만, 어느새 모두 취침에 들어 나도 자야 할 것 같아요. 내일 여러 가지 할 일이 기다리고 있거든요. 요즘 우리 얼음집을 고치고 있는데, 올해는 상태가 개선되길 기대하고 있어요.

이 편지에는 우리 박사에 관해 드릴 소식이 없네요. 그가 예정한 대로 승선했다면 지금쯤 이곳에 와 있어야 하지만요.

가족 모두에게 사랑과 포옹을 드려요. 그리고 나의 사랑하는 어머니에게 길고 따스한 입맞춤을 보냅니다. 당신은 최고의 어머니예요.

메리 L. 전킨 올림.

1904년 2월 27일
한국, 군산

나의 소중한 어머니

어머니의 생일을 잊어버려서 정말 죄송해요. 올해는 내가 기억하는 생일보다 잊어버리는 생일이 더 많은 것 같긴 하지만 사랑하는 어머니의 생일을 잊으리라고는 생각지 못했어요. 윌이 훈련 강습이 있는 목포에 갈 준비하느라 정말 정신없이 보냈거든요. 아이들을 낳아 길러보니 어머니가 제게 해주신 것들이 얼마나 소중한 일이었는지 더욱 알겠고, 어머니를 더욱 더 사랑합니다. 그래서 제가 제 아이들에게 성경을 가르치거나 읽어줄 때, 어머니가 우리를 집중시켜 성경을 읽어주고 가르쳐주던 방법을 종종 떠올린답니다.

이곳의 한국 가정들을 돌아보면, 우리가 어릴 적 받았던 훈련이나 주위 환경이 이들과 비교되어, 이러한 좋은 기회가 거의 주어지지 않은 사람들에게 너무 많은 것을 기대하는지도 모르겠단 생각을 하게 돼요. 존경하는 크리스천 부모님과 화목한 가정을 허락하신 주님께 감사한 마음을 느끼지 않고 지나는 날이 하루도 없어요. 살면 살수록 부모님이 겪어 오신 시련과 어려움, 이루신 업적들이 내게 더욱 더 대단하게 느껴져서, 어머님이 하신 것에 비할 바가 아니지만 저 또한 주님을 위해 일하며 살아갈 힘을 똑같이 가지려고 노력하고 있어요. 제가 이루려는 것을 주님이 아시고 축복하시리라는 것을 알고 있어요. 나는 쓸모 있는 기독교인의 삶을 우리 아이들에게 가르치고 훈련하는 일에 충실하도록 매일 노력하고 있으며, 우리 아이들과 한국의 어린 소녀들을 위해 제가 노력하는 이 사역을 주께서 축복하실 것이라 믿어요. 우리 일꾼들도 기독교인이면 얼마나 좋을까요. 아마만이 제대로 훈련받은 기독교인으로 그녀만 진실한 것 같고, 다른 사람들은 한때는 천국 근처에 있다가 곧 멀리 떠나 있는 것처럼 보여요.

윌과 테이트 씨는 수요일에 훈련 강좌를 위해 떠났는데, 해리슨 씨는 더 일찍 떠났지요. 불 선생이 서울에서 막 돌아왔나 봐요. 저는 아직 못 봤는데 윌리가 방금 배 착륙장에 내렸다고 달려와서 말해주네요. 그는 일주일 전에 우리 스테이션의 배도 구하고, 다른 볼일을 보러 시울에 갔어요. 윌은 불 선생이 돌아올 때까지 좀처럼 떠나고 싶어 하지 않았는데, 훈련 강좌가 거의 끝나갈 때까지 그를 목포에 데려다 줄 배가 그것 밖에 없어서 어쩔 수 없었지요. 게다가 불 선생이 오늘 돌아올 줄 알았기 때문에 비록 지역 상황이 불안정한 상태이지만 떠나야겠다고 생각했어요.

군산에 일본 병력이 주둔해있어서 언제든 도움을 요청할 수 있지만, 결국은 주님의 때가 오기까지 우리는 죽지 않을 거라고 믿긴 해도 모든 만반의 주의는 갖추고 있어요. 매일 밤 제가 할 수 있는 한 꼼꼼히 살피고 문단속도 하지만 하늘에 계신 아버지께서 우리를 지키시는 한 우리는 안전할 것을 알고 있습니다.

이 편지를 잠시 멈추고 불 선생을 보러 뛰어나가 소식을 들었어요. 일본은 수천 명씩 서울에 군대를 퍼붓고 있으며, 불 선생은 우리 전투 부대 빅스버그가 제물포에 와 있는 곳으로 가서, 제물포에서 폭파된 러시아 배들을 보고 찍은 사진들을 가져왔어요. 배가 폭파되었을 때 서울에 있는 집들의 창문이 덜컹댔다니, 언덕 꼭대기에서 모든 것이 훤히 보이는 제물포에서 바로 그런 일이 일어난 게 믿기지 않아요.

서울에서 슬픈 소식이 더 있었습니다. 빈튼 씨네 어린아이 캐드웨이 빈튼이 성홍열로 죽었고 다른 세 아이들도 같은 병에 걸렸대요. 불쌍한 빈튼 박사님, 그 소식을 듣는데 제 마음이 얼마나 아팠는지 몰라요. 윔볼드 양(Miss Wambold)이 그곳에서 그들 간호를 돕고 있어요. 빈튼 박사가 그 힘든 슬픔의 무게를 어찌 견디는지 볼 수가 없네요. 빈튼 박사의 어머니가 와주실 것이라는데 빨리 오셨으면 좋겠어요. 에비슨 박사의 어린 두 아들이 미친개에 물려서 치료하러 일본으로 데려가야 했대요. 물린 곳을 즉각 소독을 해서 걱정은 없을 거랍니다. 윌은 올 봄에 우리 개집 주변에 철망 펜을 만들어 놓고 밤에 개들을 가두어 놓아 한국 개들과 섞이지 않게 하려고 해요.

제 생일에 쓰신 어머니의 편지가 방금 왔어요. 너무 따스하고 감사한 편지이었는데, 이번 전쟁 탓에 어머니를 너무 불안하게 해드린 것 같아 죄송해요. 최근에 좋은 소식도 못 전하고 자주 편지를 보내드리지 못해 죄송합니다. 전쟁 뉴스에 관해서는, 우리는 우편 선박을 기다려 전해야 하지만 어머니가 먼저 소식을 들으시겠지요. 이전보다는 우편 배가 많아질 거라고 하네요. 일반 배들은 모두 교통수단으로 사용되고 있어요. 불 선생은 이 수송선에서 군인들이 계속오고 있다고 하더군요.

팻시가 우리더러 이 나라를 떠나야 할 상황이면 그곳에 올 수 있는지 묻는 편지를 보냈어요. 일본에 있는 뷰캐넌으로부터도 우리에게 그곳에 올지를 묻는 편지를 받았어요. 팻시는 전혀 건강하지 않은데 또 다시 꺾일까 염려되어요. 나는 그들의 집 짓는 일에 대한 걱정도 일부 작용한다고 생각해요. 레이놀즈 씨가 신중히 검토했지만, 안타깝게도 돈이 많이 들어갔고, 절약하기가 너무 힘들어서, 필요한 것과 원하는 것의 차이를 알게 되었지요. 유난히 좋은 집이지만, 더 나아가 그는 건축위원회와 상의 없이 전혀 필요하지 않은 많은 것들을 추가했고, 그것을 위해 애를 많이 썼어요.

월이 목포에 무사히 도착했다는 전보가 방금 왔으니 이 편지를 마무리하고 전보를 가져온 사람 편에 이 편지를 보내야겠습니다. 그래야 우리 사동 소년이 3마일을 걸어 나가는 수고를 덜 수 있을 테니까요.

모두에게 사랑을 전합니다.
메리 L. 전킨 올림.

1904년 7월 23일 토요일
한국, 군산

나의 소중한 어머니

이곳은 본격적으로 장마철로 들어섰어요. 또 한 차례의 기근이 들면 어쩌나 하고 걱정했는데 장마가 시작되니 매우 감사해요. 그동안 우리 모두 기도하면서 비가 오기를 간절히 바랐는데, 지지난 주일 전날인 토요일 밤부터 비가 왔어요. 우리는 모두 매우 행복하고 감사했어요.

오 씨[12]는 미국에 있는 사람의 아버지인데, 교회에 다녀온 일요일 저녁에 나가서 자기네 밭을 갈고, 그와 그의 조카와 하인들이 콩을 심었어요. 나는 난감해지고 너무 화가 나서 막대기를 구해 실컷 두들겨 주고 싶었어요. 그는 침례교회에 소속된 사람이지만, 이곳에 침례교회가 없어서 늘 이 교회에 다니며 회원으로 대접받고 있어요. 그는 자기 아들이 기독교인들에게서 그렇게 많은 것을 누리는 가운데에도 전혀 믿는 자의 품격을 갖추지 않았지만, 이 주변 대부분의 사람들보다 좀 더 높은 지위에 서 있어요. 그리스도 때문에 그런 행동은 하지 말아야 한다고 생각해요. 그 다음 주 일요일, 교회에서는 그가 더 이상 이 교회에서 교인으로 대접받을 수 없고, 성찬에 참례할 수 없다고 공지하였어요. 그는 월과 불 선생을 모두 방문했지만

---

12 침례교 선교사 스테드만과 남장로교 불 선교사에게 한국어를 가르치다가 알렉산더의 후원으로 미국 유학을 떠난 오긍선의 아버지 오인묵(吳仁黙)을 가리킨다.

뉘우치는 기색은 보이지 않았고 정당화되지 않는 변명만 늘어놓으려고 했답니다.

몇몇 한국인들에게 이 문제를 이야기하면서 윌은 그것은 마치 아들이 집에 와서 아버지에게 밥 한 그릇을 달라고 한 다음 밥을 다 먹은 후에 빈 밥그릇을 아버지 얼굴에 던진 격이라고 말했습니다. 이 예화는 부모를 공경해야 하는 한국인들에게 분명 설득력이 있었어요. 이래선 안 된다고 말할 수 있게 되어 기뻤어요. 바로 그 일요일 무렵에 윌이 그의 무리들 중 한 사람에게 오전 6시쯤에 나가보니, 가족 모두와 심지어 하인들까지 깨끗하게 단장을 하고 교회에 갈 준비를 하고 있었어요. 우리가 한국인들의 머릿속에 심어주는 큰 문제 중 하나는 주일에 하인을 일하게 만드는 것이 자기가 일하는 것만큼 큰 죄악이라는 것입니다.

저도 우리 하인들이 모두 기독교인이 되길 바라며 기도하고 있어요. 우리가 처음 서울에서 이사 올 때 기독교인 소년을 데려왔는데, 그가 떠나고 나서 우리가 사람을 고용할 때 그들이 믿기를 원해서 고용하는 것이 아니라 그들이 일을 잘해서 고용하는 것임을 분명히 일러두었어요. 우리 요리사와 사동 아이는 훌륭한 하인이라서 그들이 좋은 기독교인이었더라면 좋았겠다고 생각해요. 제 생각에 그들은 마음으로 믿지만 자신들의 죄악을 그만두려 하지 않아요. 그 중 하나는 그들이 일상생활 현장에서 일어나는 부정한 거래를 통제하는 일이에요.

아마도 새로운 의사 선생님이 오면 저희집 사동 아이를 내어주어야 할 것 같아요. – 그 의사가 오는 것에 대해 말하려던 참이었어요. 그는 새 의사 선생님 댁에서 요리사 자리를 원하고 있어서 집에서 멀리 떠나 있지는 않을 거예요. 우리와 있을 때 그의 주된 업무는 세탁일 외에도 월이 시골에 갈 때 함께 가는 것이었어요. 그에겐 어린 아내가 있는데, 제대로 보호받지 못하고 홀로 남겨져 있어야 했기 때문에 그게 어려운 점이었어요. 두 하인들 중에서 저는 그 사동 소년보다는 요리사를 포기하는 편이 나을 것 같아요. 그는 확실히 요리를 잘하지만 전혀 깔끔하지 않고 외부 일을 시키면 좀 뼈기는 편이에요. 하지만 그 사동 소년은 매우 근면하고 깨끗하지요. 전체적으로 보아도 내가 여태껏 본 것 중 가장 훌륭한 하인들 중 하나예요. 비록 그는 요리에 대한 경험이 없었지만, 그는 이미 많은 것을 보았기 때문에 곧 익힐 수 있을 거예요. 그는 행동거지가 바르고 우리에게 와서 의논하면서, 다른 소년에게도 세탁법 등을 가르쳐 주겠다고 말했어요. 그래서 이제는 이 소년이 매주 와서 세탁하는 것을 돕습니다. 그는 알렉산더 박사가 이곳에 있을 때 그의 집에 있던 소년이었어요. 그가 마음에 들고, 나의 옛날 하인들을 좋아하는데 바꾸는 것이 싫어요.

맥도날드 씨 댁 아이가 회복하고 있고, 프레스톤(Preston) 부인도 잘 계셔서 정말 감사해요. 불 여사는 전혀 나아지지 않았어요. 그들은 어제 에비슨 박사를 만나러 서울에 갈 예정이었으나 배가 출발하지 않았어요. 오늘은 비가 억수같이 쏟아지고 있으니 배가 못 떠날 것 같아요. 그들이 일주일 내로 가게 될 것 같지 않아서 그들을 위해 제가 아기를 돌봐주려 해요.

화요일 – 불 선생 부부는 토요일 저녁에 떠났는데, 배가 군산에 올 때 북장로 선교사인 배럿(Barrot) 씨가 타고 왔어요. 그는 서울로 가는 중이었는데 불 선생 부부가 떠나기 직전에 배가 들어왔고, 그 배가 군산에 24시간 머무를 예정이었기 때문에 그가 우리의 작은 배를 타고 와서 우리와 함께 보냈어요. 불 선생네 버지니아는 너무 사랑스러워요.

사동 소년이 기다리고 있고, 조수 때가 다 되었으니 이 편지를 위해 배를 붙잡아 둘 수가 없네요. 어머니의 답장을 기다립니다. 특히 수지에게서 소식을 듣고 싶어요. 수지에게 안부를 전해주세요. 그리고 사랑하는 가족 모두에게, 특히나 나의 소중한 어머니에게 사랑을 전합니다.

메리 L. 전킨 올림.

1906년 2월 3일
한국, 전주에서

너희들에게 보내는 선교 보고서 안에 소책자를 첨부하니 만약 남동생이 맥도너
에 없으면 내가 나중에 보낼 달력과 소책자들을 그에게 전달해 주렴.

사랑하는 자매들, 샐리와 마가렛에게

이 편지가 생일 편지였어야 했는데, 생일에 맞춰 따로 따로 편지를
했으면 마가렛 생일이 먼저였을 텐데, 편지가 잘 써지지가 않아서
게으르게 잘라 먹고, 편지 한 통으로 너희 둘을 위해 쓰는구나. 정확
한 날짜를 기억하지 못했던 것을 인정할게. 생일 맞은 사람을 위해
특별히 기도하는 날로 삼고 싶기 때문에 사랑하는 가족들의 생일을
잊으면 늘 죄송한 마음이야. 종종 내 기억 속에 있는 달력이 좀 더
좋아져야 할 것 같아. 너희들의 생일을 정확히 기억하지는 못하지만,
서로 앞뒤에 있었지. 너희 둘에게 풍성한 행복을 누리기를 기원한다.

이 편지를 3일 전에 쓰기 시작했는데, 급히 떠나야 했지. 그런데
누군가 이 편지 위에 물을 엎지른 거야. 글쓰기란 여러 방해를 받으
며 지속하기 힘든 일 중 하나이어서 편지 한 통 완성하는 일이 내겐
너무 어려운 것 같아. 요즘은 별로 한가한 시간이 없단다.

나는 집안일이나 요리하는 것을 좋아하지만, 그 일들이 너무 많이
엉켜 있으면 특히 즐겁지가 않아. 그 중에서도 내가 잘 못하고 있다
고 느끼는 것은 특히 가르치는 일이야. 남자아이들은 올해 내게서
별로 배우지 못했어. 에드워드는 책 읽기를 좋아해서 책을 통해 많

이 배우고 있어서 산수 외에는 특별히 걱정되지 않아. 최근에는 아이들에게 한국어 읽기를 가르치기 위해 매일 저녁 식사 후에 한 시간씩 한국 학교에 가게 했는데, 좋은 진전을 보이고 있어서 그들이 나쁜 짓을 배우는 것이 아니라고 믿어. 아이들 아버지가 아이들과 많은 시간을 함께 보내. 한국어 선생이 우리 아이들을 가르치는 동안엔 아이들 아버지가 한국 남자 아이들을 가르치고 있어.

학교는 새 교회의 입구에 있는 집으로 옮겼어. 교회는 두 주 전에 헌정되었단다.

불 여사와 해리슨 그리고 다니엘 박사가 임시 위원회 회의에 참석하러 왔다가 불 선생 외의 모두는 일요일 지나서까지 머물렀어. 테이트 씨와 맥커첸(McCutchen) 씨는 한국 새해 벽두부터 한국 전역에서 행해진 일주일간의 기도회를 위해 시골에서부터 참석하러 왔지. 날씨가 매우 추웠지만, 일주일 내내 참석자가 많았으며, 좋은 결과가 있었던 것 같아.

우리 교회는 한국에서 가장 좋은 교회 중 하나이며, 규모에 비해 가장 저렴하게 지어진 교회 중 하나임은 의심의 여지가 없지. 천장에 회를 칠하기 전에 얼어붙는 듯한 날씨로 중단되었기 때문에 내부가 엄청 추워. 난방기가 두 대 있지만 따뜻하지 않아. 다음 해에는 다른 난로를 설치하고 드럼을 하나 더 얹고 바람막이 문이나 통로를 만들어서 문에 자동 경칩을 달면 보온이 유지되겠지. 이제 봄이 다가오기 때문에 공간이 넓은 건물이 절실히 필요할 텐데, 벌써부터 추운 날씨에도 불구하고 가득 차고 있단다.

우리는 아주 좋은 얼음으로 가득 찬 작은 얼음 창고가 있단다. 특히 아기들 우유를 위해 기쁘게 사용하고 있어. 작년엔 없이 지내야 했지만, 여기 물이 유난히 좋아서 잘 지냈어. 어두워져서 지금은 쓰기를 멈추어야겠다.

(문자 소실) 남자아이들과 아가는 잠들었고, 여자아이는 혼자 지낼 수 있는 저녁이라서 식사 전에 잠깐 틈을 내어 이 편지를 쓴다.

너희들 남편들은 나갈 때 너희들 열쇠를 가지고 나가니? 내 남편은 그런단다. 그는 항상 현금 보관함 열쇠를 찾아 주머니에 넣고 다녀. 그래서 쫓아나가 찾거나 또는 없이 지내고 있어.

월은 다음 주에 성경 위원회 회의에 참석하기 위해 서울에 올라갈 예정이야. 올해 팻시 레이놀즈의 건강 상태가 썩 좋지 않았지. 내 생각에는 연례회의 때 그녀 집이 가득 찼고, 게다가 테이트 부부의 결혼식도 있었기 때문에 과로했었던 것 같아. 다음 연례 회의는 6월에 광주에서 있을 예정이야. 여기서 육로로 2일 거리인데 만약 내가 가면 아기랑 2일 내에 도착하긴 어려워서 월은 2일 반 걸려야 할 거야. 나는 일 년 중 그 시기에 아기를 데려가기 싫지만 내가 가지 않으면 다른 누군가가 집에 있어야 하는데, 가능하면 모든 멤버들이 참석하는 것이 매우 중요한 것 같아.

아가는 튼실하고 유쾌해서 항상 웃는 얼굴이야. 목욕하는 시간을 제일 좋아하지. 나는 그냥 그에게 짧은 옷을 입혀. 긴 옷은 너무 끼거나 해어져서 어쩔 수 없지. 내가 아기 가운을 만들어 주었는데, 대부분 이 가운을 입고 있지만, 두세 벌의 짧은 드레스와 다른 아이들이 입던 큰 옷들이 몇 벌이 남아 있어. 만약 지금까지처럼 계속 자라나면, 그 옷들 입기가 힘들 거야. 월은 그의 눈이 파랗다고 하는데, 나는 회색이라고 생각하지. 아마 두 색이 섞였나 봐. 그가 응석받이가 안 되면 이상한 일일 거야.

2월 12일 – 올해는 늦장 부리다가 봄 채비를 어서 서둘러야 한다는 것을 갑자기 깨닫고, 요 며칠 동안은 틈틈이 열심히 일했어. 그리고 윌이 서울에 갈 채비를 돕느라 따로 글 쓸 시간이 없었어. 윌은 오늘 아침 일찍 출발했고, 남자 아이들 수업받는 것을 본 후에, 아기와 나는 꿀 낮잠을 잤어. 저녁 식사 후에 우편 주문을 해 놓았으니, 이제 너희 둘에게 잠시 편지를 쓸 자유가 생겼네.

어머니의 크리스마스 편지가 에드와 수지, 그리고 마가렛이 보낸 편지와 함께 토요일에 왔어. 어머니가 맥도너(McDonough)의 크리스마스 소식을 전해주어 마치 내가 너희 모두를 한눈에 본 것 같아서 더 가까이, 더 오래 보고 싶게 만들었어.

어머니께서 부탁하신 소책자들과 한국에 있는 선교사들 모두를 위한 기도 달력을 이 편지와 함께 보낸다. 선교사 이름은 알파벳순으로 되어 있어서 그동안 본 것 중 나은 편이야. 선교사들, 그들의 자녀들, 그리고 활발한 조력자들의 목록이야. 그리고 우리 연례회 보고서도 각각 한 부씩 보낼게. 달력을 훑어보니까 각자가 속한 선교부의 이름이 적혀 있지 않았으니 첫 글자를 써 보낼게. N.P.(북장로회) S.P.(남장로회) N.M.(북감리회) S.M.(남감리회.) C.P.(캐나다 장로회) A.P. (호주 장로회)

이제 마무리 해야겠다. 너희와 너희 가족들, 특히 우리 소중한 엄마에게 사랑을 전한다. 모두에게 주님의 은총이 가득하길 빈다.

너희의 자매
메리 전킨으로부터

1907년 1월 9일
한국, 전주

친애하는 포사이드 부인께

우리는 부인께서 우리와 함께 하게 될 즐거움을 오랫동안 고대해 왔고, 또한 박사님을 잘 알고 교제해 왔기 때문에 낯선 사람에게 편지를 쓰는 것 같지 않네요. 저는 편지를 써서 아기를 위해 작은 양말을 만들어주셔서 감사하다고 말하려 오랫동안 노력했어요. 그동안 기회가 닿지 않아서 죄송해요. 그리고 아가를 위해 그것들을 만들어주신 다정한 배려에도 마찬가지로 감사드려요. 나는 오랫동안 그것들이 오기를 기다렸고, 여전히 기다리고 있어서 지금까지 감사 편지를 쓰는 것에 소홀했어요. 절 감사할 줄 모르는 희망 없는 사람이라 생각하지 말아 주세요.

몇 주 후면 두 아이가 학교로 돌아갈 준비를 하느라 바쁜 나날을 보내고 있어요. 아들과 떨어져 있는 게 어떤 건지 아시니, 제가 그들이 가는 것을 보는 기분이 어떨지 잘 아시겠지요. 집에는 방해물이 너무 많아서 그들이 배워야 할 만큼 가르치는 것이 불가능하다는 것을 알았어요. 게다가 다른 남자아이들과 한 반에 어울려 자극받는 것도 부족한 것 같아요.

제가 박사님께 드리는 편지에서 버지니아주 렉싱턴(Lexington)에 살던 여동생이 크리스천스버그에서 가까운 버지니아주 노턴(Norton)으로 지난 가을에 이사 갔다는 이야기를 전하는 것을 잊었어요. 박사님 편지에 렉싱턴을 방문하신다기에 그곳에서 좋은 사람들을 만나기를 바라면서 혹시 수지 근처에 계시게 되면 그녀와 그녀 남편이 만나 뵐 수 있으면 좋겠다고 적었었거든요. 그래서 제가 그녀의 렉싱턴 주소를 알려 드렸던 것 같아요. 박사님이 말씀하신대로 웨스트 버지니아에 가시게 되면 유진 하얏트 부인이 그 부근에 있어요. 혹시 다른 자매도 방문하실 수 있다면 웨스트 버지니아 무어필드(Moorfield)의 길커슨(C. D. Gilkeson)도 방문하실 수 있으면 합니다. 그녀 남편은 그 곳에서 장로교 목사님이세요. 박사님을 너무 다니게 하시는 것을 퍽 꺼리시리라 믿어요.

그리고 박사님에게 서울의 샘 무어(Sam Moore) 씨가 장티푸스열이 재발하여 크리스마스 3일 전에 세브란스 병원에서 돌아가셨다고 말씀드리는 것을 잊었습니다.

이곳에 있는 박사의 많은 한국 친구들이 계속 박사님의 소식을 물으며 박사의 어머니와 여동생과 함께 속히 돌아오기를 우리와 함께 바라고 있어요. 에드워드가 며칠 전에 말하기를 박사님을 여사님에게 보내주신 것은 엄청 멋진 크리스마스 선물을 주신 것이라고 하더군요.

새해에 당신과 지니(Jene) 양에게 축복이 넘치길 빕니다.
메리 L. 전킨 올림.

1907년 2월 22일

친애하는 엘리자베스 양,

당신의 편지를 잘 받았어요. 좀 나아졌다니 기쁘고, 어서 완전히 쾌차하길 빌어요. 당신이 한국에서 온 편지를 모두 보고 싶어하는 것을 알고 있으니 어제 받은 것들과 함께 모두 보냅니다. 스펜서 (Spencer)는 지금 렉싱턴에 있고, 그와 이야기를 나누었어요. 어떤 결과가 나올지 아직 모르지요. 좀 더 일찍 편지를 쓰지 못해서 미안해요. 편지 쓸 짬을 내기가 어렵네요. 포사이드 박사님 댁에서 소식을 듣는 일은 늘 기쁩답니다.

1907년 10월 29일
한국, 전주

나의 소중한 어머니와 마가렛에게

우편물 말고는 아무것도 안 쓴 지 한참 된 것 같은데, 정말 오랜만이에요. 우리 집은 수리와 구조 변경을 하는 중이라서 필기도구와 앉아서 쓸 장소 찾기가 힘들어요. 얼 여사(Mrs. Earl) 편에 보내준 여러 멋진 물건들에 감사해요. 내가 입을 예쁜 드레스와 벨트, 페티코트 그리고 아기들을 위한 앙증맞은 드레스와 레이스, 인형 그리고 수지가 보낸 것들을요. 수지에게는 제가 따로 편지할게요.

내가 마지막 두 꾸러미를 우편으로 받았는지를 써 보내지 않았다고 하셨는데, 맞아요, 지난 편지에 한 우편물에 관해서만 적었어요. 왜냐면 편지를 봉하고 나서야 소포 안에 빗이 있는 것에 대한 감사를 말하지 않았던 것이 기억나네요. 첫 번째 것은 제가 아기를 낳고 얼마 지나지 않아 도착했기에 저는 그 당시에 글을 쓸 수 없었지만, 그 후에 마리온의 스웨터가 얼마나 잘 어울리는지, 고무 강아지를 너무나 좋아하지만, 귀여운 인형에는 관심을 두지 않아서 아기의 크리스마스 선물로 치워놓았다고 편지를 썼다고 생각했어요.

얼 부인은 어머니가 보내주신 윌의 스웨터를 가져왔다는데, 화물로 보낸 물건들에 들어 있어서 아직 도착하지 않았다고 했어요. 윌은 예전에 입던 것이 낡아서 새 것이 오면 매우 유용할 것이고 아주 좋아할 거예요.

우리는 엘리자베스가 오기를 매일 생각하고 있어요. 그녀는 틀림

없이 이번 주에 일본에 착륙할 거예요. 저는 엘리자베스가 우리에게 안전하고도 편안하게 도착하기 위해 해야 할 일 등을 적어 그녀에게 편지했고, 그녀로부터도 답장을 받았습니다. 또 한국에 올 배를 타야 할 곳인 고베에서 아무 도움이 필요하면 엘리자베스를 도와주라고 부탁한 부차넌(Buchanan) 씨에게서도 편지를 받았어요. 영국 선장이 있는 배가 하나 있는데, 2주에 한 번씩 군산으로 바로 옵니다. 엘리너 구처(Eleanor Goucher)를 통해 듣기로는 그 배가 10월 15일에 출항할 예정이라는데, 엘리자베스나 맥도너 사람 누구에게서도 직접 들은 바가 없습니다.

우리는 드디어 집을 고치고 있어요. 건물 모양을 개조하기는 힘들겠지만 그래도 훨씬 더 편해질 거예요. 옆 베란다를 가지고 내 방까지 작은 베이로 확장을 한 다음 그 베란다의 일부를 이용하여 식당 공간을 넓혔어요. 내 방은 중간에 기둥이 두 개가 놓여야 했지만, 전망이 어둡고 좁고 음침한 방 대신에 공간이 넓고 밝아 예쁜 전망을 가지게 되었어요. 남서쪽 구석은 대부분 유리로 되어 있으며, 저의 거실 겸 일광욕 장소가 될 것이고, 하루 종일 해가 들어요. 부엌과 통로에서 우리는 창고 면적을 늘리기 위해 한 편을 잘랐고, 뒤쪽 난간의 대부분을 부엌으로 가져갔어요. 부엌과 침실 사이의 작은 통로는 옷장으로 바꾸었지요. 위층 계단에서 우리가 바꾼 유일한 변화는 아이들 방을 위해 네모진 홀을 칸막이로 막아서 학교 공간을 위해 여분의 방을 마련한 것이에요. 이러한 변화들은 집에 상당한 변화를 가져올 것이고 우리 정도의 가족들에게 훨씬 더 편안함을 주겠지요. 도시가 내려다보이는 난간이 하나 남아 있어요. 그것은 16피트 길이지만 너무 좁아서 넓히고 있어요.

남자 아이들은 엘리자베스가 올 때까지 니스벳(Nisbet) 부인과 공부하고 있어요. 니스벳 말에 따르면 잘 하고 있다고 하네요. 나는 지금 너무 녹슬고 가르치기엔 지금은 불안정해요. 게다가 가르칠 시간도 없어요. 저는 아이들의 공부를 돌봐주려고 노력하는데, 그녀는 매일 오후 두 시간 동안 아이들의 이야기를 듣고 가르쳐요. 넬리 랭킨(Nellie Rankin)은 일요일에 그들을 가르치고, 나는 젊은 기혼 여성들을 위한 수업을 해요. 그들과 나를 위해 기도해 주세요. 나는 이 수업이 예전만큼 흥미롭지 않고 지금까지 많은 학생들을 집에서 공부시키는 데 성공하지 못했어요. 약 20명쯤 되는데, 대부분은 아기들이 있고, 물론 수업에 아기들을 데리고 온답니다.

지난주 훈련받은 간호사인 코델(Cordell) 양이 도착했어요. 그녀는 앙증맞은 금발이고 매우 상냥한 소녀 같긴 해도, 그녀를 간호사로 택하지 말았어야 했어요. 그녀는 전킨 씨와 친척 관계인데, 그녀의 어머니가 몬타규(Montague) 집안 사람이에요.

엘런 더글라스(Miss Ellen Duglas)가 태어난 소식을 전하는 에드(Ed.)의 편지를 받았어요. 여자 아이라니 정말 기뻐요. 마리온과 아기는 빠르게 자라지만 아기는 그리 튼튼하지 않고 소화력이 강하지 않아요. 그들에게 염소 우유와 보리차를 주고 있으며, 더 이상 젖은 먹이지 않아요. 아름다운 가을이 왔고 거의 하루 종일 바깥에 있어요. 지금까지는 아가들 목욕할 때와 오후 한두 번 선선할 때 말고는 불 땔 필요가 없었어요.

모든 수리가 끝나고 편하게 자리 잡으면 정말 기쁠 것 같아요. 식당이 좀 마르는 대로 테이블을 다시 안으로 옮기고, 우리 침대를 거실로 내려놓고 엘리자베스와 학교를 위해 수리할 거예요. 남자애들

방은 그냥 판자로 막아서 언제든 들어갈 수 있게 해놨어요

저의 집 하녀가 머리나 목 뒤에 커다란 종기가 나서 한 달 동안 병원에 입원해 있었어요. 그녀는 평생 동안 힘든 시간을 보냈는데, 그게 영향을 준 듯해요. 그녀는 내가 상대해 본 사람 중 가장 진실된 한국인이지만 움직임에 있어서는 매우 신중하고 무언가 받아들이고 배우는 데 아주 느려요.

얼(Earl) 부인이 저는 너무 좋아요. 나중에 제게 방문하겠노라 약속했지요. 아마 추수감사절 때쯤에요.

나의 소중한 사람들, 특히 소중한 나의 어머니에게 사랑을 보냅니다. 사촌들과 루시, 제니, 캐리 숙모들에게 편지 쓸 때 저의 사랑을 전해주세요.

사랑하는 딸
메리 L. 전킨 올림.

원문

William Junkin's Letters in 『The Missionary』

November 23, 1892

SEOUL

VIEWS

diplomatic

After my Denver sickness, I began to build up in health at once, and was in good trim for the voyage by the time we reached San Francisco. I was not seasick, so enjoyed the voyage thoroughly. When we reached Japan, we found we had a week to wait for the steamer "Owari Maru." We spent the time sight-seeing and, better still, Missionary-seeing. Our stay in Nagoya was very pleasant indeed. We reached Kobe October 26th, and found that the Owari sailed at 3 the next morning, and that she could only take three of our party of nine(six of our own Church, and three from the Northern Board). As Mrs. J. was not thoroughly over nursing me, I thought it best to give way to the rest of our party-the Northern friends also kindly giving away. So Brother Reynolds and wife and Mr. Tate embarked. At 9:30 o'clock that night, however, we received notice that four passengers had decided to wait for the next boat; so by the help of Brother

Grinnan we secured their tickets, and we on board by 11 p.m. Early next morning, when we were far from Kobe, Messrs. Reynolds and Tate wrote cards to us, and were preparing to telegraph us that our baggage has been put on by mistake, and that they would look after it. They were considerably surprised when we walked in for breakfast.

The captain and officers of this boat were Japanese, and were very kind to us. It seemed to please them if they could do anything for our comfort. We have since learned that the captain is a Christian. He came to service Sunday in his best suit of clothes. At Fusan we were entertained by Mrs. Baird and Dr. and Mrs. Brown, of the Northern Mission. We reached Chemulpo Wednesday morning and started for Seoul in a Japanese steamer at 12 that night. As the ladies occupied the cabin floor, the gentlemen sat on deck, shivering and longing for the morning. We reached Seoul at 8 A.M., and were met by a committee from the Northern Mission, and escorted to the city (three and a half miles)--the ladies in chairs, the baggage on the backs of men and ponies, and we men on foot. Arrangements had been made for us, and we were made comfortable and at home by our good friends, until we moved into our house.

We moved the following Friday into the Maertins house. It was formerly the residence of the German Legation. It has six large rooms, stone foundation (4 feet high), coal-cellars underneath, plank floor (Korean boards, 1 ½ x 1 ft.) and tile roof. It is one of the most substantial houses in Seoul, though not conveniently ard, since all rooms are in a row. We are very comfortably situated, though crowded, and can have neither sitting room, study nor parlor. The house is 1 ½ miles from any other mission, and a good place for us to locate. I cannot say that I think it is as healthy as the quarters occupied by the other mission. It is down in the city---they are up on the hill. However, as it has a large yard, a high compound and school grounds back of it, I think we can live here -- certainly in winter. Sewage, or rather no sewage, makes it a question whether Seoul will be habitable in summer. The streets are simply awful.

We organized our mission, with Brother Reynolds as chairman, Tate as treasurer, I as secretary. We were overwhelmed with applicants for the place of teacher, and are all working on the language. We find it exceedingly hard--harder than Chinese, all think who know both languages. this is owing to the fact that Chinese is the Latin of Korean (Choson mal), and the dreadful fact that high, middle and low talk is to be learned -- i.e., verbs, adjectives, etc., have a high form, a low form and a middle. But cha, cha, cha, cha (little by little), as the Koreans say, we hope to get it.

May, 1897

KunSan

To whom it may concern

Just two years ago we came in a small sail boat on our first preaching trip to Kun San. One year later we moved our families into two native houses, which we had purchased at about fifty dollar apiece. Two men who became interested at our first trip have been baptized, and it is largely through their voluntary work that we have forty names on our roll of attendants upon Sabbath services. Half of this number have been regularly in their places for nearly a year. Last Sabbath, by nine o'clock, at roll call, there were only twenty present, five coming in later.

The room in which services are held is cut up into two rooms by a paper door partition. The women are in one room, the men in the other. The church furniture consists of five straw mats. All are seated around the sides of the room on the heated floor, with shoes off and hats on. Mr. Kim, the regularly elected superintendent, sits by me at the top of the circle, and as the small bell calls to order, he gives out a hymn (Jesus Thy Name I Heard and Love). He then offered prayer, after which the roll is called, and the absentees noted. Those living near absentees are asked to look them up during the week. The lesson for the day is then sung for the benefit of all present. The superintendent does this chanting, because it is their way of reading aloud, and they seem to understand it better. I then take charge of the school, and we spend an hour upon the lesson.

We are studying the regular lessons for the year. I take the Christian Observer early in the week, and translate a lesson sheet, from which the required number of copies is prepared. Our lesson was "Annanias and Sapphira," with the Old Testament story of Achan for a companion picture.

The Sabbath school over, after a short recess, we reassembled for the regular service. The subject of the sermon was "Giving to the Lord." First, "Why should we give?" As each one present had a copy of the Bible as far as translated (Gospels and Acts) in their hand, they were called upon to find certain passages which answered the question under consideration. Then we answered the question, "How should we give?"

After the sermon, we made our first offering to the Lord. The amount was $1.06 silver--five hundred and thirty "cash" pieces. It was much more than I expected, because there is not one among them who earns regularly as much as five dollars (United States currency) a month. Two men were appointed to count the money, and it will be used for the poor, to pay the expenses of any of the brethren who may be sent out to preach, and if this does not exhaust, the balance will be a nest egg for the native church when they need one, and are ready to build it.

In the afternoon we have our own hour for prayer at Dr. Drew's. We are using Dr. A. R. Cocke's "Studies in Ephesians" to guide us in our devotions. At night Miss Davis, who has had the boys of the village in for a class in the morning, has the women meet at her home. There were fourteen present this Sabbath.

These bright spring days throw the doors open wide, but during service the landscape presented quite a different appearance to what my Virginia eyes are accustomed on the Lord's day. The fields were as green and God's flowers as beautiful, but the sons of toil everywhere drown the songs of the birds, and busy hoe, spade, and plow lay bare before you the fact of a godless nation.

VIEWS

diplomatic

June 15 [1898]
Kunsan

Since writing of my plans many things have happened to change them. I then thought of waiting till fall to build, but the carpenter returned and insisted on going on with the work, so I began May 27th, and have been making good progress. But two weeks ago something hinted at in my former letter took definite shape--Kunsan is to become a treaty port within six months (from May 31st). Mr. Bell so telegraphed me, and last week I had a telegram from Dr. Allen saying: "Do not begin to build at Kunsan." This means that we may have to give up all the land we own(?) there, and that we may have to buy other mission premises at anywhere from $100 to %200 gold. If our property comes within the foreign settlement, we will have to give it up, or, at most, receive a small compensation. If our land out on "Good Hill" is not included in the settlement, we can hold it, and as it is the healthiest location, we had doubtless best built there, even if our work is a considerable distance away. The Korean settlement will most probably be along the Chunju road: We will want to secure a site for church property at once; or, as at Mokpo, the Catholics will be where we want to be; or we'll have to buy near them, and be called trespassers. The settlement must, of course, begin at the river from the anchorage, and will include the village of Kunsan. How much farther north and south it is to be extended is not yet known. Hence I shall have to prepare all my building material, and then sit down on it and wait till the settlements are definitely located. Having to carry my building material to our place for storage, instead of the carpenters taking it directly to the site, will add still more to the cost of the house.

William Junkin's Letters to Dr. A. J. A. Alexander

January 1, 1903
Kunsan, Korea

Dr. A. J. A. Alexander,
Spring Station, Ky.,

My dear doctor Alexander

Since my last to you we have had more trouble and anxiety both here and at Chunju. First, I had a long and very severe attack of tonsillitis. Dr. Ingold finally came over but my throat broke just as she arrived. The Bulls decided to return to Chunju with her and then the very day they were to start, the other side of my throat went up and I had to go thro. a second siege. Fortunately, this was a short one, and Dr. went over to see her guests in four days to find Mrs. Bull and Miss Mamy a little sick and then a centerped, bit Mrs. B. and stirred us up considerably. Before they left Chunju Mrs. Harrison went to bed with typhus fever and is now very ill. How poor Dr. Ingolds stands all of this I don't know. At any rate we'll breathe a deep sigh of relief when this summer is over and we again have a doctor at the station. I rec'd a telegram from Seoul telling us that

Mrs. F. S. Miller had just died of peritonitis. It is a sad strange sorrow to come to a fat[h]er with three little ones. Pretty Mrs. McRay of Wonsan who came out a bride a year ago has small-pox and of course you have heard of the death of the Johnsons. She died on her way here at Kobe, and he soon after his arrival of Seoul of small-pox.

Your short stay among us started the ball of patience to rolling and we are called on to see and send away some very pitiable cases. Only this morning two young men fearfully afflicted came in 180 li from Mr. O's former home Konju. They had built long and great hopes on the "great man" who had come to Kuokmal to cure the sick. It was a hard duty to tell them that all their trouble and suffering in coming here were for naught. I gave them breakfast and some books but to such sufferers it seemed to me to be giving a stone when they asked for bread.

I am sending measurements for the water works. I don't know how the plumbing will be done. But if we have only the water up on level with the hospital it will be a vast improvement.

The Koreans are always asking about the bridge but judging by some stone work that I have had done recently it will cost some 600 Yen or so and the road half are much again. Bull and I did not like to start on it without letting you know this, and to tell the truth we did not expect you to carry out these plans so long as the way seemed closed to your return to Korea.

I feel sure you pray for us and we sorely need your prayers. I have no copying paper so fear you will not be able to read the copy enclosed.

Mrs. Junkin is very much run down but is still the cheerful busy little Christian you knew. She always wishes to be remembered to you as do the boys.

Write when you can. Cordially and truly yours in the work,

W. M. Junkin

March 26, 1903
Kunsan, Korea

Dr. A. J. A. Alexander,

Spring Station, Ky.,

My dear Dr.

I have had my hands so full since you left that the intended letter have had to go by the board. We think about and miss you more that we like to say in view of the fact that we hope to have you back. My having been in bad shape for such a long time has piled up the work so that even the gardening has been unable to temp me.

The first thing after you left was to pack up all of your things and lock them up in the drug room so that Miss Straeffer could move in. She is using your dresser and a few other things until her return to Mokpo. Then I spend the end of my convalescing days working on your desk which is now in such good shape that no one would ever notice that it had been smashed. I had some fear as to the working of the sling top but finally got it into beautiful working order. It is such a luxury to use such a desk that I fear my old one will seem rather like the transfer from a Pullman to a Korean pony.

As soon as I felt it safe to be out I started on a tour of the ourstation. I had hope to have you on this trip, and often wished for you while it was in progress. Mr. Bull went along and assisted in the examinations of catechumen for the first time. At Manchsan eleven we examined of whom three were received into the church and wight requested to wait as catechumens. At Sonidong twelve at Sengmal fourteen at Namchamun, twenty-seven — at the station twelve — seventy-six in all, of whom thirty-five were admitted to the church and forty-five made to wait longer as probationary members. At Sengmal the fourteen new recruits are the fruit of the personal work of one of our members who move to that field during my furlough in America. The little seven years old daughter of the leader at this place is a wonder. When I asked her if she could re recite any Scripture, she began at Matthew and gave a bible recital of seventy-six verses ending up with the apostle's creed ad the ten commandments. if we asked her for the chapter and verse or to give contents it seemed equally easy.

We are now in the midst of a very busy time with a theological class of sixty here from the three stations. Mr. Tate, Mr. Bell and Mr. Bull are taking part: Tate has Romans and O.T. History; Bell, Corinthians and Life of Christ, Bull, geography and I, Acts, Church History and Theology with a singing class at night. There have been two conferences at which the brethren have discussed the questions "How can we Chelloa Do Christians best spread the good news over the field for which God has made us responsible?" and "How can we best raise the funds to support the work. I feel sure you would have enjoyed this discussion. It was exceedingly gratifying to see what progress these Christians of five and six years standing have made both in knowledge of the Word and in ability to express themselves.

Miss Doty is down for a little visit, and with Miss Straeffer and the Bulls we had a regular congregation at church last Sabbath.

Miss Mammy was over some time ago and tried your type-writer. I send her first effort.

I must get work now on "The Diet of Worms", rather a queer diet for Koreans to be taking, but they seem intensely interested and I have to study hard to keep posted sufficiently to answer there many unexpected questions. They have asked most of the professors' questions that had to be answered next day as there are not sufficient mite to answer at the moment the question was propounded!

With most cordial greeting from all the Junkins,

Yours sincerely,

W. M. Junkin

April 5, 1903
SPRING STATION, Kentucky, U. S. A.

Dr. A.J.A. Alexander,

postmark: Kunsan, Corree, 2 Avril, [3]; Chumulpo, Coree, 5 Avril, 3[1]

My dear Doctor,

YOUNG GENTLEMAN arrived unexpectedly today April 2nd. Being due 23rd of course we had no Dr. and also an awful experience. Wrong presentation and of course great suffering. The good Lord alone delieverd us. I had to rtard all progress for the longest time or no telling what might not have happened. But being in the dark as to what should be done my mental suffering was such as I hope never to know again. Until Dr. I. arrives tonight of course we don't know how much damage is done. On top of it all all our servants took the Go-to-Hawaii fever but I simply said they should not leave me in such a hole.

Most hastily,

Junkin

---

1 엽서: 앞면

April 23 2AM, 1903

[Dr. A.J.A. Alexander,

SPRING STATION, Kentucky, U.S.A.]

[postmark: Kunsan, Corree, 23 Avril, ; Chumulpo, Coree, 28 Avril][2]

My dear Doctor,

Our precious babe has just fallen asleep in Jesus. He contracted pneumonia and made a brave little fight for life but God took him. May He __ mercy on our blessed __. Mr. Bull has part of _____

Your affectionately & respectfully,

W. M. Junkin

Thank Mr. O for [his nice] letter [___]

---

2 엽서: 앞면

April 24, 1903
Kunsan

My very dear loved ones,

I know you will be wanting to know all about our new and very grievous sorrow, so I shall spend this first day trying to recall the sad hours of the past week. Our little darling did beautifully for the first two weeks and then caught cold, probably from sleeping in a room in which there was no fire. It was warm weather and we kept him well covered but the air was perhaps too cold for the little one to breathe. We became uneasy when he began to sleep constantly and refused to eat, so sent for Dr. Ingold who said he had bronchitis. At the end of the three days he rallied and nursed well and we again lost serious anxiety. But the next day he had to feed him from a bottle. Soon he was unable to swallow at all but we fed him by means of a small stomach tube made of rubber. Next he began to have long spells of asphyxia during which his face was purple and three times we gave him up for dead. He rallied wonderfully tho. and after 48 hours these spells ceased his color became good, his breathing better. He retained his food and again hope revived. But alas pneumonia set in when the bronchitis left off and eleven o'clock April 22nd. (little George's birthday) his little heart could stand it no longer he would breathe a little rest, and try again until at one A.M. he gave a little sigh and his pure baby spirit nestled in Jesus' bosom all his little sorrow over but our deepened and made to bleed afresh. Mary and I sat by little bed till morning. Then we had to tell Edward and Willie and the knife cut deeper. Edward's little heart ran over but sprang. Willie only want and put away all his playthings and then went off to himself in the fields. After a while he came with a little toy and said "Mama I made this all myself must I put it in little brother's coffin? We dug the grave in the corner of our yard above the house in a corner overlooking the river until it merges with the sea. The dear friends covered the little casket with white silk, a calla lily and violets. Mr. Bull read "Suffer the children," It is not the will of God that one of these little ones perish, "and "In heaven their angels do always behold the Father's face." Sleep on beloved" and "Safe in the arms of Jesus" was sung. This was in our sitting room. The school-boys and Edward and Willie at their own request were the little pall-bearers. After a short Korean service at the grave we covered the little mound with a white cross of Flowering Almond, Lilac, daisies and verbenas. Then two wreaths of white and pink daisies. All around the edge Edward and Willie place bunches of violets. This is the first year most of these flowers have bloomed for us. All trying to show in some way the fullness of our love to our precious babe who will not know from our lips how we loved him until we too have passed into the only home of the deathless love. We intend at first to transplant the daisies from the border of the flower beds but as it was too stormy for Mary to go out we shall leave that for her after the other flowers have faded.

With much love,

Will and Mary Junkin.

October 28, 1903
Kunsan, Korea

My dear Alexander,

Your letter was gladly and sadly read. "The man in the moon came tumbling down" was my first exclamation. We had so set our hearts for the coming of the new people and had made so many preparations for their coming even to getting teacher books and that we bumped right hard on our way down to ordinary experience. Some very sad cases among the Koreans had set their hearts and hopes on the long promised uiwen and the days had been counted. Not knowing the reason of this sudden change, it is difficult to explain to inquirers. Having had a greater disappointment when we lost you, we are somewhat prepared for this. Your kind interest in the work here is deeply interested by all and yet it is even the sadder to have to get used to the fact that you are not to come back.

In regard to your things that are here I send you a list from which you can tell me just what to send and what not. I would offer the information that if you cared to sell some of your things here it could be done and you generally get very good prices for everything. The reason I make the suggestion is that you could probably duplicate some of your things more cheaply at home than by paying freight to have them returned. So if you wish to dispose of anything in this way please do not hesitate to say so and I can arrange it for you if you will send prices of such articles. I shall try to get someone returning to America to take your things as baggage. Dr. Ingold has her furlough in the spring and will possibly be able to take them if I do not get an earlier chance.

I got up to Pyengan this fall for the first time. Messrs. Tate, Bull, Bell, McCutchen, Kenmure and I went up on a tiny steamer. A thief got into my carbaon and stole all my jewelry and trinkets. Not much money value but some old family things that can not be replaced. At Dr. Moffett's one night I was opening a tansan bottle which burst cut my lip so that it had to sewed up and knocked a filling out and up into the gums and broke off a tooth. Glad it missed my eyes. Have not been able to see a dentist so am constantly having to doctor the tooth, with varying success. While in Seoul I had Dr. Avison to use the scissors on my tonsils, and hope now to be free from tonsillitis. The cokane(?) did not work on one side so I had to be held and was being carved up for a good part of an hour. One had been nipped before which made it hard to four in a bunch. Mr. Bull and I killed the pheasants in the bean patches in front of the hills opposite the Mission property. We spoke of you more than once and wished you could have taken this first trial with us. This is the time the Koreans are busy cutting the grass off the hills for fuel thus making the little uncut patches regular traps for the birds which invariably hide there. This is a year of great plenty and the Koreans and geese too are fat and saucy.

The old Yunggam from Kai gnee still comes over and still promised to believe "Next Spring!" Poor old fellow! I sometimes sit by him and pray that he may see the light but the evil seems to make him hate to hear preaching. He told me last week that the moksas were about the only friends he had and that "he could not these Koreans"!

I intended to tell you when talking dog that I left Bess with a gentleman who has a very fine water retriever, and that she is showing the effects of the attention received at that time. By promising a pup to a customs man in Chemulpo I got hold of a fine pointer pup, which I turned over to Mr. Bull. This A. M. When I went over to see Mary Virginia the pup was hunting over the room for a young pheasant which Mr. B. had hidden. He found and retrieved it every time. He had been over fed so he is considerably bench-legged and is the biggest, longest pup for three months old I ever saw. I call him Longfellow. You should have seen him yesterday following Mr. B. THROUGH THE LONG GRASS. He is good grit and did not whine once. This is too much dog I fear.

We decided at our last Mission meeting to have a Mission cemetery. It is to be a Kunsan and the committee selected the north west end of the hospital hill. You will remember it as a lovely spot with a fine view of river, plain, mountain and sea. It is of course in such an exposed place that it would never be required for a house site. We hope to have Dr. Rankin's monument in the centre of it. The Seoul Cemetery is very very inconveniently situated for us. None of us wish to rush into one but it is well to have such things arranged to meet the emergency. Before the port was open we had to keep enough boards on hand. Dr. Drew kept some for me for quite a while but mine proved to be a discouraging case. The Koreans who can afford it have a coffin bought in advance and use it as a kind of pantry or as a playhouse for the children!

Now from a dull to a very bright subject. We are still sad over the going home of the Bulls. All are missed but it is conceded that of the young ladies Miss Mamy is most missed. My first thought on seeing them was that, "One is pretty and one is good", but Miss Mamy was a sweet surprise on the last point. We found her heart to be as fair as her face. She is about the most unselfish and helpful young woman we have seen for many a day. She quietly and unostentatiously carried many burdens for others while here never seeming to take or seek any credit to herself. She would not fuss, and she would be always be cheerful, so that her place is one that is hard to fill and while we did not exactly expect the new people to do that we did hope for something to make the silences a little less felt. But alas! But no lass! Nor LAD NEITHER. Mary Virginia is some consolation, tho., for bless her little heart she is just a little bundle of smiles. She is a tiny lady but like the other precious things and on the whole think she is the cutest girl baby I ever saw" you know all of ours were boys. One little discouraging feature, she seems always to think I am on fire, and need putting out!

We had our reports printed this year and as they will give you a clearer idea of the work than a letter. I shall send you several next week when they should reach me.

This is already a long letter, so with warmest regards from Mrs. Junkin and the boys and the other members of the station, I am,

Cordially and sincerely yours,
W. M. Junkin

Please give greetings to Mr. O. AND TELL him I see some of his people almost every day and they seem both *Pyenan* and Chalchinao ing.

Unboxed Sundries.
1. 1 set garden tools.
2. lot lamp chimneys.
3. 1 washstand set (iron)
4. 3 irons.
5. 1 fishing rod
6. 1 rubber bath tub
7. 1 shot gun
8. 1 lot medical records
9. 1 colored fancy lamp shade
10. surgical instruments
11. 1 operating table
12. 1 dresser
13. 6 dining chairs
14. 1 small table

16. 1 nickel plated lantern

17. 1 door mat

18. 1 type-writer

19. 1 Pr. Letter scales

20. 1 microscope

I am sorry to say that the mice got into your Kory and gnawed holes in several of your bath towels and one pair of your duck pants. We had no idea they could get into it, and of course could not discover it until your letter fortunately suggested a list. The mischief might have been much greater if not discovered at this cture. We kept your instruments and cover herethro the rainy season also the microscope, so thus far all your things with exception noted are in good condition.

I used your rubber tub on several occasions in the county and it was *chowaia* but I could not keep the natives ladies included from punching holes in the paper doors and having *koogyeong*. Tate and McC. are just in on their way to Seoul to have dentistry done. Owens just arr.[ived] at Mokpo. We invited them to Kunsan but they will probably not come. Cameron J. is on his way over for a visit. When are you coming?

Letter will not hold this so will enclose in separate cover.

Most cordially yours,

W. M. Junkin

NO. 1 KORY⋯. Contents:

1. Flowered quilt

2. 3 Bolts bandage cloth

3. Duck suits

4. 1 Pin cushion

5. Embroidered handkerchief bag

6. 5 Pairs suspenders

7. 1 Embroid. dresser cover

8. 1 Embroid Table cover

9. 2 Embroid Centre pieces.

10. 1 Embroid. Shoe bag

11. 10 Large Huck Towels

12. 8 BATH TOWELS

13. 1 BROWN SMOKING JACKET

14. 2 PILL. CASES

15. 2 SHEETS

16. 1 COUNTERPANE

17. 2 COAT HOOKS

18. 1 SHAVING STRAP

19. 3 PKS. BLOTTERS

20. 1 SAW AND HATCHET

21. 1 TRINKET BASKET

22. 1 DOLL BABY

23. 1 SHAVING STRAP

24. 1 SHAVING MIRROR

25. 4 WASH R AGS

2 1 CHEST⌐- Contents:

1. 2 Princeton Pillows and Banner.

2. 2 Pairs (of) curtains..

3. 1 Afghan.

4. 1 White Flowered Pillow.

5. 2 PAIRS (of) white blankets.

6. 1 Pair grey blankets.

7. 2 Wht. and 2 Blue counterpanes.

8. 1 mattress protecter

9. 4 TABle clothes..

10. 4 bath towels

11. 4 doz. Napkins

12. 1 chafing dish

13. 6 prs. linen pill cases

14. 10 cotton pillow cases

15. 6 cotton and 6 linen sheets

16. 14 large huck towels

17. 10 small buck towels

18. 6 cup huck towels

19. 1 doz. tea spoons

20. 6 table and 6 dessert spoons

21. 1 carving set

22. 1 red morocco needle case

23. 1 creton coven

24. 1 reel

25. 1 note tablet

26. 1 silkalie pillow

No 3···. Contents:

1. 1 lot granite dishes

2. 2 silver lamp and shade

3. 1 brass lamp and shade

No. 4 .. Contents

2 Japanese rugs

No. 5.. Contents

1. 1 box pins, pencils buttons needles thread, shoestrings, collar
   buttons,

2 fountain pens, darning cotton2. 1 lot medical books3.

3 blank ledgers

4. 1 lot wool soap

5. 6 pictures 1 gilt frame

6. 1 wire 6 clothesline

7. 1 box pry and screwdriver

8. 1 chamois skin writing pad

9. 1 pistol

10. 1 receipt book

January 11, 1904
Kunsan

My dear Doctor,

Our Xmas was about the most uneventful of all the Xmases we've spent in Korea. We had sent to Montgomery Ward for somethings for the children and for our neighbors and a few friends. They reached Kobe Dec. 9th and although the Shragawa has come in twice since that date we are yet in the hopeful stage. Have just had advice from Christensen that he took the responsibility of sending them to Chemulpo in care of a German. He had instructions to ship direct. Most of our winter clothes besides the Xmas presents were in the order and the boys' skates. The rain today spoiled the lovely ice and we are not likely to have more. The Koreans gave us sixty-six goo eggs strings of eggs and Mr. Bull and I went to Namchamun and took a day's hunt. This with a Xmas tree for the Koreans enede the gaieties. The natives here had a goat and at rather points pigs were killed and rice=flour bread that would knock a beef down was concocted. I made on congregation happy by giving them a lot of geese. On the way out it was quite cold so game was int he villages. By making the donkey walk ahead of me, I killed geese that day until donkey and coolies had all they could carry. Twenty geese, some pheasants, and pigeons, a swan and a bustard. After giving the Koreans a dozen, I sent friends in Seoul a lot! This year there was such a good rice crop that game abounds everywhere and is very fat. Even my boy will kill half a dozen ro so along the road. The ammunition you sent out has kept game on our table most of the winter. We have had better ice than I have ever seen this far south. It was six inches thick and was on the stohage-dam for over two weeks. I *makyessoed* the work of putting up ours to the Koreans and was glad to find on returning from a four days trip into Chung Chung do. With Mr. Bull, that they had fill=the house and packed it well. We got 150 bags of chaff from the Japs in the Port and hope packing this around it will make it keen better rhan it did last year.

I am glad to be able to tell you of the arrival of eight fine puppies of which Bess is very proud. I wrote you about the paterfamilias. All but one are like Bess. Three are decided pointers and the rest setters. All are divided up among the stations. Preston putting in a bid as soon as he got on the field. I bricked up a closet opening into the back door to the guest room and not having any other use of the space under the floor turned it into a dog house and a nice snug one it makes. You should see the "Yardon" out there when all eight are in the same rice-gown at once. Nothing viable put a medley of tails. Alexander the second is the biggest onf of the bunch and has already learned Bess's trick of coming around and scratching on the door to be let into the house. Mr. Bull has second hoice and thinks each day that he wants a different one.

We are still entertaining a faint hope that the Hedges will blossom out in the East, but we've cried "The Heges! The Hedges! to the natives until they have ceased to regard it seriously. It has kept the station in uncertainty and blocked a good deal of work that might have been done had we had any definite intimation that their coming was so very problematical. Your letters have given us the only real information we have had about them. I suppose they don't write because they have nothing to write. It is a right serious joke but uncertainties are beginning to be put in the form of "When the Blooming Hedges come." Some of their things reached here last month. Two packages out of ten were lost in transit but we hope to recover them "Before the Hedges come"! One of the missing package is a bed!

The little donkey so far ···. has been success. Besides enabling us to take trips in all kinds of weather, half the cooly hire is saved to the mission. He thus saves enough every year to pay or himself. The experiment is such a success one that we are going to get another. Bull has regular country work this year and goes over the rive twice a month when the winds do not decide otherwise. One morning we were at prayers while the Johnsons were here and first Bess ran in and interrupted, then Mr. Bull followers by Jack, or Billy-bow-leg as the boys call his new dog; then as Korean opened the front door the donkey set up his [musical] refrain. Still we had prayers. It was somewhat of an obstacle race however.

We sent the wind-mill crank to the Jap who is to put up the mill and though we foam at the mouth with impatience, he is like my Montgoemry Ward order ― on the coming list. Bull has finally decided to go up and get it and if the Jap still makes lies his refuge we'll put it up ourselves. How about pipes freezing up? When the mill is not running will not the conducting pike be always full of water and thus have to be covered with straw rope of something in order to prevent bursting? Deshler's mill was rendered non possession this way. The patience it takes to live in the East is an awe-inspiring subjects.

We were much shocked and grieved to learn of Mr. Slymaker's loss and the loss will be hard to replace. I wonder how many as consider the loss of the ….

Your letter has just come to hand and your constant kindness to us all touches us very deeply. Your suggestions as to your things after all the other things along this line so wrought upon the rather undemonstrative Mrs. Bull that she declared that she would have to give you a sisterly kiss if you were get at able. And she'd probably give me a sisterly smack if she knew I was telling on her. Mrs. Junkin remarked that "Our xmas only a little delayed. They were two very happy little women and their husbands were not exceptionally miserable. We shall endeavor to carry out your wishes and exactly as possible. I think however you have been too generous to me and I can only say that from our hearts we appreciate it and love you most sincerely for all you are to and have done for use. As regards the things to be sent him, find that they take up more space than I thought for — the pictures needing lots of room so I shall just send them on to you at once. Of course there is plenty of your money here to pay charges. Just thought as you were not in a hurry for them I'd try to send them without coat. Did nopt realize how large a package it involved or should not have mentioned it to Dr. I

Well, while writing this I go impatient about our things and decided that i'd go into the port and see if they had come on yesterday's S.S. Sure enough they were in the customs but I could not get hold of B/L. Finally I invaded the Korean post Office and found yesterday's mail in the carriers hads. He was just too lazy to deliver it. Then I found that the Japs had eaten up the game shipped up to Seoul friends. Finally found good broken into and kong other things the boys Smas presents, their stockings etch., and the watches and chains orderd by our servants had for which they have been waiting breathlessly, were stolen too. Moral: don't go into the port for comfort or pleasure. I expected the boys to cry over their loss but they took it philosophically, and Willie was for organizing a lynching party.

The Bulls are busy papering their house with the new paper sent back from Frisso by their mother. We have just had a letter telling of the warm welcome they had on their return to Norfolk. We have missed them sorely, but they did us much good by their [viat] besides the please it was.

I have a number of things I'd like to write about in this letter but shall have to save them for next time. Am going back into the port to get what is left of our things and to make claim for the lost articles.

Please tell Mr. O that we think of and part for him and hope he will continue to do well in his studies.

Mrs. Junkin and the boys join me in wishing you a successful and happy New Year.

Cordially and faithfully,

Yours in the work,

W. M. Junkin

P.S.

Since last writing we have had eighteen accessions to the church and have four other points to hold examinations. There will be perhaps a score more at these points ready to be received. Sixty or more have been examined recently.

The Evangelist is Yang Un Chilly of Tongsadong. You operated on a young woman there who holds "your name" in every grateful remembrance. The same place at which you saw "Yellow dog" that turned out to be a deer.

We have a larger school than ever and Mrs. J and Mrs. Bull are having a day school for the girls.

My whole field is seething with strife over the collection of unjust taxes at present. Called "*Chunsei*" Mr. O will explain to you how the people were tricked in this matter. There is a plan, too, well under way by which all of the "*ajun*s" are to insurrect early in the Spring, overthrow the government and incidentally to drive out all the Japanese. Whether we are included under this head, I have not yet definitely learned. Poor worm it only turns on one side to be roasted on the other.

April 20, 1904
Kunsan, Korea

DR. A.J.A. Alesander,

Spring Station, Ky

My dear doctor,

I took your things down to Mokpo and put them in Bell's charge thinking that he could take them to Ky., but as he seemed to have a load I got counselor invoices and asked Bell to ship them which I suppose he did. Hope they will reach you in good time and shape. You said not to send your chafing dish but as I thought it too good for ordinary individuals and was under the impression that you thought a good deal of it. I took the liberty of returning it.

While I write we are writing for Chang to come back with the pump rod which we sent in to have threaded. A mistake was made in apparatus and a [die] [sent] fro threading 1 3/4 pipe instead of 1 in, so we have to send all of this into Kunsan as we need it threaded. As the Jap only asked 200 yen for putting up the outfit, Bull and I are doing it ourselves. We have put it all together and expect to have the pump in today. No directions were sent with the pump so we have perspired considerably with it but think we've mastered it. Cutting and threading pipe is quite easy. Long before this will have reached you I think we shall be enjoying the luxury of water in the housed.

The Hedges [ought] to plant a hedge around themselves. They do not at all realize how much inconvenience they have put a great many people to by their taking hold of the plow while looking back. In your correspondence with the Committee please assure them from us that there is not the slightest reason why reinforcements should not come right on out. The war does not effect Southern Korea at all! We have a Japanese guard at Kunsan of twenty and that is all of the war we are likely to see. As railroad material for the Seoul_Fusan R. R. IS Being shipped in through our port we have frequent steamers. Why the Observer persists in sending us all to the Philippines is more than I can imagine, since it has never occurred to any one in Korea to even think of going there. A few of the N. P. missionaries living in Sunchun came down to Pyeng Yang but since all Russians are out of Korea and will be for many a day to come these missionaries will go back. A transport offered to bring down the missionaries from the North but they did not see any reason for coming. I fear the Com. THINK it unwire to send out anyone now, but those of us who are on the spot cannot see a single reason for waiting. There has not even been any talk of missionaries leaving Korea. Precious time is being thrown away by all delays and as was the case in the Chino-Japanese war no one expects mission work to be interrupted. The Koreans are quietly farming and take little interest in the war.

We have just finished the Cemetery. It is 70 feet square with walks in the shape of a cross. We dug down about eight feet and filled in in front of them had all sodded nicely. The embankment faces on the walk around the hill and lacks only a little of being a perpendicular from the water it looks like a fort. Thirteen men worked sixteen days at total cost of $22 gold. Walks are of white sand, and we have sown Blue-grass and white clove on the square. Fifty gold was the estimate and that amount was contributed by the mission. If I should follow Korean precedent, I'd pocket the balance.

We had a fine chase this A. M. after a badger. Pongund ran in and add that some animal was running through the garden. I grabbed my gun and soon saw Bull on the run. The boys and half the village at our heels. Alexander and Bess and Bull's two dogs in full chase. I came up with it but as the dogs had stopped it would not shoot. Gave it a lick with butt of gun but its tai gory was too butt-hap, Bull clubbed it, a Korean Hoe. it, Edward stoned it, Jack sampled it to his sorrow and finally we caught i alive. Edward was much excited and said "Mr. Bull hit it hardest but papa had unable it" After all was over Alexander coolly walked up and took a tat set of it. Don't' think he liked it. By the way he is the finest specimen of a dog I had seen in Korea. His head is black, his neck also with exception of a round white spot just back of his crown. One shoulder is coal black, the rest of his dogs hi... white with a great whiteness. On his feet are a few tiny pock dots. His tail is likely an arrow. He retrieves well in now. I told you that there were three pointers tree setters and two spaniels in the litter. Mrs Owen insisted on knowing why but I could not think of the reason. I gave Preston one and at six months old it went out twenty li and retrieved all the bag. a strange thing about them is tahta the whole tribe are polite like their grandmother and shake hands without any teaching. It looks very cute to see Alex standing lies and now he is up to a sparrow and in lieu of something better a little black kid.

With warmest regards from all yours most cordially
W. M. Junkin

Remember me to Mr. O. I vaccinated all his tribe the other day and all the bodies Koreans in the village.

June 3rd, 1904
Kunsan, Korea

My dear doctor,

I was very sorry to see in the Observer a notice of the fact that you had been called to another great sorrow. I am sure I shall never forget that awful day your first in Kunsan when I was trying to bring myself to tell you about your father. Now there are two of your dear ones gone before and while we rejoice to think of our loved ones in the Father's house it is nonetheless very hard to give them up. We have all thought much and talked much about you since we knew of your fresh sorrow and we have also prayed that the Comforter would comfort you all with the Divine comfort which alone can enable us to endure afflicting and not be crushed by them. The heathen believe without exception that some uneven power is angry with them when such an affliction overtakes them, Oh what a comfort to feel that our Father is not angry with us! It must be a new proof to you that God was leading you when you had to turn your back on what you had chosen as the best way to glorify him. Surely He meant you to be at home to comfort your mother at this time. Many are affliction \s of the righteous, but the Lord delivereth him out of them all "I have just come in from burying Chang's little baby. You may remember that it was born while you were here. It had erysipelas. I officiated at the marriage of his daughter only two days since to Chu Aki one of our school boys, son of elder Choi of Manchasan. They were so wrought up ever the child's being sick that they tried all kinds of Korean medicine. One treatment was putting the child inside a pig that had just been killed. One of my old boys died tow weeks ago and I saw the doctor build a fire on his stomach and the poor fellow writhed in agony. I felt vey much like hitting somebody and did success in having the brute sent about his business.

Our school closed today and was the largest we have ever had the best. I have carpenters at work on the new building now and hope to finish it before next session begins. It will be built below the path just outside the gate that leads from our place to the hospital.

The war has been out of Korea so long that but for the weekly bulletin sent by Hulbert we should hardly be aware of the war's existence. One evidence of a new order of things is the fact that Japanese are buying up rice fields every where. This is indication that the Korean either goes to the wall in the end or there will be notable reversion of history. While there are no pro-Russians in Korea we at the same time have our fears as to Japans ability to cope with the tough element that is pouring into this county.

When Dr. Forsythe comes out please get him to bring a die for threading the small pipe (it is three quarter inch inside and one inch outside measure. They sent a die for cutting two inch pipe none of which is in the outfit. We can not therefore put in small pipes until we get this. I sent money to Japan for one but they refused to sell less than the whole treading outfit which cost the modest sum of forty dollars! The Jap here wanted a dollar a piece from threading them so we shall just have to wait. AS there re a number of different size threads the only safe way will be to ask the firm from whom you purchase the outfit to rectify their mistake. We both have water in our kitchens however by a temporary arrangement. Did you ever see a wind mill put up! It may look easy, but looks are gay deceivers and so are the meager directions sent out with the mills. I have no skin left on my right hand and none to brag of on the other. Bull got sick just as the job was well started so I had to go it alone. I took nightly rides around the wheel in my dreams. WE put it up on the tennis court and had twenty men to slide it down into position so that it was half raised before we put on the machine at all. Bull to out by the time the mill was put together and in time to perspire over raising it. As our site was very uncertain soil we put in concrete so think the mill will stay there. In view of the awful winds we have here we also put three stands of barbed wire on corner posts for braces. Theses wires will discourage Koreans wondering about mill at night.

In view of your good news about Dr. F. we have gone right in and bought all the timbers for building him either a house or a hospital. He will not want to build before spring but the timber has all to be bought green and it it important to have it seasoned. The whole place in front of the hospital is stacked full of timber.

We have been utterly unable to get anyone to take the bridge contract for our figure and as some of that fund as been used to erect the mill and buy a donkey, if you want the rest to go into something here it might be just as well to put it into the school. We have three hundred for the school and it will take five at least to finish it. One effect of the war is to double prices on almost everything especially building material of any kind.

My prayer is about out so goodbye for this time. May God's rich grace be your portion always.

Cordinally and Frat. yours

W. M. Junkin

September 8, 1904
Kunsan

Dr. A. J. A. Alexander,

Spring Station, KY

Dear Dr. Alexander,

Your letter telling us that you were becoming alarmed about Dr.
F. threw us into a panic. We had located him at Kunsan, Dr. Nolan
at Mokpo and the Daniels at Chunju. The news that only the middle
man was coming made it almost impossible to know what dispositions
to make at our annual meeting (to which we start today). But your
cable, for which we are very grateful, clears the whole situation. We
were interested in nothing that you had been elected an elder. Some
remarked that you should have been elected two elders. If Davids
words about the Doorkeeper are true an eldership in the kingdom of
God may well be deemed a more important position than the ones
Parker and Rossefelt are so anxious about.

Your letter left the impression upon us that you thought the
windmill was not doing satisfactory work. On the contrary, it is
working beautifully, fills the tank in a day and night ordinary winds
and occasionally in a much shorter time. We have to acknowledge a
foolish mistake in putting it up. As we had no directions about the
pump at all, after much perspiring, (and some sweating) this is the

pump we made. It worked OK. Of course but of course also the extra pipe was not necessary, so we had to fix a leather washer in other day and used the opportunity to take off the incubus. As the boys were so anxious to see the wheels go round we had to put up a bamboo fence twenty feel high around the whole outfit to preserve its life and the lives of numerous two year olds who wanted to live on the ladder. People come from near and far to see it and IF we can see them before they get to monkeying with the mill it gives a good opportunity to teach them something. Berle we put the end on end bamboo barricade it was not an unusual sight to behold Chun mocks with a single bamboo tearing over the hill with twenty mischievous boys in full chase. Fortunately this fence which I had to invent for the occasion is acknowledged (with regrets openly expressed by all to the unclimbed-and-brakeable. As soon as the mill was up and I thought what a fat time my boy who had the water to carry was having he struck for higher wages-to how that the heathen Korea is not built our way. I made a reciter for the tank by putting a flag upon a light bamboo which is stuck into a block of wood which in turn is anchored with a wire running through it. The motion of the water makes anchorage necessary. As the block slips up and own with the level of the water and is sight of all the houses we are just as well fixed as if we had the finest patent. We have had the wall cemented from *KA KYA TO KOO KI Ka* and now have beautifully clear water and are really living in luxury. Did I ever tell you that I caught Bull's gateman taking a bath in the tank before we had it covered? We cave a paint canvas cover over it with a wire screen center to keep the water from boiling! We expect to plant tree around it in the Spring.

We have had an unusually good bathing season a, d the boys have learned to swim quite well and has lived in the water. After Bro. Appenzeller's death we got a life preserver s piece for traveling on the little coast steamers. which you may know are condemned craft of Japan able to sail in Korean with waters because there are no regulations. If people get on a bad boat it is their own fault according to them. We use the preservers to take along win going with the tide.

Did your thins come in good order? They were very securely packed when I shipped them but things are handled so rough that I had some kukyung as to your telescope.

We have our school busing under good way all carpenter work done and the roof started today. We have had to burn our own tiles and have had a time petting them carried in. Finally gave the job to some christians we furnishing the b

We are going to ask for enough mission money to finish the bridge so your balance will go in that direction. Since writing you last Petersburg Va. Church has put up funds for the school which with some sent out to my own people will finish it. Members of the mission who come here often and have to walk to the port are very decided in their conviction about the necessity of a bridges.

We have just hear the boat leaves very early ⌐-it probably wont⌐ but we shall have to start anyway so this must come closed. Please get your secretary to correct it as I shall not have time to go over what I have very hurriedly run off.

We think it was very WHITE in you sending the cable. We had already decided to cable asking definitely about the Forsythias if Bell could not give us positive information.

With loving remembrance from all
Cordially and Faithfully your sin the work,
W. M. Junkin

October 22, 1904
Kunsan, Korea

Dr. A.J.A. Alexander,
Spring Station, Ky.

My dear Dr. Alexander,

I was very sorry indeed to hear that you had had so much trouble getting your boxes. I supposed of course that Mr. Bull w'd take them right through, and as I had furnished him with Consular invoice in duplicate he sh'd have had no trouble in bonding them right on through. He was evidently so intent on entering other bonds, that he neglected this one. In re. of books I shall united to all member of Mission asking if they have borrowed your "Relief Passion" - When I sent your other books I asked Mr. Bull for your book on Infant Diseases, and she said she w'd order another copy sent you, etc. She has not done so. I shall write to her at once. As we are so well supplied with doctors she will not need it of course.

In regard to the Launch I think that it would be a doubtful experiment. Korea has dangerous winds and currently & the launch could not be used out of river. We have a smaller boat now which fills the bill and costs only a small fraction of what it would take to run a launch. Your thought, however is very much appreciated by us all.

And now I have to come to you with a sorrow of a new kind, for although I see that I have headed this "Kunsan" --showing that my heart is still there-- I am really at Chunju & my days at dear old Kunsan are ended! You can not be half as much surprised at this as we are at our last mission meeting. Reynolds, McCutchen & Owen were the Comm. on appointment of work, they took it into their wise(??) heads that itinerating was not good for (over)? my health & that there was a great need of a strong central work at Chunju. So nothing I'd do but Harrison & I must change places, but he to have school, local work and treasurer's business, giving Bull all country work. Well, I kicked as hard as a Christian can consistently but to my amazement every single member of the Mission voted for it including the Bulls — so there was nothing to do but pull up stakes. The dear old home in which we miss was just beginning to feel settled, the fruit trees & vines, berries, and the pet of the station — our wind mill — had to be left behind. Then still handle all the dear friends in America who have taken an interest specially in my work and have put their prayers and money into it have to be told that it is theirs & [now] no longer in the old way. But hardest of all — to leave the people — I've never known any others and they practically no other minister. They cling to us weeping as we went in sorrow from church to church, they protested against it and some threatened to write to you about it & get you to use your influence against it at home, some followed us all the way to Chunju. Then to come here to this wicked and so far as the men are concerned — practically untouched city — and to have to start all over again. Well brother, it is the hardest thing I've ever been up against. In my field I have a number of unpaid well-developed workers, we have an evangelist paid by the natives and the work moves along, new places opening constantly. I am sorry to mention it, but when Harrison held his last service here Sunday (yesterday) there were only three men besides the two paid helpers present & they & he seemed really indifferent to the situation. In fact one Korean came up and said, "Well, one moksa is as good as another if he preaches wells is all we need be concerned about!" Love on both sides has made the Kunsan work a successful one; to give up all this love & to have to turn it to a new people & try to win theirs, is a job I don't even wish mine [enemy] had to undertake. I honestly think it folly to make one sacrifice all the influences gained in years. I feel that I had just gotten to the point when my best work was to begin at K.S., so I have kept quiet, but my heart has been & is very rebellious. However, the only thing to do is to strive to forget the past and to press forward to the present need here which is truly appalling and the sad part is that the city is self-sufficient and thinks that it needs nothing. I wish I liked city work and could throw my whole heart into it, but I love the country and country people who are simpler and cleaner in their lives. Forgive me for boring you with so much of this, but I feel that unless some steam is let off in some way something will break.

But we are glad to get these doctors! All of them seem to be O.K. and Nolan's liberties with the King's English will not hurt the Koreans at all. Your cable message, I believe, settled the appointment of Dr. Forsythe to Kunsan. Bull had a telegram from him in Vancouver but when Dr. F. arrived in the field B. had not told a soul about it. The only interpretation I can put on it is that he thought we'd go ahead & appoint the others to Kunsan & Chunju & they'd face [their] to what was coming! Perhaps you can think of a more charitable explanation, but when we discussed the probabilities of Dr's getting off & as to whether his mother and sister would follow, he kept perfectly mum and left us under the impression that he knew no more than we.

Now I want to mention a matter which may not need mentioning, but again it might be well to do so. Dr. and Mrs. Daniel were appointed to Chunju but directed to stay in Kunsan this winter so that Mrs. B. would not be alone. Now, I feel sure that it is your intention that all your things at Kunsan sh'd be turned over to Forsythe. The Daniels are well to do, have their [illegible] & Hedges' outfit & so do not need any of these things, but when Forsythe started to bring your gun over here some one at Kunsan (Mrs. B. I think) said something which caused him to leave it tho. I knew he wanted to bring it. Today Bull sent him over as a loan a single barrel gun but had this queer statement in his letter to Dr. F., "Keep this until you can get yourself a gun." Now this may mean nothing at all but I think it might be well if in your next letter to Bull you'd just say, "Of course I want Forsythe to have my gun & other things left for the Dr. at K.S." This w'd clear the situation if it needs clearing &

will do no harm if it doesn't. I rather think the truth to be that the Daniels are under no false impressions in the matter, but that Mrs. B. was just a little zealous in seeing that nothing got away from Kunsan. However, I rode the donkey away & shall keep on riding it until you issue instructions saying you want the donkeys influence & musical talents confined to K.S.

After starting on this I went with a Korean brother down to the market to preach for the first time. Edward & William went along as drawing cards and we soon were in a perfect jam of people. Fortunately they were well behaved and after a short talk or two we distributed tracts until dinner time. I was surprised to turn around & see Forsythe on the edge of the crowd. He had been out with some literature in his own acct. He is taking holds of the work beautifully, and is already gaining the love of the people. He probably saved a woman's life before we'd been in Chunju two weeks. After twins, the afterbirth failed to come away. A woman died from same thing in Kunsan a day or so after Daniel arrived. He had just opened up your operating table & all was ready when word came that all was over. I think Dr. F. is pleased with Korea and thinks he has a grand work before him. With his mother and sister and Mr. Earle, who is appointed to K.S. they will be right well equipped. I know Earle & he is a fine fellow & hard work. The Daniels too are exceptionally fine people (F.F.U.'s) and he has had exceptionally good opportunities. They are both tall & a strikingly handsome couple. McCutchen is planning to build a double house, [Ahem?]! This is all we can say as he is all eloquent as an oyster on the subject. If I didn't believe he had one at home, I'd think it was a So. Methodist girl in Seoul, from whom he was inseparable last An. Meeting. Missionaries gave 500 yen for a new tract house in Seoul. Mc. was out with her. She took half a square on the diagram costing fifty yen. Bull whispered to me that Mc'd have to get in the other half square or get left.

And now I've reached the limit and have it nearly enough room to tell you how much we were touched by your remembering each one of us down to the babies by Dr. Nolan, who created quite a sensation when he began to go down into his pockets. The secretary of the Mission was instructed to write you a love letter. If he didn't do so he failed to catch the spirit of our meeting & to carry out his instruction. How we wished for you to tell you what we think of you! and to [rejoice] with us over our new people. We are not living at Chunju yet just [ex---] around in spots while our things are coming around by boat & the house is being papered.

With warmest regards.
Yours cordially & Fra.
W. M. Junkin

February 2, 1905
Chunju, Southern Presbyterian Mission In Korea

Dr. A.J.A. Alexander
Woodburn

My dear Doctor,

We are very much delighted to get the good news from "Kansas City via New York!" It is needless to tell you that we are very deeply interested. We hope for a bridal trip, or if that is not feasible, a post-bridal trip to say Lake County via Korea!! We shall nail all the latch-strings to the outside of all the doors. It would be good to see you back in Korea! I wish I could tell you a secret(apropos) on which I stumbled lately. I think McC. is making progress. "She" is a Miss Houndshell of Virginia ‾ guite a queenly style. He has just been up for a two weeks siege, to comes back interested in housebuilding. But this is not the secret. If you guess I can't keep telling ‾ but can give no firsthand information. What will all the unmarried fellows do for a best man after you desert the Benedicts? How long must if be before you send a picture to Korea? Of course, we can't expect a [pen] picture? It would require too many adjectives ‾ positives, comparatives, superlatives etc.?

You should have seen Forsythe's face when he asked me what I thought was Chunju's most pressing need. I soberly suggested single ladies. I do not suppose Kansas City would stand your drumming up some for Korea? If anything happened to Miss Tate[,] woman's work would be in a bad shape here. Then we very much need to start a boarding school for the girls in the church -- city and country. Girls can not come out here until sometime after marriage, so it is not possible to educate any considerable member of girls outside of such a school. The Committee should send us out [this] teacher at once. So she'd get the language & be ready to start the school. Mrs Junkin is at present teaching the only school for girls here a day school of seven & this is about all we can ever hope for until we have a [boarding] department and a teacher.

I was somewhat surprised but very glad to hear Dr. F. say today that he and Daniel had talked it over and had about concluded to abide each in his place ⁻ Dr. D. at Kunsan & Dr. F. here. The two reasons Dr. F. gives for desiring it are first, he thinks his mother would be better satisfied, and then he like Chunju and the work and don't like to leave it. Daniel seems to feel the same way about Kunsan & so they seem to be setting the matter between them. Naturally no one else would say anything one way or the other since they are both such fine fellows that either station will be glad of either. Daniel is a large, unusually fine looking man with very attractive [being] generally. His wife ditto. All we have vs. Dr. F. is that we can't bear to see such a worthy subject for matrimony wasting way.

I agree with you in thinking that ⁻ the house at K.S. Oh should be used for a hospital. It has new cost just about twice as much as a dwelling & will cost [more] to finish. Then it has been set aside for medical purposes partly owing to the fact that I raised $1700 at home for hospital which was allowed to be credited to that building fund. It has been reported to the donor that they have a hospital and Dr. and many will not understand what can be meant by "building a hospital at Kunsan." I really think this unwarranted action of K.S. Station has had something to do with Dr. F. wanting to stay here. They cannot do anything as is a [Mission] & not a station matter, but the fact that the Bull's have gotten everybody over there to say to D. F. that they think it insist for him to live there, making it awkward for him since he [profers] to building a house. If he stays here he will occupy Dr. Ingold's house and she build a smaller perhaps.

My work here is along the following lines: Sunday- Bible classes for whole church, preaching 10.30A.M., preaching 2:30-5 P.M. at West Gate of city, we draw a crowd by singing. Preaching at night to men. Now have Miss Tate's class Tuesday nights, program Thursday nights, Men's catechumen class Sat. night. Teach Korean boys 9-10 Monday - Friday- Teach Edward Latin, Afternoons either go to Dr.'s waiting room and preach or go out to some village and preach & distribute tracts. Once every five days there is a larger Market here where we preach to crowds and distribute literature. I have a very valuable helper in Mr. Kim Pil Su. One little instance showing his character occurred yesterday- a Japanese wanted him to interpret (he knows Japanese) for him an hour for which he offered 10 yen. As he did not approved of the business the Jap was trying to get through he refused the offer.

Mr. Kim would hardly do for an ordinary lawyer in America. It has always been a mystery for me how otherwise good mean will attempt to defeat the ends of justice for a fee on the slim ground that this is due a criminal.

Mr. Bull did not come over to take part in our theological class Jan. 1st because of Mrs. B's condition. It is now considerably into Feb. and no news yet. Daniel wrote [over] to me to get him a cow but the little calves over here seem as uncertain a [quantity] as the little Bull over there.

Mr. Tate is much in the country & gets some hunting. Has bagged two deer and crippled but lost a third. There is practically no hunting near Chunju. But I hear Koreans speak occasionally of deer out in the pines near an ancient King's grave about two miles from here.

We have had thirteen additions to the church here lately. Two foreign children ‑ Master E. W. Junkin. Willie used in to think he wanted to be doctor but after seeing the doctors at K.S. try for a needle in a little girl's leg, he has changed his mind. He is exceedingly tender hearted. I remember once his catching a little fish alive but he had hardly caught in before he took it back to the same spot saying he wanted it to get back to its mamma. Edward is a good student & Will devotee become a missionary in time. They take great interest in distributing tracks now.

Dr. F. drills our school boys a half hour after dinner & I have had carpenters make each boy a wooden gun. Our boys drill with the squad. Today Dr. took some of them for a walk into the city and they took their guns wooden boy [outs & all]. Soon he had forty or so City boys lined up going through [···] setting up exercises. We feel very grateful to have our boys with such a man. Dr. is still a good deal of a boy.

I must not tax your longer this trip. If you ever have time to burn in Kansas City call at 1204 Walnut St. and I think you'll get a warm welcome.

Cordially & frat yours,

W. M. Junkin

December 15, 1905
Chunju

Dr. A.J.A. Alexander,

Spring Station, Ky.

My dear Dr.,

We did enjoy hearing from you so much. Your letters are the best of [tonics]. I have been ashamed to write to you. I hoped to get your wedding present to you in Kansas City and Mrs. Reynolds was sending is by a returning missionary. After last moment Dr. Forsythe then had decided to go to the U.S. so it was put in his trunk to go back. Then he failed to go so it is high and dry in Seoul. Could have sent it by Hounshell, McFarland or a number of people but Forsythe seemed the best chance. I hope to get it to you by your anniversary!

Where shall I begin to tell you the happenings here. I have had quite a busy time. The government agreed to sell us back the old mission houses if we'd move them. We rec'd 15,000 yen for them, gave them 1600. But thereby pendeth an appendage. The station appointed a Brother to get the money thru our Ad. Int Committee. He went over to Kunsan & came back without a cent & only a promise to pay in a year. Meantime the sale was confirmed in Seoul & the government wanted their money. As we had only talked of a cash trade, the Korean officials liked it so ill & in such a way that Forsythe & I thought we ought to pay even if we had to borrow this money. This I eventually had to do at 14% from the Japs I felt that we'd lose face if we didn't do this & it would put me in bad light as pastor of Chunju Church. My chief interest in the houses was to get one of them for a Church. The natives came down liberally giving a good fraction of the original price but it would take 660 gold to tear down & rebuild. As we built snag after snag was struck & I got deeper & deeper in debt. But the church is now about finished. While building the Japs began to buy all around our church & raised prices tenfold. We were forced to add to our church lot or never be able to add to the building. So, I went in for 300 yen on a lot that we could have gotten a year ago for as many *yang*. Forsythe backed me all he could cd but he had nothing but his salary to go on. So when my birthday comes on Dec 18, I was not very happy until the mail came in when a letter from New York & VA friends contained just enough to cancel the church debt. I had simply written Judge Phlegan of Va. the status of things & asked him to put the matter before my home church. He sent however his personal check to a friend on Wall St & he took the liberty as he expressed it of rounding up the check. I would not go into debt for myself, but this served to F. & me so clearly God's leading that we went ahead on faith & are now very glad of it. I'll get back the money on the other house when the committee sends it out & be out nothing but the interest.

It was the same way about our little orphanage. On acct of having everything in the church we were short on orphanage funds. We are usually plenty able to care for them & had never asked any one to help us. But even so unasked a check came in & filled the bill -- and the orphans too.

We have a brand new baby and he lives principally on goats milk. But the old goat went back on him & we scoured the country in vain for another. The time of kids was not yet. So we asked the Lord to send us one -- and in it came the very next morning. A country man had bought it to the city, sold it, quarreled over the price, taken it away, expected to go back, hurt his hand, came to the hospital as a patient saw the goat, sent us word & so we got it. Now the Lord sent the goat & we are awfully relieved & glad -- but the man asked too much for it. [Query], would you have [dued] him down? God is good to us.

In the past two months county and city, 260 have been examined in the Chunju field & about sixty more waiting 'til I can get out to them. Tony? he went yesterday to join Mr. Tate in the country. A Romish priest shot a Korean last week & this week with an armed band he is rounding up our leaders & trying to arrest & beat them. We have sent Japanese & Korean gendarmes down to keep the peace. What the gentle father Tang has left to preach now I can't imagine. He certainly is not in our "Love" Yesterday a Catholic is said to have left here with guns & a good quantity of ammunition, but I trust the Japs will be on the scene before they use them. We could not want a better exponent of Romanism. He will disgust all decent people & the toughs will flock to his standard. I could not go as I am just getting over a two weeks spell of sickness--the result of work or worry--I fear. As F. was accompanied by a guard I do not fear any trouble for him. I'll write you more of this when I heard. Some of our men were driven into the snow barefoot & few clothes. I'm sure I do not know what he expects to gain by this. Five they carried off some rice & other property but he of course knows that "a good name is rather to be chosen An English priest once boarded the litter straining? on which we used to go from Chemulpo to Seoul before R.R. days. a number of officers from the Warships were on & offered the priest a bottle quite a large affair? After a while the bottle & the priest disappears & when drinks were called for one officer drawled out, Blest if I've seen that bottle sine the Man of God from *Kangwha* came aboard."

I got the station to put in a good force pump in the fire well we have here and as the well is in our yard I blew in a little of my own & got a few extra pipe & a small horse tank so we have water in kitchen & bathroom. Fifteen minutes pumping will give water for a whole day so we don't need a windmill. I told Forsythe he could connect with the home-- trough for his dispensary & he'll probably put in a few pipes next spring. The occasion of my forcing the pump in the station was a fire in Forsythe's kitchen (he has D.J.' house) when a mere accident gave us water we put it out. Ordinarily we should have not had it. I finally threatened to call Tate & McC off from the use of the well if they did move for the pump. This brought them to line. It is a good life insurance on the house. They wouldn't vote for my horse tank so if it is the means of putting out a fire I'll claim premium for fire insurance.

McC. is still pursuing but I fear is disconsolate as his lady love has been stationed away over on the coast of Wonsan. Forsythe needs a good wife more than anyone I know. He has no idea of taking care of himself--nor his money nor his clothes --- where they go he never knows. Talking of "station needs" here you have it -- a wife for Forsythe. He agrees to fall in love with her at the water front! Really if his wife or his mother do not come out I fear for him, he keeps up so much [steam], pays no attention to signals just goes down the main line the Flying Dutchman an hour late! Can you image Mr. Tate the bridegroom? I know you can conjure up the bridegroom part of it, but the Tate? The petrified smile approaches it faintly.

Our babe --"the Governor" as Forsythe calls him, is a dear rollicking fellow with a smile for everyone. F. seems very fond of him & with him "seems" as "is". Nolan came up for the occasion as F. was in Seoul, but Pastor got sick, F ran down from Seoul & the day Nolan left we found the Governor -- 10 good pound of him tucked snugly away in a blanket. For he didn't bring a rag along with him & all the clothes his mother had provided were too small. He didn't seem to mind it at all & has gained two pounds a week so often that Willie wrote his grandmother that we had to sit up nights to make him clothes.

M. Tate does all the hurting now. He kills deer, bustards & this week sent a large wild boar. There are so many in that section that natives have to watch their crops or they'll be destroyed. When you come out we'll take a shot. By the way, if you ever come across a collector of guns put me on to him. I was in PyongYang six weeks teaching in the Theological classes & got hold of a tiger hunters' rifle. It is very old, has a stock with pistol handle that is of one piece of hardwood reaching to the muzzle, is mounted with 22 brass band (not Sousa's) (Have just gotten word that the noble Catholic band have taken refuge in the priests compound & that the Japs are sitting on the doorstep! Mass will doubtless be celebrated within tomorrow - Sunday. The soldiers have written for instructions as to whether they shall enter or wait) This is a crisis here for if these people are not effactually settled now we shall be unable to work in the country. I think they don' know the Japanese or they wouldn't be so cock sure of not being taken I hands for their misdeeds.

"Jack" is a fat and saucy as you please--When he doesn't want to go preaching he has the habit of suddenly elevating the helper walking out from under him & coming home.

I have made a deal for the tile roofed property in front of the Tate's place here. It will be an ideal school site & there are 21 *Kahns* of house, 1 1/2 acres of land (fine fields) & 1/2-acre rice fields for yen 600. If we don't buy what we need in the next few months we shall have to pay awful prices & soon we cannot get these things at all for the Japs will have them. If the mission don't take it off my hands I shall make a private deal of it & can sell for twice as much.

With a college man here we could crows this place with scholars, but I fear we are doomed to disappointment. Some with girls school all talk & no do in Committees part in this line.

My sister in K.C. would be delighted to see you. I know you are glad my papers out.

Most cordially yours, Junkin

Mary Junkin's Letters

November 25, 1896
Seoul, Korea

The baby rumpled the letter like this & tried to eat it.

My dear loved ones,

Will Messrs Reynolds, Bell, Harrison, Tate & Miss. Tate & Miss Davis started from Chemulpo last Thursday at 3:30 & got into Kunsan Friday at 12. That is somewhat better than taking nearly a week in a sailboat isn't it? Will wrote me they had a sea of glass all the way & no one sick. It must have been smooth if Miss Tate and Mr. Reynolds were not sick. They found our house ¢ garden 0.K. & Clem Drew very much improved. Mr. Harrison & Mr. Tate put their goods on a boat at Kunsan & took them to within ten miles of. Chunju & from there they were to be carried on ponies or men's backs. Miss Davis was to stay at Kunsan. Miss Tate & Ama to go overland to Chunju in chairs & Mr. Reynolds on bicycle. They were to send ponies back for will & Mr. Bell & all were to start from Chunju on the intended trip on Tuesday. I think I told you in my last letter there was some doubt about Kunsan being the best location for a mission station & before money is spent on buildings etc. they want to definitely settle this, hence the trip. Will hopes to be back here before Xmas to take me down to Kunsan. We are hoping to have the boats back again this winter as Mokpo below us on the coast is to be an open port & anyway the opening of Mokpo will be a help to our mission as it gives us an open port in our territory. It is possible the Kunsan station may be moved to a city just above Mokpo that holds the same relation to it that Seoul & Chemulpo do. That is it is the (Mokpo) port with water communication between. Mokpo itself they think will not be a good place for work. It is very small with no outlying country to work in & then in a port there are always so many counter influences from wicked foreigners.

Will ordered a Rambler bicycle while in Seoul. Mr. Harrison has the agency & was ordering for himself & several others so got them for sixty dollars. Of course a missionary can't take any percent for selling but it enabled him to get them much cheaper for himself & others too. Wills having one will save the mission purse a great deal as well as his strength & enable him to itinerate & still not be away long at a time. Dr. has one & will learned some on it & while in Seoul he used Mr. Reynolds a good deal & learned to ride very well. The Reynolds are living where Miss Davis & Miss Doty used to live & it is so far away from everywhere it is almost impossible to walk. Will says that if we lived in a place like this he would get one too. Several of the ladies have gotten them & find them such a saving of time

& money, where their work is much scattered. Most of the gentlemen have them. All over the country you can use them very well except perhaps in the rainy sea son & in Seoul there is no trouble at all. The streets of Seoul leading from the different city gates were originally quite wide, but gradually booths & then substantial houses had been built out in them till in many places there was only a narrow pass. Lately there has been a law past making all of these squatters get out so now we have quite wide streets & many of them are very well kept though there are no sidewalks. This is largely the work of Dr. Jason who by the way is doing a great work here. He was in that conspiracy twelve or thirteen years ago when Min Yon Ik was wounded & he & Mr. Yun fled to America. He spent most of his time in Washington & got while there a right good education both collegiate & medical. While there he be came a Christian & though expect he was associated largely with the worldly professor, nevertheless I trust he is a real Xtian & certainly seems to be enthused with the spirit of progress & all of his work 7 influence is on the side of Christianity & progress. He has started a tri-weekly paper, half in Korean & half in English which is a great boon to Korea. It certainly looks funny to see newsboys on the streets of Seoul. Dr. Jason or (So Ja Peel) is an American citizen & thoroughly American in his ideas. He married a Washington woman who I am afraid will not be very much help to him she is quite young and a thorough woman of fashin & it is hard to tell what her ideas are & whether she has any or not as she always keeps mum & looks bored when others are having a good time, except at her own house

& then she is very pleasant. I can't imagine how any one in their right senses can marry a foreigner of whose antecedents they know nothing. It is a great mercy if they don't find themselves a concubine among many others. In this case the first wife was really dead & going into exile young as he dia, (nineteen) he had probably not accumulated a haram but there are very few of the higher class or lower either who can afford it that dont have more than one. The Mrs. Yi whom Father & Mother net was not the real wife at all but since then his wife is dead & I hear he only lives with this one. The one you saw was from the lower class as most concubines are & thought far more of than the real wife as the first is a marriage made for them when very young. He is not of noble firth & at that time had very low rank but has risen very high & is now one of the first cabinet ???. For a time she was very exclusive but lately has seemed to ?ant to renew her old ac? acquaintances so I think I will go to see her before I go back.

I have had a' time writing this letter, it is a cold blustry day & the children can't go out & Edward 7 Bolling are in a fight every two minutes I do believe. I nearly go distracted sometime. Edward talks better than most of the children of his age I believe. He says his little prayer every night but is right fond of making a frolic of it. I have taken him to church three times & one he behaved badly, singing at the top of his voice when the minister was praying & doing everything to make the larger children laugh. It is funny to hear him & Bolling quarrel in Korean & use low talk to each. other. Of course though they would use the low or child's form to each other whether in good or bad humor.

Mrs. Vinton gave me a nice little pecay suit, two shirt-waists & three pairs of drawers for Edward that her little boy had outgrown. I have had the baby vaccinated three times & fear even the last one will not take. I am so anxiousto have it successfully done before we go home. I suppose ere thios reaches you, you will have gotten the photos. We think the children's splendid but Will's & mine in the group are poor. Everyone says mine looks so much older than I do & I dont like Wills at all. We did not send them to Ed & Mo__(?) & Susy because we wanted to make the most of them by sending one set to each home. I sent Mo a few Korean butterflies. Though they are no great works of art they are purely Korean & I thought she could make a firescreen of them. I wish we could have sent her something nice but none of the home-goers offered to take things & we do not like to ask them unless they offer as it may give them a great deal of trouble.

Much love to all,

Devotedly,

Mary Junkin

February 22, 1899
Kunsan, Korea

My precious Mother,

I can't let the day pass without writing a little on a letter to you. This morning when I got up will remarked that yesterday was the 22nd & I exclaimed of it was Mother's birthday & I did not know it or write to her! I started to write some notes however & on looking found he was mistaken. Yesterday I had had the cook make a cake anyway so was able to have a right good dinner on short notice. We had roast duck, celery, <u>olives</u>, pickle, slaw, macarony, cooked celery & cocoanut cake & peaches. I had rather expected Mr. Tate over today as he & Mr. Junkin have to audit the treasurer's books but as yet he has not come so I suppose the note we sent telling him not to come got there before he started. Mr. J is very busy this week getting ready for the training class for Koreans which meets at Chunju next week. (Mr. Tate has just come.) Patsy has been very anxious for me to come too but it is such a hard trip I will not undertake it. I have been thinking a little of letting edward go over to pay Bolling a visit but Willie heard of it & seemed heartbroken & said Edward must stay & take care of mama & let him go with papa. It will be so much easier any way for will to go on his <u>wheel</u> that I expect he will just go that way in which case Edward can't go. I suppose he will be very much disappointed but it seems a pity to separate them any way. It is getting so now you can't give one of them an inch of anything without giving it to the other. They are usually right sweet about it though & when they ask for things for themselves always ask for the other too. They remind me of Margaret & myself. Willie had a funny accident yesterday morning. The night before I had taken a bath & the tub half full of water was still standing in the room - one about the size of a wash tub - Ama had just finished dressing Willie when down he went backwards in the tub. Will was standing by & got him out in a few seconds but not before he got a pretty good strangle & soaking wet. He certainly did not enjoy his cold plunge much & Edward cried too & said "my little brudder tumble in de tub".

Feb 23 - After Mr. Tate came I had to put up my letter & get him something to eat. Edward got me to hold his hand & write you a little letter too. The colored pencils are so soft I am afraid you will not be able to read it when it reaches you. It was his own notion drawing those turkeys as he calls them, at the bottom of the letter. He, Edw., is very much excited over the little turkeys that are hatching out. Willie doesn't seem to care much about them. His chief ambition these days is to play on the organ & he turns all the furniture into organs. He puts a book in front of him, works his feet on the rungs of a chair or whatever his organ happens to be & plays a way & sings at the top of his voice. He is looking right pretty these days. His hair is what you would call golden 7 is beginning to get over the effects of being cut when he had boils & curls in loose ringlets. I think he looks a good deal like the picture of Katherine.

I was so delighted to get the pictures of sister & Margaret & Katherine & the ones of Susy & her friends & the dining room & parlor at Sisters I recognized so many things that it seemed almost like getting a peep at the rooms again. I do hope I can do as well with my camera. Cameron Johnson took a picture of us on the deck of the steamer & it is real good of Will & me but the children moved a little. I would like so much to have one to send you but dont you think he sent Patsy one & didn't send us any & we had to write to her to let us see it.

The children have been making such a fuss I hardly know what I have written. I want to study up and take some soon.

Dr. Drew got back from Seoul last week & brought a big mail with him. We had not had any for about six weeks so were delighted to get it. We got yours & Father's letters telling about Margaret & Charles moving. I am real glad they are going there. You must all make it a point to get acquainted with the Santos family. We staid with them while in Norfolk & they were so sweet & good to us & write to Will right often now. You know it is their church that supports Will.

I know you will be delighted to hear all the land for houses at Kukmal has been bought. will expects to start building as soo as he returns from Chunju & we hope to be in our house by the rainy season even if it is not quite done. I am delighted that we can commence so soon but dread the building for Will. They say it has broken down more missionaries in Korea than mission work. I believe it is the general opinion that it would pay if each of the boards working here would send out an experienced man just for this work. Our work here is in an encouraging state & needs to be pushed & the workers are already far too few & it seems a pity for Will to have to give up almost his entire time for six months or more to house building yet with these workmen that is what it requires & we feel that we must have a house in a healthier location & more room. As it is, when Will is preparing a sermon he has to do it right where we all are unless the weather. is good enough for the children to play out & often I have to refuse to see women on this account or bring diseased people into our bedroom. I want your prayers for us especially at this time for no one knows till they have tried it what a strain physically & spiritually it is. One man said that after fussing with workmen all week he felt as if he just could not up & preach on Sunday. People come about a great deal where building is going on - there are plenty of opportunities to preach if one can just keep in the right spirit to do it. This may sound strange to you all but it is a sad & serious fact.

Within the last two weeks will has received twelve women & one man into the church. Our ama was among the number. The cook & boy seem to take no interest whatever in religion. In examining the women he had to bring them in one at a time & I always sat there with them. If we have them all at once they follow each other too much like sheep & it is hard to tell what they believe. His teacher's wife & little daughter about twelve years old were among the number. The daughter is a bright pretty little thing. One of the questions will asked her was when Jesus came to earth 7 she said on her birthday.

While Will is in Chunju I want to keep up the Sunday &

Wednesday night services for women. Dr. & the teacher will run the morning services & I want to take up the work among the children too. I want to have the boys teach my own with them. I think I will try to have them before church.

Mrs. Drew tried to take up the work among the girls after Mrs. Harrison left but her own children have been sick so much & with such a small house she had to give it up.

We hope for a boat in a day or two so I am getting this letter ready. I wondered where you were spending your birthday & wished I could spend it with you. I didn't get a letter written to my dear old dady so this will have to do for you both. I feel more & more grateful each day I live for for my precious Christian parents. I can't say that I ever am really homesick but I do long so to see you at times & to put my head in your lap & be petted like I used to when a child or to be able to pet you two precious ones. I often think you are doing as much of our work here as we are & perhaps for the larger part by praying for us & it. I have had so many prayers answered in my life that I certainly ought to have a great deal of faith. The news you told me in your last letter was one of them & I can't tell you how glad I was to hear it. I often wonder we are not more prayerful when we see how God fulfills His promises.

The Xmas letters from Sister, Susy, Elizabeth & little Margaret came by last mail & yours too. I was so sorry to hear Nan was sick, please give her my love. I believe I owe her a letter as I do all of my sisters & pretty much everybody else that writes to me for that matter. I try to keep up with them but find it impossible for me, & when writing home I mean the letters for all, but always when writing feel like what time I have to write I want to give to my dear Father & Mother for much as I know the others love & think of us you love the most & would be the most disappointed not to hear. I want to enclose a note to little Margaret - no I will write her a letter all to herself.

Did any of you put some pretty colored silesia or something on that order in with the camera! They were cut as if for a child's scrapbook & came in the box with my camera but I do not remember your mentioning them so do not know whether they were sent to me or whether they were sent to the Drews & Dr. Owen put them in there. The camera came when I was in bed & I don't know whether there were on the inside or outside box. The little cards came. Thank little margaret very much for them.

Feb. 24 - Two steamers just in. Before & since writing this have written six other notes & letters about thirty-eight pages including this.

Your devoted daughter,
Mary L. Junkin

Mail has just come but no letters from any of you. have missed getting one for I couldn't tell when.

April 20, 1899
Kunsan, Korea

My precious loved ones,

I am sitting out by the door seeing to some gardening while I write. I have been spending a good big bit of my time lately in the garden among my flowers & rather think the flowers are getting the best of it. We have lettuce nearly ready to eat but the bugs have eaten up all of the radishes & I had to replant & the turkeys have eaten all of the tops off of my onions & pulled up a lot of them besides. There are onlt two turkeys left of the sixteen that hatched out.

About ten days ago Miss Tate & Dr. Ingold came over on their way to Seoul & spent a week with us. I enjoyed seeing them so much. After staying a week a boat came along going down, & as there was no prospect of one going up they went down to Mokpo & were fortunate enough to get one there in thirtysix hours. Dr. Drew went with them as far as Chemulpo & there bought a sail boat & came home in it making the trip in a very short while. It is a real nice boat & I am glad he has it. He has been wanting one for a long time to use in working at the numberless villages up & down the riover & the islands near here. He had had several presents of money from foreigners whom he had treated & this helped to pay for it but. he put a good deal out of his own pocket into it. Yesterday we all went up the river in it & spent the day & had real pleasant time. The country is beginning to look so pretty & the wild azaleas along the river bank were lovely. After our house is finished I want to get a lot of them & the lovely wild japonicas you find in some places, to plant in our yard. The mamosa tree grows all around here & I want one of those for the sake of mold anzian". White honeysuckle & clematis & a great variety of lilies & other flowers grow wild here & I want to get some of all of them & make our home just as pretty as I possibly can. You remember the pomgranite bush cousin Ella used to have in her greenhouse, well I have two in my back yard that are about, ten feet high.

Well I was interrupted by cugyungers & then it looked like rain so I went to work & planted a few tomatoes & cabbage plants 7 my second bed of corn. The first is about two inches high but we have no peas or beans up yet & as they were old seed I fear they will do no good but I find the beets have come up nicely. I have daisies, pansys, wall flower, holly hocks & double portulaca & peoniy seed planted in boxes & canna, asters, black eyed Susane coreopsis, cosmos, baloon vine, dish rag & touch-me-nots in beds & still have crimson sage & nasturtium seed that I saved to plant, besides sweet alysum, pansies etc. that I am saving for a winter garden when our house is done. Patsy writes me her bay window is just one mass of blooms. She has been keeping a lot of geraniums etc. for me that Dr. Ingold started for me last fall & Miss Ackles sent me slips this spring too so I will have a nice start. I have seven varieties of chrysanthemums & the promise of more. I got two roses & quite a number of lily bulbs in Japan but I suppose I did not manage them right for today I dug down to see why they had not come up & they had all rotted & one of the roses is clear dead & the other one looks poorly, I do wish I could divide my Korean lily bulbs with you. I have one bed just full - between seventy five & a hundred bulkbs, They bloom in August & are a lovely pink. Early in the spring they come up 7 the green looks very much like a jonquil & in July this dies so entirely a way you might think there was nothing planted there, but early about the middle of August & the end of the rainy season, a reddish looking shoot something like a large asparagrase shoots up. This attains its full height in a few days & then the lovely pink lilies commence to open & these gradually fade to lavendar. There are anywhere from five to nine or more bunched at the top of each stalk so you can imagine how pretty my bed will look this summer. If Mr. Myers comes out to see us as he talks of doing I will try hard to send you some.

There is a nice gentle rain falling now & I am so glad I got my plants out. It was a little early for them but they were doing so poorly in the boxes I thought I would risk it. If they don't mature pretty well before the rainy season they come on so late. Year before last we had the finest tomatoes I ever saw, numbers of them weighing upwards of a 1b. & so sweet & nice but last year they did not do so well. The salt in the soil here seems to suit them & celery. We had celery this year up to the first of MArch 7 would have had it longer but a very high tide came up on it &. made it rot.

We have tried our kodak but all of the chemicals are spoiled from that wetting so we made a failure. of developing them & will have to wait till we get more. I was very much disappointed as I was so anxious for you all to see how the children look. Will's mother wrote saying she did not know from what we had written whether Willies was in pants yet or not, but supposed he was too small. I was surprised for he has been in them nearly a year. He wore little outing drawers all last summer putting on pants on cool days or for company & in the fall I put hi in them as I had plenty of Edward's left over & didn't have kilts made & then too he is so large for his age & active that he looked funny in kilts & seemed so hampered in them. He & Edward are looking so fat & well now & run & play all day long till I know by night their little legs must be tired. They get as dirty as little pigs too for our yard is nothing but a mud flat without a sprig of grass & the only time to relieve the dire ugliness of it are my three flower beds with two very small trees in them & the strawberry beds at the side. Out where we are building, the hill to the back & side of the house is already covered well with the tough grass that grows well in such places. In front the dirt from the foundation has been dumped, making a high terrace on which we expect to sow grass seed. We have one medium sized tree in the yard & one small one but neither of them are near the house.

We hear that the people say the spirits of that hill are just cutting up jack because we are building there & the other night there was a slight earthquake & they say it was the spirits leaving in disgust. One would think they would be glad of this but they don't seem to be & one man who lives on the same side of the hill has a sick" child

& of course attributes it to this. Building in Korea it seems as if you need to be chief carpenter, mason, painter, paperer 7 everything else besides the very great necessity of unlimited patience, & Christian love & forbearance.

I started a letter to Aunt Jennie not long ago but was interrupted by cugyungers & then the lades from Chunju came so it is still unfinished. I am afraid if I don't get a little more writing done my kinfolks & friends wont be glad to see us when we get home. I think of & pray for them often but do not find much time for writing. I have charge of our Wednesday night prayermeeting for women & enjoy the work so much. I teach them about as you would an intermediate class in Sunday School. I try to study a little each day on the Korean of my lesson so as to have it as near my tongue's end as possible. Am using the international lessons only keep several months behind so I can get help from the Earnest worker which cousin Elizabeth Allen has been sending me for several years. I have been planning to write to her too & our Lexington Missionary Society but pens are much slower workers than thoughts & loving wishes.

After the children have said Now I lay me down to sleep ever night they always pray "God bless Papa & Mama, Grandma & Grandpa & ama & Willie & me & make us all good children" but one night not long ago Edward was pretty tired & sleepy & instead of saying "make us all good children" he said "Make us all good boys". What do his Grandmother's think of that? The other day he asked me if I saw the angel that brought our little baby here & the angel that took him up to God's house. He sings right sweetly & besides a number of hymns in Korean & English I have taught him Nancy Dorson & Little Nancy & sing most of the old tunes we used to be so fond of hearing Father sing. Edward's favorite is "A Frog he would a wooing go" & Willie likes "As I went down the new cut road" best. Lately he will hardly sing at all himself but will listen with the most rapt attention to my melodious voice. I have Sunday School every Sunday morning. with them & the teacher's little boy "Copchungy" & his attempts at singing reminds one of a horse fiddle. There is volume but anything but music or time. I have had him on one verse of a hymn for three Sundays & feel encouraged that he has occasionally of late gone up in the right place & does not drawl as much as he used to. He is a bright little fellow though & very ambitious.

Have you seen much of Mr. Reynolds family? I will be so glad for you all to know them 7 it will be so nice for Margaret to be able to see so much of Patsy & Mr. Reynolds when they come home & to hear so much about Korea & us too if we are not there at the same time. Patsy seemed so delighted when she heard Charlie had gone there.

Well it is past my bedtime so I must close. Will goes out to the house every morning after an early breakfast & takes his lunch with him so I have commenced having lunch in the middle of the day & dinner at night. I believe the Southerners are about the only people out here that don't do it & with most of them it amounts to two dinners. I like it well enough for ourselves but not for the children,

as we only allow them the simplest things at night. Just bread &
butter with a little jelly or jam to finish off on.

Will joins me in much love to each one of you precious loved ones.

Very devotedly.

Mary L. Junkin

Will says he wants to keep one of those Pyeng Yang reports for
reference so cannot send one to Cousin E. but will be glad if you will
send her this one when you all finish with it.

Steamer in this morning with nice mail. Letters from Susy, Father
& Mother & one from Ed by last mail. I hope little Katherine is all
right ere this & that none of the others are sick.

Your postage is all right. Ours has been doubled since Japan is on
gold basic but it really isn't more than you all have always paid.

Mr. reynolds with us on his way to Seoul to meet the translating
board he will work there a month. Must stop & fix his lunch.

Much love to all. I send letter to Aunt Jennie by this mail.

Hastily & lovingly,

M.L.J.

April 27th

I send by this mail a copy of the pyeng Yang annual report. The work there seems almost miraculous & is said to be the most prosperous mission work in the world. They have a splendid force of able & consecrated men & women. This is the work that so nearly cost Mr. Moffett's life & did cost. that of dear Dr. Hall of the M. E. Church. I had only two copies & send one to Cousin E. Allen so will be glad if after you are through with this you will send it to Ed & the others. Oh that we might have a like blessing on our work. The Bairds from there have just gone home on furlough.

(This paragraph should come just after the signature on page 3)

October 8, 1901

CANADIAN PACIFIC RAILWAY CO.

R.M.S. "EMPRESS OF INDIA"

My precious Mother,

we are now nearing Victoria where I hope to be able to mail this. We set sail at daylight this morning and it is now after eleven o'clock. Sisters letter with Margaret's 7 Katherine's to the boys were the last received before sailing. The boys were very proud of theirs and are carrying them about in their pockets. I heard from you all before sailing except you & Susie but suppose your were mailed too late as all the others were mailed Tuesday and you could not write before Wednesday.

We have a nice room in a convenient and central location and not far away is a nice playroom for the children and there are numbers on board.. We are at the table with the Whites & Pattersons. All the children eat at one time before the grown people 7 it is perfect bedlam.

When you finish with the map I sent you I expect Margaret Moreland will be interested in it. Tha mail closes in a few minutes so I will not be able to write to the others. I have written Mrs. Price a note thanking her for the corn & as I did not know her office sent it in Charles care.

This is a lovely day and the water perfectly smoothe & most of the passengers out on dect. I haven't mat any of them yet but there a good many missionaries and three for Korea besides ourselves. I hardly suppose we will have time to go ashore at Victoria. If we just have good weather we will have a fine trip.

I am feeling rested and alright this morning.

We are at Victoria So I suppose the mail will close now. With dear love for each one of you precious ones.

Devotedly,

Mary L/ Junkin

January 4, 1902
Kunsan, Korea

My precious Mother,

I got out my writing materials, not intending to write to you but to answer some long neglected letters, but I remembered this was the first letter i had dated this New Year and so I said the first must be to my dear old Mudder even if I do nothing more than start it.

Will went to the country yesterday to be gone till Monday and so you may know I am very lonesome. I am kept right busy these days teaching my own and the Korean boys all the morning, and then I try to study a little each day on my Sunday night talk. My Korean was always bad enough but with what I have forgotten I find it hard to work.

Last Saturday's boat brought your letter with. Margaret's enclosed and one from Ed. I am so glad he got the boys photograph and sent it to Aunt Lucy. I am sorry I neglected it but it was like dear old Sallie to think of it and certainly good of Ed to get one and send it to her with his childrens picture. The picture he sent me cmae the day before Xmas & I think it as sweet as can be.

We had quite a blizzard last Saturday & the deepest snow & coldest weather I ever saw at Kunsan. The earth in a great many of my flower pots was frozen still & I thought they would all be killed and a good many were much to my distress & all were injured a little but the geraniums & pinks were not really hurt. My red wandering jew that I brought from America and two fusciaa of Mrs. Drews were killed entirely, I fear & several other things had to be cut down to the ground. I was ready to cry over it. I love my flowers dearly. they are my recreation and it is so nice when you have been having bad smells under your nose for a long time to smell & look at pure sweet flowers that can't say or do ugly things.

All day Tuesday & Wednesday & a few hours Thursday morning, Mr. Junkin had fifty men & boys putting up ice for the Bulls and ourselves. After Mr. Bulls sickness of course he could not attend to it & so we put up all together in Br. Bull's ice house which is very large. Mr. Junkin thinks we will have our two families can use & more besides. e are the most fortunate people I know of in this respect for most of the people if they put it up at all have to send several miles for it & we have it right at the foot of our hill. I do wish our committee could send us out a Dr. to help us use it. We need reinforcements so badly & there is a nice house here already. The Bulls moved this wekk into Dr. Drews house & will move into their own in the spring when it can be finished.

Jan. 8 - Will came home yesterday bringing two bustards or wild turkeys and six geese. Early this morning we took a picture of it all and then hurried up and had the bustard for a one o'clock dinner He sent a bustard & a goose to the Bulls, gave a goose to the servants and will send one tomorrow to a sick man. He ate some while in the country but had no very good way of cooking so large fowls as there, only broils or boils them. The Koreans fell heir to some while he was in the country & doubtless are glad to get them these hard times. There are a great many out there & as he has to go back Saturday to examine more candidates for baptism, he had all of these geese skinned and will stuff them 7 use them as decoys. The Koreans are fond of crows & got him to shoot a good many of these for them.

While in the country Mr. Junkin examined forty candidates for baptism and goes back Saturday to baptize those received and examine more. Most of those examined were wives of church members and about twenty will be received. Then Monday he goes to another place to examine others and expects to get back Wednesday.

We got a letter from Dr. Owen yesterday enclosing 33 yen or $16.50 for helping the famine sufferers here, sent by the Korean Xtians at Mokpo with some addition from Dr. Owen himself. I am glad the famine is not a wide spread one. We are in the very worst of it and it extends on up as far as seoul and on down through central Korea.

While Will was in the country he went to see a poor old blind woman who is a member of our church. He found her in a filthy little hovel about six feet square with her two little half clad grandchildren. During the cold spell her son was in here doing some cooly work on the Bull house and some of the church women went over there and found her nearly frozen. They sold their own small house to get something to eat & they could buy the hovel they live in for a dollar and hadn't even that. The son's wife is dead and the old woman is often sick & able to do very little so it is hard for the son to go away to work. It certainly is a comfort to know that God loves these people better than we do and that he cares for the perishing souls in this heathen land.

How I do long for more workers here. So much work to be done & so few to do it. The Pyeng Yang station lost a valuable worker a few days ago with smallpox. I do not know him and forgot his name just now. He leaves a wife I believe & they say he sang so beautifully. Rev. George Leck

There is to be a boat tomorrow so I must close this now & get it ready to send off early in the morning. I have been busy getting Will's things ready for his country trip and, feel ready for bed so must close.

With dear love for my precious Mother & each one of the dear brothers & sisters & all of the nieces and nephews.

Devotedly,
Mary leyburn Junkin

January 30, 1902
Kunsan, Korea

My dear old Sister & Margaret,

I was so disappointed when I found I had forgotten your all birthdays. I didn't forget yours entirely Sister, but thought Margaret's & mine were a week off till the day after mine. Will reminded me that we had let it pass, and then I was kinder mad at him for not remembering it even if I didn't. We have two calendars now though so I hope to keep up with them better.

I was sitting in my bay window writing the first of this letter this evening. Will was right out in front of our house in the rice plain after some geese when I had a call for something & needed my keys and discovered will had carried them off. I was uneasy for fear they might be lost so sent the bys after them & had looked up from my writing to watch the little fellows run along the path between the patty fields when I saw a wounded goose fly up & fall where will had been hunting about fifteen minutes before. I started the boy & the cook out after it and the small boys of the village joined in the chase & it reminded me of the old story of chicken little & the sky falling. Then I went to get Mr. Bull's dog to help look for it and Mr. Bull, dog and all joined in the chase. They didn't find that one, but when the boy looked will up to get my keys, he brought back two, one of them alive with only the first joint of the wing broken. I tried to set and bandage it but it would flop about and undo it so I cut the hanging part off, bandaged it & then sewed it up in a bag & now it is in a box in the kitchen & we have gotten it to eat & drink some but its sufferings don't seem to have improved its temper for it seems to prefer a nip at our hands to its food.

The flowers are recovering from the frosting except the few that died, & one pink & a geranium & heliotrope & rose are in bloom and a good many flowers are in bud. The carnation that is blooming is the shell pink. Of the nine you sent me Sister, six are living and looking well after the various vicissitudes through which they have passed and I am impatient for them all to bloom and see if I have one of each of the four kinds you sent me. I also brought nine geranium slips & four varieties and am anxious to see if among the six left I have all four varieties. They still look right puny after theri frosting and will hardly bloom before spring. The two little crimson ramblers from McDonough and the two Baltimore bells Miss Armentrout gave me are looking real well now, though for a while I thoughtthey would certainly die, they were so covered with a white mould. I sprayed them with tobacco tea and that seemed to help very much.

Will got me a lot of chickens a few days ago So I hope to have plenty of reliable eggs soon as we haven't quite as close neighbors as we used to have.

Edward & Willie had the kite fever last week but now the kites are hanging on the closet wall till they are struck that way again, & bows & arrows made of bamboo are receiving all of their attention.

They, or rather Ed ward has been very much interested in the Swiss Family of Robinson & we just finished it tonight. I think that was where they got the notion of bows & arrows. It seems a pity that a book which children enjoy so much couldn't be written in simpler language and less bombast. The boys are doing fairly well at school I think. I do not keep them long but have them regularly every day even Saturday. My Korean boys are doing well too. I want to start them in Geography & Arithmetic as soon as I get the Korean books I have sent for. I have a small but bright & interesting Sunday Schol class of girls whom I teach down at the church on Sunday morning & up here Monday evenings. I gave up my Sunday night class for women. I founf it was too much for me on Sundays & give the attention to my own boys. i should & took more study in preparing for them than I was able to give 7 besides most all of them go to Sunday morning service & my S.S class too for that matter, and to Mrs. Bulls Wednesday evening class so I felt that the little girls needed me most.

I didn't get very far on my letter last night before I got sleepy & of course I never have an opportunity to write in the morning. We usually have a boat Saturday so I want to finish this this evening & write Mrs. Price of Kobe a note about my china & enclose a note to Patsy Reynolds as I suppose they will be passing through Kobe on their way to Korea next. month. Mrs. Price wrote me she had gotten the dozen plates, cups & a sugar dish & cream pot besides but they were a little afraid they couldn't exactly match the colors. I do hope they can though as that was the prettiest thing about it.

We all feel very anxious about the Drews as we haven't heard anything of them and there has been plenty of time. Poor woman I fear her homegoing will not be a happy one.

you all did so much for me & I was so happy when with you & now there are so many bright days to look back on & talk over with Will & the children. I fear though I was very selfish when in Christiansburg last winter for I was homesick for you all, all the time and so endured in a sort of stolid way but was anything but cheerful. It seems to me though I made up for it by the pleasure of being with you all & dear Mother later on. How I do wish I could have you all with me sometimes. Do you know I often amuse myself planning how I would fix to make you comfortable if you could come. It seems like kinder child's play but I enjoy it and it makes me seem nearer to you.

I want to take some pictures of the inside of our house & send you this spring. We haven't papered yet. There was some little repairing to do first and then the Drews had put on a coat of white paper which in some of the rooms looks fairly well and then while this famin lasts I hadn't the heart to go fixing up our house when the Koreans are so poor. The work though of putting it on will be a great help to them so I suppose we will have it done in the spring. The sitting room is right much broken & smoked & patched up so we will have it done. We have had perfectly miserable wood this winter, green pine that smokes & stops up the pipes so we have to have the one in the sitting room taken down every few weeks, We use what we call the nursery as a bath & dressing room & school room so always have it good and warm. It has the Korean floor which we heat with grass or brush. We do have a fire in our bedroom but open the large doors from the sitting room on one side & the door into the nursery on the other & the heat from these two takes the chill off very well.

Then we have hot water jugs that we have put into the beds about supper time so we have warm beds to get into & even in the very bitterly cold weather we kept very comfortable.

I have all of my old servants back and they are doing so well I do wish I could hand over one each to you. I often think of you sister when I am drumming around trying to hunt up mending for ama and wish I could have some of yours every week. She does it much nicer than I can & has learned to darn well. She sleeps on the warm floor in the nursery & cooks her rice on the kitchen stove & is always on hand & such a comfort to me when will has to be away. the cook & our outside man have both made professions of religion lately but have not been baptized. I do trust they are sincere & hope the boy may become a Christian too.

There have been a good many applicants for baptism lately 7 some of those who have been waiting a long time have been received but some of our oldest members have fallen into great sin 7 in these times of trial & temptation we feel that it is best to go slowly. We need your prayers more than ever that those especially who are in the church may be delivered from temptation & grow into stronger Christians & that erring ones may be brought back & find forgiveness.

On the other hand there are Christians here in our church who would be a comfort and encouragement to any pastor & for these we are thankful.

Tell Edward I have a good one on him. We were singing one of the Mcdonough hymns a few days ago & the boys remarked on how the school boys pronounced one of the words & I told them that was the way Northern people pronounced it & they asked if Aunt Sallie & all the people at McDonough were Yankees.

Willie is as haram scarm as ever but does better at school than I really expected & edward is as much in earnest 7 as enthusiastic as he was over putting salt on the rabbit's tail. They still talk about Mr. Briggs and his catching the rabbit for them.

Well I must close & write those other notes. I will send this letter to you first MArgaret as your birthday came first & then you can send it to Sister & from there on to Mother & Ed. I don't feel like writing many letters after I get out of my school.

With dear love to all of you precious ones, little & big. The boys send special love to Muggy & Katherine & Charlie boy & wish they were here to play with them & the pups.

Devotedly,

M.L.J.

February 12, 1902

Kunsan, Korea

My precious Mother,

I fear it has been a long time since I sent you a letter. Last week I spent part of the week in bed with a cold and this week I have been having ama doing some sewing that I had to cut and baste and look after. My pillow cases had given so entirely out that I didn't have an extra one when company came so have had ama making some & in, a fit of ambition to have my beds look extra nice I made rullels for them & then had to baste them all on or ama would never have gotten them right. Next time perhaps I will be satisfied with plain ones.

My little school is getting on fairly well but as I have them every day but Sunday it takes up a good deal of my time.

This week Mr. Harrison And Dr. owen are here auditing the treasurers books and as they haven't been audited for over two years it is a right big job. Mr. Harrison is staying here and Dr. Owen at the Bulls. Mrs. harrison sent me a head of cabbage and some parsnips and we certainly have enjoyed them. They sent us some fresh vegetables Xmas too. Dr. Drew's goats ate up about all of his garden, & what he had planted for us & Mr. Bulls too and every sprig of everything we had planted here before we left. A good many of our friends have promised us berry roots & grape vine cuttings etc. so I hope we will have another start soon & will has ordered fruit trees from America. I am certainly glad we didn't go to the expense of planting them before we left for America or there wouldn't have been anything left of them either.

Dr. Ingold came over to the Bulls Wednesday. It is a good thing they all. got here when they did for yesterday and today we have had a perfect blizard. This has been the coldest winter I have ever known in Kunsan. I hope though the Korean prediction of a good harvest to follow will prove true.

We had gotten fifteen hens & two roosters & were hoping for some nice fresh eggs soon & last night the man left the box open & a weasel ate one. Sometime ago we had two or three killed by the Drews cats so will shot the cats. I suppose the Koreans were glad as they had been killing their chickens too. We have had a nice lot of game this winter, mostly geese & a few ducks and some pigeons but not many pheasants. There are plenty of pheasants but further off. The crippled goose that I wrote about was getting right tame but last Sunday while we were at church it wandered off and a Korean got it & kept it several days & then strange to relate sent it back but it died the next day. It probably hadn't been fed while he had it.

I am glad Ed is going to Durham and trust he will be blessed in his work there as he has at Hedgesville. I think he will probably be stronger & feel better in a warmer climate. I have been wanting to write to him for some time but it seems very hard out here to get letters written.

We heard that the Drews had gotten to America all right and a little. daughter was born at the Occidental Hotel San Francisco. They are living at Oakland Cal. just across the bay from Frisco. She is doing all her own work and with all those little children you may know she is having a hard time of it and she very much broken down too. I want to hurry with this letter and write to her as I haven't written at all.

I am reading the last of the Flat Boats to Edward & he is enjoying it very much. As yet Willie isn't much of a listener - except to Mother Goose rhymes & such like.

Well this is a short letter but I must stop now. With dear love to each of you precious ones, especially my precious mother.

Your devoted daughter,
MAry L. Junkin

March 10, 1902
Kunsan, korea

My precious Mother,

It seems strange not to have written to you or remembered your birthday in some special way but as there was another patriotic nephew born to Uncle Sam at Kunsan on your birthday there was little time or thought for anything. It is always a disappointment to me though when through my own forgetfulness or any other cause I can't remember the birthdays of those at home. I like to write to them if possible and any way I like to make it a day of special prayer for them. Your birthday ought to be and doubtless is a day of thanksgiving to your children for certainly children were never blessed with a truer nobler Mother or one for whom they had more cause for thanksgiving and the longer I live and the more I try to teach and train my own the more I realize what my precious parents have done for me.

Edward and Willie seem happy and have been real good since we got back. They are very much interested now over getting their little garden ready for the seed. They are going to have goober peas and strawberries.

We are having pretty weather now but still quite cold. Will is having the yard graded & part of the way around the high bank in front of our house he is having a terrace put and expects to plant grape vines on it. It will improve the looks of the place very much too though he is doing most of it to help those who are suffering from the famin. You said in one of your letters you wished you had money to send us to help them. Of course we do what we think we can to help them but even if we had great amounts at our disposal there would still be left many trying and perplexing things that seem to go hand in hand with it. So far as we can see it is a thing much to be deplored not mearly for the bodily suffering. that it brings but I dread the after effects. God who knows what is best for all His children and loves these people better than we do has allowed it to come and I earnestly pray that it may prove a blessing and not a curse to the church. I want you, dear Mother, to join me in prayer for the outpouring of God's spirit upon those who are already church members. Some cheer our hearts and others sadden them.

I suppose we will commence papering this week. It will keep us busy trimming edges & watching them putting it on. You can't trust them to join the paper right for they would think it just as pretty to put it on upside down or cross ways or any other way as not. I suppose we will commence on the company room and when that is thoroughly dry move in there while ours is being papered and fixed. It is better to do it now than later in the year as there will be more coming and going later on. Our cook is very smart & good at carpentering and all kinds of jobs & all winter long I have tried to keep him busy at odd jobs. He has put up five shelves for me, put all the handles and bolts on the doors & windows I dont mean by this that he put on the locks & knobs for of course that was done when the house was built. Then he made me a right respectable closed up wash stand for my guest room, two dog houses, a folding biscuit board, a drawer to the kitchen table, bookshelves for the children, a kitchen washstand and towel roller, put legs to my ironing board and did numberless other little things and now I have him taking a piece off of a little old desk we got at a sale in Seoul our first year in Korea. It was too high for me and sloped too much to write comfortably on so he has cut it down flat and is now rubbing it over with alcohol & when I put a new piece of flannel on it it will look real nice. I try to keep him reasonably busy. It keeps him out of mischief and certainly helps us. I think he is responsible for this blot on my letter. I was writing on it yesterday evening and laid it away in the desk which I had emptied for him to go to work on this morning & suppose he turned ink & all over thinking it was empty.

Will is having me some nice flower beds made. i am glad to say most of my violets are living in spite of what they have gone through. Three of my American geraniums are budding & three of the pinks have bloomed. They are white, light & deep pink & of the three that haven't bloomed I am hoping for a yellow with red stripe as Sister sent one or two like that.

Mr. Junkin went to seoul to the meeting of the Bible Society the day before Master Wm Ford Bull Jr. arrived. He was in Seoul a week and brought back blackberry, gooseberry, black & red rasberry, currant and asparigus roots & we hope to get strawberry plants & grape cuttings from Chunju. We have already gotten some persimmon trees but they have to be grafed & we want to get English walnut & chestnut trees from near here & will try to get all the pretty shrubbery we can for the yard.

It is bedtime so I must close. With much love for. Susie & Gene & the other dear ones & all of our Lexington friends. & most of all for my precious Mother. How I would like to kiss her good night.

Your devoted daughter,
Mary Leyburn Junkin

May 5, 1902
Kunsan, Korea

My precious Mother & all the dear loved ones,

It has been a long, long time since I sat down to write you a real letter, considerably over a month I think. Well since that time every bit of wood work in the house has been scoured & there is much more of it than in home houses & the entire house except the storeroom papered, one room painted, windows washed etc. besides numerous little repairs that that had to be done before the papering and painting - all of which except the papering, was done by the servants with my help & direction. The house looks so sweet & nice now & I can't tell you what a pleasure it is to me. Everyone says I made a wonderful success of the papering & I think so too considering the walls I had to cover, for in places they almost had to be made over with cloth, tacks, paste & paper. But of course flowered flowered and figured paper hides the defects much better than plain. The four men I had knew very little about papering, even from a Korean point of view & nothing whatever about matching & cutting foreign paper so except in the kitchen I trimmed the edges and cut every piece of paper and saw almost. every piece go on I suppose with the roughness & crookedness of these. houses & the woodwork coming out in so many places it is about twice as hard to paper as an American house. I had the men fourteen days - that is they actually worked fourteen days but the house was turned up much longer. After the first week I went to bed three days for a good rest and then another time i stopped for a few days rest & went out in the country one day to see two sick women, one of whom has died since. It is Korean custom to come at daylight & work till breakfast time, then once in the forenoon between breakfast & dinner & once in the afternoon they take a rest & smoke & then work on till dark. I had to be up early to be ready for them and then when they were taking their rests I still had to be cutting paper ready for them or attending to my housekeeping. I think I enjoy our bedroom most of all for it used to be such an ugly room & now it is so pretty. I just lie there every morning looking at it & feeling thankful. There was so much woodwork showing & it was such a gloomy purplish brown with no gloss about it, but we had it painted. And by the way, Smith sent us canary yellow instead of cream white but we were able to get a little white lead from ME. Bull & so improved it very much but it is still much yellower than we would have chosen. We put a little varnish. in the last coat which is a great improvement & the cream paper with red roses is lovely even if it is bright.

We had the woodwork in the sitting room varnished and which was a great improvement & all the furniture gone over and still have enough left to go over the dining room wood work when we can get some more turpentine. We also painted the nice little wash satnd the cook made me for the guest room. I have been interrupted by Korean visitors. Well I expect I have written enough of house & work.

We have had some heavy rains and the valley in front of our house looks almost like a great lake & the farmers are beginning to prepare or farming. This rain was hard on the barley crop however which is within a month of harvesting. It will be a glad day when the barley is harvested for then the worst of the famin will be over. I trust this will be a good year for the rice for it means so much.

You were saying Mother that you wished you had money to send us to help these famin sufferers. We have been glad of the little help we have received for them & have tried to do all we could but of course there are many trials & perplexities that come with a famin that money can't altogether relieve, for the thing precedent means so much in Korea & they are so apt to think if you help them once you are plenty able to help them again. Then there is the great danger of making rice Christians. We have not confined our help to just the Christians but as a matter of fact they have received far the largest part of it because we know their needs & come in contact with them more. We have tried as far as possible to help them by giving them work, even making work for them, though Will is particular that when he gives them work they shall do it well & not play at it. I think it speaks well for our members that almost all of those who have not been used to common cooly work are willing to do that for a living, on the other hand there have been a few who are <u>above</u> work or too lazy but not above making the small boys of the family work or sending their wives & mothers to beg from us & these are the kind that always say just <u>lend</u> me a modest sum 7 I will pay you back in such & such a time when they know as well as I do they wont be able to do it. Take it altogether things haven't been near as bad as I feared they would. After reading of the famin in India four or five years ago & seeing the pictures of living skeletons or those who were swulen from its effects I expected of course to see the same here & while there has been a great deal of suffering & directly or indirectly a good many deaths we have not seen such horrows as were depicted there. When I first came back and heard of hard times & famin, famin from morning till night I felt miserable & as if I could never live through it & undoubtedly it has been hard & yet as one of the church members remarked about Xmas that he thought four months before that he couldn't live another month but somehow God had taken care of him & he knew He could keep on doing it. The hardest thing of all has been the fall of one of our most trusted members. There is a very smart man in this village who used to be one of our earliest church members but was suspended a good while ago for gambling & drinking & I never can tell whether there is still some lingering good in the man or whether he is full of Satan. His fruits would certainly indicate the latter. There are also two other weak men & both notoriously lazy & anxious to make a living any way but by honest work, who were suspended for gambling & drinking. these three & a good many others who were not church members or rather never had been, went across the river & beat a man & told him they were sent by the missionaries to collect that gambling debt & half the money was to go towards building'a church & if he didn't pay it they would bring him over here & imprison him in our cellar. They went twice to this place for this kind of work & the second time got the church member of whom we all thought so much to go with them & he got seven yang or fifty cents out of it. The man's temp tations were doubtless strong & so far as we know it was his first fall & a sudden one so I feel great hopes of him & yet in many ways there seemed very little excuse for him for both Mr. Bull & Will had helped him & given him the preference over others often because they liked & trusted him. If he had just trusted the Lord a little longer & not yielded to this temptation how much better even pecuniarily it would have been for him for while he was planning this mischief against God's work, God had put it into Mr. Bull's heart to teach him how to paint & give him the job of painting Dr. Drew's house instead of letting the Jap do it. Of course Mr. Junkin & Mr. bull went across the river & let it be thoroughly understood that they & the church had nothing to do with the business & advised the man to have those who had beaten him & extorted money arrested. They were to have gone on to see the magistrate over there but found. he had gone to Seoul. The next Monday on his way back from one of his preaching points Mr. Junkin went to see the magistrate on this side in whose district most of the aggressors live. Mr. Bull was to have met him there but could not get off. Mr. Junkin's was a polite errand to inform the magistrate of the whole affair & let him know we had nothing to do with it & wanted those who were doing such things in the churches name punished. The old booger was as rude to will as could be & used all sorts of impolite forms to will. I am glad to say though

Will did not reply to him in any higher forms than he employed, which doubtless hurt the magistrate's dignity much more than Will's. The Koreans who were with Will were very indignant that the magistrate should have treated him so rudely & said he was an ungentlemanly fellow & knew nothing or would not have done so. Well, he sent over & instead of having the men arrested, he arrsted sons & brothers & any member of the families of the chief aggressors he could get. From all we can hear this magistrate is a great gambler himself & probably pockiting money out of this arrest. Of the men I have mentioned only the son of the smart one * ring leader of the whole business was arrested & they say gets his daily beating which from what I know of him he doubtless deserves only his father deserves it more. 7 I wish he were getting it. don't you know after all this they have the impudence to beset will night & day to inticede for them & get their relations out of prison. Will replied first by telling them their repentance came too late for he warned them & told them if they would take the money back & set matters entirely straight he would not take this step. The mothers worried me considerably too & I fear you will think me getting hardened. I told them such crimes ought to be punished 7 when they begged me to save their innocent sons I replied <u>perhaps</u> your. sons are innocent but the same cannot be said of the fathers & the best & only way I know of to get them out is for the guilty fathers to take the their places. This generally settled them. One woman & her little son came from quite a distance to intercede for her son. Of all the bad smelling disgusting looking creatures I have seen lately she took the lead & as a final inducement she said she would come & live with me always if Mr. Junkin would just get her son out of prison. Poor thing! If she had only known what an affliction it was to be with her even a short while! I am afraid you don't think me much of a missionary for I certainly don't love such creatures as this & don't like to be with them but I do pity them & after that magistrate treated will that way I was like the apostle who wanted to call down fire from heaven.

But let me give you one other picture of a Korean & one that I enjoy looking at & thinking over much more than the ones I have told of. Will chose four of the church members from a village six miles from here to do the papering both because he thought they needed it & because they were pleasant polite Koreans & he thought they would do the work well. The youngest of these was Choe Kombo. He was an orphan & a rich old yangban adopted him & finally married him to his daughter, but when he became a Christian his father-in-law beat him & drove him away saying he would take his wife away from him too. The Christians I think helped him along a little & he got himself & a little hut & went to work as a common day laborer. Then his young wife left her own comfortable. home & went to him & there they have lived in poverty & right in sight of the plenty that might be theirs but for the religion of Christ. Although all of this happened before we went to America, the man never told Mr. Junkin a word about his trials & he only found it out through another Korean. He is one of the brightest most cheerful Christians

I ever saw. I fear poor fellow he has consumption. The Koreans say he has never been well since he was beaten & treated so.

I forgot to say in connection with this gambling business that a few days ago Mr. Junkin had a call from the only yangban in this village. He seems a nice gentlemanly friendly old fellow but I suppose he considers it beneath his dignity to come to church 7 sit on the mat with common koreans & never takes any interest in religion though very polite to us. He remarked to will before he left he was glad of the steps he had taken & he hoped he would do nothing towards getting them out of prison. We were glad to hear a man of his influence express that view of it though there is no telling, he may have a private grudge against some of those imprisoned. The three men who have been gambling & drinking & doing so badly were among those who stood by us so nobly when our little baby died & helped to bury it. I still trust they may be brought to repentance though they have gone so far astray. We have tried to do. all for them & their families we could. Of course though the punishment & bringing to light such crimes as this are necessary for the very life of the church.

I am afraid this is a fearfully mixed up letter but it has been written with many interruptions.

My flowers are doing finely & such a pleasure.

The Reynolds spent a few days with us last week on their way to Mokpo.

With dear love to all.

Devotedly,

M. L. Junkin

I have stopped my school.

July 23, 1902
Kunsan, Korea

Will & the boys send love & a kiss. Look out for the boys' letter in the Observer.

My precious Mother,

I sent off a postal a few days ago and want to have a letter ready for the next boat. I hadn't been very well for a week before I wrote that postal but am all right again now. I had a little touch of diarrhea & was bilious I think & took calomel & it took me about a week to get over the effects. While I was in bed I read "The Master Christian" & "The Man From Glengarey" & enjoyed them very much. There was no especial interest in The Man from Glengarey after having passed through part of Canada & so much of British Cloumbia last fall. We have been thrown too with Canadians out here a good deal & a fine lot of people they are. If Uncle Sam allows the riff raff of creation to pour into the United States as they have been doing I fear in a few generations we will have little to be proud of in our country. Have you read "With the Tibetans in Tent & Temple" by Dr. Susie Rijnhart? It is well worth reading & besides the interest of learning something of a land & people of which so little is known, it gives you a better opinion of the Chinese than anything I have ever read!

Yesterday was a rainy day & I put this up to read to the children

& one thing & another & now a boat is in & I wont have time for a long letter I fear. This is certainly the rainy season. It pours in torrents & then you hear it commence to "took took" as the Koreans say - first in the sitting room, then the closet, then the guest room & so on all over the house & till fall I fear there will be no-doing anything with it. The Bull's new house & Dr's are as bad as ours if not worse. Tiles do not lap very much & the rain beats in under them. The new houses have Japanese tiles but they seem to be no better.

Our corn is getting plentiful now though the worms have been enjoying it i very much & the tomatoes have been rotting as fast as they turn almost. We have had two small messes. The seed I saved from Mrs. Price's tomatoes have been best of all. We got two from these vines that weighed a lb. & a half each but even these were specked some. They always will rot a great deal during the rainy season.

There is a fine prospect of a good rice crop for which we are truly thankful. One of our Inangesan(?) men put in a few potatoes this spring. will said it was funny to hear him tell about digging them. They had a space planted about as big as the room & expected to get a hat full or so but when they commenced digging they got more than that in the first row & the excitement increased as they went on digging till it reached the climax when they got out one potato as big as two fists & he says they are nearly as goo as rice. I wish they would get to raising & using them more generally instead of depending entirely on rice 7 barley. They do raise a good many in some parts of the country but never eat them themselves if they can get anything else. We have a fine crop of potatoes & a good prospect for a good supply of winter vegetables. Will got eleven wmen to weed the garden just before this last rain came on & it needed it very much. He killed a poisonous snake right where they had been weeding. The sparrows showed him where it was. It had a horn on the end of its tail & the Koreans say that is as dangerous as its fangs.

A man whom I wrote you about having once been such a promising man & then having to be suspended from the church was bitten on both hands by a snake this spring while weeding his garden. He was here Sunday after church to get some linament to rub on them They seem to be all scaling off & having sores on them. They have been having a hard time. His little baby has been right sick & the little girl who is in my Sunday school class looks very puny & evidently has scrofula.

I have a very bright interesting little class now of from ten to fifteen. They attend well both at Sunday School & at my Monday class which I have up here. I was so glad to get the cards Aunt Lucy sent. I was entirely out of all except a few big ones which I give them after they have been ten times. I had been stamping & using some decalcomania pictures that had been given the boys but had used all of these up too & had been cutting pictures out of catalogues & anything I could find. If Muggie & Katherine & Mary Liste would cut me some it would be a great help. Any old calendars or colored pictures come in well for the prizes for those who have come ten times & little pictures colored or uncolored do for the regular once a week cards. I don't give cards to my Monday class but they are the same set & Monday as well as Sunday counts for the ten times. The little flowered tickets Aunt Lucy sent the first time pleased them very much & go a good deal further than the cards she sent last time. Though they were lovely & the children were delighted with them. If the Moreland children send any tell them just to tie & not seal them. Several times Dr. Ingold & others have had to pay a half dollar or so on cards because they were sealed.

Margaret seems to have gone into the chicken business. We have a good many too. Chickens are very scarce this year & we have hardly been able to get any. I suppose the people had nothing to feed them on. A few nights ago the wind upset the basket coops we had the little ones in & the next morning they were stretched out nearly dead. We put them under the stove 7 fed them cornmeal with lots of red pepper in it & in an hour or sothey were as lively as ever & now every time the kitchen door is lef open they run in & get under the stove & remind you of little children trying to get around a school room stove to get warm.

Mrs. Bull's baby hasn't been at all well. I hardly know what is the matter unless it is beginning to get its teeth. It is trying on them without a Dr. I am glad Dr. Owen will be at home the year the Assembly meets in Lexington. I think it likely the Reynolds will have to move back to Seoul this fall as it seems impossible for them to get on with the translating very fast when the members are so scattered. If reinforcements don't come this fall that will mean there will be no one left at Mokpo but Miss Straeffer which of course wouldn't do. The Northern Mission have been very generous I think. As Mr. Reynolds time would not be entirely occupied, & we have no work in Seoul they offer to pay half of his salary & he do evangelistic work in connection with their work. We would have to give him a house & half his salary but of course our Southern church wants to do something towards giving God's Word to this people. We now only have the New Testament & part of the Psalms.

With dear love for each one of you precious ones,

Devotedly,
Mary L. Junkin

July 30, 1902
Kunsan, Korea

My dear Margaret,

July is keeping up its reputation in this part of the world, for the last few days at least, though this has been an unusually cool summer. In this airy house on the hill though & with ice to keep boiled water & other things cool we don't really suffer. Two evenings lately we have been out in the boat & the last time I went in bathing with the others & had a fine time. You should see our impromptu bathing suits. Edward & Willie are wild over trying to learn to swim. Edward is as dead in earnest over it & as eager as he is over everything. I keep the big bath tub in the guest room 7 take a dip several times a day.

We are having lovely corn & tomatoes now. We have had a good many tomatoes weighing one & a half lbs. I have made some sweet cucumber pickle & have a good many cucumbers in brine to make up in the fall. I have also made something out of Korean musk mellons that started out to be preserves but I made a funny mistake 7 instead of boiling it in alum water I boiled them in saltpeter & so they cooked up to a squash but I went on & made it anyway & it makes a very nice marmalade seasoned with spice & a little citric acid.

We have ten little ducks hatched from eggs Will got in Kunsan & the k family spends a good part of the day watching them swim & dive. They run up on the boy's feet 7 nibble their toes much to the amusement of the small fry.

Edward is learning his catechism to say on his birthday and knows all but the last page. I so often think of this time last year when we were with you. I hope Sallie is there now. How I would love to see Charlie boy and that dog. The boys talk so much about him and always say wasn't he sweet & cute & sassy. Tell Ed Bell E. hasn't forgotten him but often talks of the day he spent there. Please remember us to Dr. Nap & tell him we haven't forgotten his kindness to us. Will and I together made up our fly bush this spring and made a right nice job of it though it wasn't near as nice as the ones the bungers made. Give our love to them too. Edward still brags about the big fish he caught down there & the fish grows with time I think. Give my love to Miss MAry Armentrout & tell her we were so sorry she had been sick. Two of the little Baltimore Bell roses lived toll spring & then died when I transplanted them. Tell Miss Nannie her dahlias are looking beautiful and all the Koreans say did any body ever see such pretty flowers. They ask me to save many seed which means to give me some. I do give them seed and try to encourage them to raise flowers all I can. tell MRS. Price our brag tomatoes have come from the seed of those she brought you.

Through some mistake the corn they gave us was not planted right at first but is coming on nicely now. I gave Dr. Ingold a little & she wrote me it did splendidly & came very early. We have a fine garden & fine prospects for winter vegetables. Remember us to Mrs. Briggs & Miss Agnes & tell them the boys often talk about the nice apples they used to pick from Mrs. Briggs tree.

You remember how you used to scold about Edwards carrying such heavy' loads. Well I have had the same trouble ever since we came back. I never saw a little child really love hard work as he does. He is very ambitius to help his father & has been carrying such loads of potatoes & tomatoes. I told him I would have to take his juckis(?) away from him if he didn't stop. Then I explained that it might keep him from growing up a tall strait strong man & he said he wouldn't it any more & asked me just how much I thought he could carry without doing him harm.

aug. 4 - All of the family except myself & the c'hickens & ducks & dogs are down digging & picking & carrying potatoes. I think the servants are rather disappointed because there are so few small ones & they have been falling heir to these. The potatoes are very fine & large & smoothe & I suppose we have as many as four or five barrels & I never saw meatier nicer ones. Mr. Junkin has nice rackes made of bamboo in the cellar so the air can get between. What a comfort this house is where your things are not always spoiling for the right kind of place. This house leaks very badly though & the Bull's & Drew's new houses that have Japanese tiles leak even worse than ours. The tiles lap so little that the hard rains beat in under though in an ordinary rain of even several days this house doesn't leak at all. The tiles suit this climate very well in most respects for they are cooler in summer & warmer in winter than shingles or tin & anyway it is about all we could get.

I made some delicious ice cream today. Seasoned it with evaporated apricots & thickened the milk with a little barley water. We are using Korean barley as a breakfast cereal & like it so much. The home cereals don't keep here in summer & we usually use rice but of course that isn't to be had & since trying the barley we like it much the best. Did you ever hear of hot graham rolls with raisins in them as a supper bread? Mrs. Bull says she ate them in Georgia and they were delicious & helped to keep the bread from drying out so.

I send you a few pictures, have sent Mother some & will send Sister & Ed some as soon as i can get some more printed.

With dear love for Charles, Charlie boy & your precious self & my precious Mother & all the other dear ones.

Devotedly,
Mary L. Junkin

Ed send this to Sally

September 17, 1902
Seoul, Korea, STATION HOTEL

My precious Mother,

We have been so on the go since we got here that I have had no time to write & no quiet place to do so. The council is going on this morning but it is right tiresome to sit on hard benches all morning & especially as we are invited to the Avisons to "tiffin & Mr-s. Bunkers to afternoon tea. Edward & Willie are going to school the two weeks we are here. We hadn't thought of sending them but Mrs. Hulbert asked us to do so and said they would not be extra trouble even if only here a short while. I dreaded sending them and in fact in bringing them to Seoul at all, for they say the children here are bad & know too much. I didn't suppose though it would be any worse at school than playing with them else where.

Yesterday I got a nice lot of books for them. They keep a very good stock here now for which I am glad. I got Harpers first & second readers, Egglestons American History, Milnes First Lessons in Arithmetic & Great Americans for Little Americans, & Fifty Famous Stories Retold, & some copy books. With these I feel as if I will enjoy teaching much more & am sure the boys will take more interest in studying. I expect to go steadily to work teaching them as soon as we return.

Well since I started this the Council is over and our mission meeting will be over this evening. Mr. Reynolds & family are to move to Seoul at once which we fear will result in Mokpo being closed for a few months any way as Miss Straeffer could not remain there alone and no one can be sent from either of the other stations without cripliny the work. We hope Mr. Bell may see his way clear to return this fall. He writes in a very sad way but I think if he would go to work at home and mingle'amng people instead of nursing his grief he might be much happier & better fitted for the Master's work.

We expect a new Dr. & two single men out this fall but unfortunately for the Mokpo problem we hear that all of them are to come single. There is a bare possibility of another Dr. coming out and bringing his mother & sister with him which would relieve the situation a good deal. The first Dr. that comes is to be sent to Kunsan.

It will doubtless surprise you to hear that our mission have asked that Dr. Drew may not return. I hope this will be just between yourselves till you hear it from other sources. I have started a dozen times I recon to write you all about it & then just couldn't bring myself to do so. I suppose we really love the Drews more than any other people in our mission do, & yet we felt that it would be far better for the work that he shouldn't return. Everyone was uneasy about his mind before he left and anxious to get him safe home. He has always been unreasonable & hard to get on with but as his health failed he got worse & worse till it was felt that his treatment of the Koreans was a positive injury to the work & had probably done as much harm as he had done good in the time he had been here. His fellow workers felt it impossible to get along with him. He simply couldn't be managed for he wouldn't regard mission actions. He has been with us in many sorrows & trials and ups & downs & while there were hard things to put up with he was so tender & sympathetic in times of affliction & such a good Dr. as long as he would practice that we feel very much attached to both Dr. & MRS. Drew and my heart goes out in sympathy for them for I am sure this will come as a blow to them. I sent Mrs. drew the table cover you made for her & she seemed to appreciate it so much & wrote to get your address but I have not sent it yet.

There is a good deal of cholera in Seoul & we are anxious to get home as soon as pssible. They say they boil the water here but Mrs. Bulls boy says they only heat it & take it off and if there was no cholera about this would be dangerous as there is always dysentery about & there are some cases of fever too. We have gotten a good supply of cholera medicine & disinfectants and an acid to use in drinking water which they say is death to cholera germs.

There - I don't know what I started to say for Mrs. Bull came in & we started to talking. I certainly have enjoyed the fruit since we have been in Seul. So many people here have such nice grapes now & we have had a few apples too.

I have enjoyed the change but am anxious now to get back home & to home things. Besides there isn't much danger of cholera in the country. It thrives on city filth. It has turned so cold we feel almost as if winter had come & they say this will soon kill it out. Winter flannels wouldn't come amiss today.

I will enclose you a postal I got from Steward in reply to one I wrote him about my golf cape which I left there.

We want to go down to the cemetery if we possibly can before we go back. It is over three miles away & a hard rough trip but I have been there but once since George's death & never since little Sidney was buried there.

With dear love for each one of you precious ones.

Your devoted daughter,

Mary L. Junkin

October 2, 1902
Kunsan, Korea

My precious Mother,

I sent you a postal by the steamer we got home on & have been too tired and stupid ever since to start a letter. I think our Seoul trip tired us all out and used us up pretty badly. I think these changes do one good in the long run but for comfort give me home. I certainly did enjoy the nice grapes etc. we got in Seoul but didn't see as nice bread any where as we have at home. I missed our nice vegetables too. At the boarding house it is three or four courses of meat served with potatoes and very little else in the vegetable line.

We have had three nice watermelons since we came home & I am making preserves of the rind today. Yesterday I made three qrts of preserves & three pints of jelly of some crab apples I got in Chemulpo. I also started on my chopped cabbage pickle. While we were in America my receipt book will all of my nice little home receipts was lost so I had to use Marion Harland's receipt & fear it will not be so good & am sure it could not be better than yours. I would like very much to have your receipt for chopped cabbage pickle. Or it might save you a good deal of trouble in copying if you would look over Marion Harland's & tell me what changes you make. Fortunately for me my cook had taken down in Korean most of the receipts I used oftenest but of course a good many of them I only used once in a long while.

Most of our winter cabbage has rotted but we have a fine prospect for celery-and a very good supply of turnips, about thirty Mulboro squashes & all the potatoes we will need & we can get very nice sweet potatoes here up to nearly Xmas. They haven't come in yet though. We are having a bed fixed today to plant fall lettuce in.

Mr. Bull heard by the last mail that his mother & two sisters expect to come to spend the winter year with them so I suppose we will have to board the new Dr. if he comes. The Bulls offered to do it 7 of course we would prefer our home to ourselves if possible but it all comes in mission work. I wish he would bring a wife to keep house for him. Maybe he will get one of the Miss Bulls.

Next week I want to start teaching the boys regularly.

This spring i had a good many nice chrysanthemums & set them out in a rich place in the garde so as to save the trouble of watering & caretaking in the summer but do not think the experiment a success. They grew to be trees instead of plants & then the wind damaged them a great deal. Yesterday Will potted them for me & it was a job. I suppose a good many of them are six or seven ft. tall. We are sending off another small order for fruit trees to Portland, Ore. Please ask Margaret to save me some more of the white, pink & lavendar phlox seed if it hasn't all gone. The man dropped the box I had mine planted in & it never came up though I nursed the precious dirt. I wonder of Muggy would like me to send her some of my flower seed. I have saved lots of them & would be glad to send any of you who would like some. I have a great variet of verbenas, double porchulaca, lemon & orange colored marigolds, crimson salvia, summer chrysanthemums, mignontte, candytuft, & lovely variety of double touchemenots & I think there are a lot of dahlia seed but haven't gathered them yet.

I wrote you about being so proud of my success.in rooting rose slips but my pride had a fall for in transplanting them a big lot of them died. Miss Straeffer has been very successful in raising them by putting them where she wants them to stay & putting an old tumbler or bottle over them for the winter.

Saturday evening - yesterday I had to take a dose of salts and it gave me a headache all day so I couldn't write. Today the children have been fishing all day. In the little stream near our house where we got ice last winter the Koreans have been catching lots of little fish & yesterday we allowed Edward 7 Willie to go but they didn't catch a thing. Edward said it was because the bait didn't suit so bright and early this morning before breakfast he was out with a pick digging for fishing worms. He reminds me so much of All in his enthusiastic industry and perzistancy. When they came back to dinner they rushed in saying they had Its of fish & holding up their little baskets which did look pretty well filled with very small fish & small squirmy ells that looked painfully like snakes. As soon as they had swallowed their dinner - which by the way they a good deal of difficulty doing - they were so busy telling about their morning fish - off they started again, & i wont see them till I send for them I suppose.

Did I ever tell you the pretty dog Will brought out for Mr. Bull died of hydrophobia. it was bitten by a Korean dog in July 7 did not develop hydrophobia till just before we went to Seoul. It showed all the symptoms of hydrophobia except the disposition to snap 7 bite at things & it never showed that. Both Mr. Bulls pup and ours look puny 7 sick & will not eat but show no other signs of hydrophobia & we are sure they were not bitten. We think they are full of worms & have been giving medicine for that.

While we were up in Seoul we met a dear old man, the father of one of the Canadian Presbyterian missionaries who is quite a character in his way. He is seventy four years old & a carpenter by trade but shows the refining influence of close association with the carpenter of Nazareth. I heard him lead in several prayer-meetings & he certainly knows his Bible. In one of these talks he told how he & his wife had offered to go out to the south Sea Islands as missionaries but were refused because he didn't know Greek & Hebrew & all that & how his hope revived when his son Bob was born & how he determined that want of Greek & Hebrew shouldn't keep him from being a missionary, so he kept him at school for twenty five years till he took all the Greek & LAtin & Hebrew & all the rest of it and then took theology & medicine & is now a missionary in Korea. And by the way they say he is a very promising one and has made wonderful progress in the language. The old gentleman didn't sit idle however because they wouldn't send him as a foreign missionary. I didn't hear much of his early life in Scotland but of late years in Canada he seems to have spent his time largely in going among the lumber camps preaching

& holding meetings. He seems to have wonderful strength and could break any body down out here walking. A few years ago he was on his way to a lumber camp in Canada & sprained his foot when he was ten miles from the camp & knew he would freeze to death in the woods that night if he kept still so he got hold of a sapling 7 leaned across it & every few minutes he would jump up & down on his well foot. Another time he was on his way to a lumber camp & asked a man he met to direct him. The man happened to be the owner of the camp & a very wicked young fellow who didn't want missionaries around & so he told old mr. Grierson not to go, they were such a rough set of fellows they wouldn't listen to him. The old man replied my friend you mistake my errand. That's the very kind of fellows I Im looking for & if there is any entrance fee I am willing to pay it but go I must and go he did & after that first visit the boss was glad to have him come. A year ago he determined to come out to see his son & as he is quite poor he expected to walk a good deal of the way across the continent & ride the rest in emigrant cars & go steerage but sme good people heard of it & sent him a through ticket & I am sure those good friends of his sent a blessing to every missionary who has come in contact with him. since he has been in Korea he has worked away helping the carpenters build his son's house & they say it has the nicest doors & windows of any house in korea. He has learned John 3:16 in Korean & repeats that to all the koreans he comes in contact with. i heard him tell how on his way over to Seoul he met a white-haired Korean & how they bowed low to each other &

how the Korean shook his white beard & smiled & Mr. Grierson shook his beard & smiled & they traveled on together. Doubtless God had a wise purpose in keeping such a dear old saint in the home land & there is no telling how much good he has done in his long life. Every one in Seoul was especially nice to him and I think he enjoyed his visit. He is very strict in his views but not at all dogmatic as to what others shall do. He never will ride in a ricksha because he doesn't believe in making a beast of burden of his fellow man. Seoul is a city of immense distances but he always walked & never seemed tired.

My little fishermen have returned with their little baskets pretty well filled and all excitement over their evening sport & now they must watch every scale come off.

heard a steamer whistle a few minutes ago so hope I will have an opportunity to send this letter right off.

With dear love for each one of my precious sisters & brothers & dearest of all for the precious mother. Give my love to Cousin Lou & Cousin Lizzie when you write. I got a letter from them sometime ago which I hope to answer soon. Also one from Sally Preston which I enjoyed very much. We got quite a large mail the day we got home. Letters from you, & Sallie & margaret telling of the Morelands visit to Richlands. I am so glad they went. I know it did them good & Margaret & Charles too.

Your devoted daughter,
Mary L. Junkin

September 17, 1903
Seoul, Korea

My precious Mother,

we started from Kunsan last Tuesday morning or rather we started in to the port as the tide was going out about eleven o'clock & we have to go with it as it is too strong to go against it. Out boat didn't leave till about six that evening so we had to spend the day in there. Then our boat only went ten miles down to the mouth of the river & stopped there for the night as this was its first trip over this course. It was a very large comfortable boat for Kunsan but took no foreign food so we had to take a right good supply of lunch. We got in at Chemulpo about six but anchored right far out & then had to wait for the customs officers so it was about nine before we got ashore & we were very glad to be there. We got up to Seoul about N. the next day, Sunday. The Reynolds new house is not done & they had to give up the one they were renting, so since their return from the mountain they have been staying in a house in the Vinton's yard & now Dr. & Mrs. Vinton & two of the children are in Pyeng Yang at their meeting & they told Patsy to invite us to stay with them so here we are. Patsy is using their house & things but gets her own groceries from the chinese store. Of course we expect to pay them any expense they are at on our account. Three of the Vinton children are here & with the reynolds three & our boys it makes a noisy household.

Miss Doty let Miss Tate & Dr. Ingold have her house in the same way so all the Bulls are over there except Miss Margaret who is staying at Dr. Avisons with Miss Straeffer while Dr. & Mrs. A. are in PyengYang. The single gentlemen are staying at Emberlyls Hotel. As the meetings were held here it made it very much more convenient for the ladies all being in this part of the city.

We have had an unusually good meeting & business was pushed so we got through Wednesday of this week. Will was moderator for which I was sorry at first but it hasn't seemed to hurt him at all. I never saw him look fatter or better & he walked clear across the city this morning & didn't even seem tired. Mr. McCurchen is to go to Chunju & Mr. Preston & his wife to Mokpo. I felt sorry Mr. Preston couldn't be sent to Chunju but we have had no definite news as to when to expect the Owens back so had to send the prestons to Mokpo. Miss Straeffer returns to Mokpo Dr., Sister & nurse, Miss Spencer, come to Kunsan. The expect to urge the committee to send out a married couple for Chunju this winter if possible. We are to have a small building at Kunsan costing $200 for the boys school, half of the money for it having already been contributed by a gentleman who travelled out with the Bulls. Dr. Ingold is to go home on furlough in the spring so unless a married couple comes to Chunju that leaves Miss Tate the only lady there.

Your letter came a few days ago & I felt that your special prayer for us at this time had been answered in our having such a harmonious meeting. Missionaries get the credit of being very quarrelsome & while

I don't think that is so it is certainly true that, many men - many minds & it takes grace to get along & yet I feel thankful to say that harmony has been the rule in our mission while of course you know there have been exceptions. Mr. Harrison was the only member of the mission not present. He went to Chuna after her death & has spent the summer on a mountain with a good many of Our missionaries. I had a letter from him last week & he seemd to be enjoying the summer. I think it was just as well he didn't get back in time for the meeting as there was no business that especially required his presence & of course it would have been very sad for him. All of our gentlemen except Mr. Reynolds who is housebuilding, leave in the morning for PyengYang to attend the Council. I will stay here with Patsy till just before the Vintons return & then go to Emberlys to wait for Will. We will stay on here a little while for Dr. Avison to treat Will's throat. It is too dark to write more now.

Last Monday evening most of our men folks were in committee meetings but all of the ladies & children went outside of the city wall to see a large white Buddha carved on the side of an immence rock & painted white. It was a long & rough trip but well worth going to see as the country around was very pretty & I had never been in that direction before. There were twelve ricksha loads & as many as three children in one ricksha. Coming home one of the little Vinton girls was in my lap & our man upset us & cut her foot a little & my cheek bone struck a rock but only made a small blue spot. It is a mercy we were not seriously hurt. Miss Tate was dumped out too but don't think she got as hard a fall as I did. Will wrote me a note from Chemulpo this morning. All of our gen. went to Chemulpo early yesterday morning to take the boat for PyengYang but found one had left Thursday & another goes this evening but that will put them there too late to attend the opening exercises & Mr. Tate is on for the first day & so is will. The boat was advertised for yesterday & I don't know why that change should have been made.

I received Bro. Sidls letter yesterday enclosing one from Margaret Moreland & the bill of exchange for the three dollars their little society sent. I think the little folks must have worked right hard to have that much to send both to us & the Pattersons. I will write to them soon about it.

Give my love to Cousin Lou & Cousin Lizzie when you write. Dear old ladies how much good they have done in the world & how much we owe to their prayers we will never know in this world. I always pray for you three together that the sweetness of God's presence may be yours. Give my love to Au nt Lucy too. It seems wonderful the way she keeps up with us all & what an interest she takes in things. Poor woman- what a sad life hers has been. What is Uncle Howard doing now? I feel very much interested in his children & hope they will turn out well. I couldn't help being sorry Aunt Jennie had settled in Lexington. I love Aunt J. but she is so imprudent & I fear will give Susie & Gene trouble in this way. I do hope little Eliza BAron is well ere this. I have felt right anxious about little James too but suppose he is all right now as you didn't mention him especially in your last letter. We were so relieved to hear through Bro. Sidls letter that Sallie was about over her spell of fever. & I am so glad she has two good servants. You all often mention Charlie boy but none of you have ever said whether he had put on pants or not. Edward & W. talk so much about him.

I am so sorry to have been so slow in getting off this letter especially as Will was not entirely well when I wrote last but I have been out of postals & have found it impossible to write letters moving around. This fetter has been written amid so many distractions & Interruptions that I hardly know what I have said & know I haven't told you all I wanted to.

With dear love to each one of you. Patsy sens her love.

your devoted daughter,
Mary L. Junkin

December 4, 1903
Kunsan, Korea

My precious Mother,

Our Smith's order came the middle of the week & we had the excitement of opening that though we didn't get much from there as we sent an order to Montgomery Ward too & all of our winter flannels & Xmas things are in it but as yet it has not arrived on Korean soil & if it doesn't before Xmas we wont have much Xmas except fruitcake dates etc. Yesterday evening we all turned in & seeded raisins & I expect to make our fruitcake tomorrow. I will be glad when our Montgomery Ward order comes. The flannels the children have on are in rags & were getting so thin I made Willie some outing bodies & Mrs. Johnson gave me some thin flannels which I took up for Edward. Today I cut an old cape & have a pair of pants for Willie partly made. He is pretty hard on his clothes & the pair he has on which are the only thick nes he has are just dropping off of him. I hope Ems will last till our order comes. The boys will feel quite fine in new suits from skin out & overcoats too. I don't find much time for sewing for I teach the boys from breakfast time till twelve o'clock & then have the little korean girls for an hour & the afternoons are so short I don't accopmplis much. Children seem to be alike the world over. Yesterday it was snowing & blowing & so cold I didn't have the bell rung for the children & here when we were eating dinner they came piling in. One of them said we thought you had called us & we hadn't heard so we came on & in the same breath asked me how long it was till Jesus birthday. I usually have the old man that teaches the boys school do most of the teaching for me while Mrs. Bull is teaching the boys arithmetic but this week I had to do it all for the old teacher has been sick.

Dec. 8 - While I was writing the above the Johnsons got back from Chunju & I have done more talking than writing. I have enjoyed their visit very much & hope they have too for they do so much for other people I feel as if we all owe them a debt of gratitude. They went in yesterday to take the boat but it didn't go to Mokpo. Will got off to the country this morning & expects to be gone for eight or ten days holding a class. I am so thankful his work is so situated that he can make short trips instead of having to be gone a month or two at a time as he used to have & as so many of the missionaries still have.

I have just read the Tragedy of Paotingfu (I don't know how to spell it). You know that was where Andrew Woods wife lost a sister & brother-in-law. I was not only intensely interested in it as the account of these heroes for Christ & their work & death but also from a missionaries standpoint. It seemed to me that before this trouble these missionaries had more creature comforts than we have but on the other hand they seem always to have been facing dangers which we know P almost nothing of. I don't see how their nerves stood it as they did. No wonder so many of them break down at it. I am afraid I wouldn't have grace to be a missionary in China. Not that we haven't trials here but then every true follower of our Master has them whether here or in the home land & the greatest one I have is myself - You don't know what a comfort it is to us to feel that our dear Mother is praying for us & our work. I do feel my own need of wisdom & help so much in teaching & training our boys. It is so hard for a mother to be teacher, Sunday School teacher & everything. Mrs. Johnson & Mr. Johnson too have been so good about helping me in this & I feel very grateful for such help.

Edward went into the Second reader today & I think he finds it quite easy as he was very well prepared but of course that is very backward for him but with all the sickness we had last year it couldn't be helped. They are dear sweet little fellows & Willie has improved very much & is a good boy when no one is around but will get frisky & try to show off before strangers. Mr. Johnson seems very much pleased with them & from the number of pictures he has taken of them I hope there will be some good ones. He took one or two of them on the don key, then with Bess our dog. By the way Bess has eight lovely little pups. The mother is the only surviving one of the pups that were born in Kobe on our way out & these pups are in great demand.

This is our game season & we have been feasting the Johnsons on ducks, geese, pheasants 7 pigeons. how I wish we could send you all some especially Sister who it seems from Susie's letter, gets so few fowls & just think we don't get much else.

Your letter written in Lexington & School Day at Glengarry came yesterday. Both have been & are being enjoyed. Am glad you & margaret had the pleasure of a visit to Lexington 7 that Susie had the pleasure of seeing you. How I wish I could have that pleasure & how I would love to see Charlie boy.

I have lots more I want to say but every one else has been in bed sometime & I ought to be I know for I have a good deal before me tomorrow. We are having our ice-house fixed and hope it will keep better this year.

We had no news from our Dr. by this mail though it is time he were here if he sailed whn he expected.

With dear love for all & a hug & a long, loving kiss for my precious Mother. The best mother that ever was.

Your devoted daughter,
Mary L. Junkin

February 27, 1904
Kunsan, Korea

My precious Mother,

I felt so sorry to have forgotten your birthday. It seems as if I have forgotten more birthdays so far this year than I have remembered but I certainly didn't think I would forget my dear Mother's birthday. I spent it in a perfect rush getting will ready to go to Mokpo to the training class. Since I have had children of my own I think I know how to appreciate all my own precious Mother has done for me & love her more than ever for it all. So often when I am teaching my boys their Bible lesson or reading to them it recalls how you used to gather us about you & read to and teach us. When I look at these Korean homes & contrast them with our own early training and surroundings I think that perhaps we expect far too much of those whose opportunities for good have been so few. I don't think a day passes that I don't think of this and feel thankful for the dear Christian parents & the sweet home God gave us. The longer I live the more wonderful the trials & difficulties you over-came & what you accomplished seem to me & i am trying in the same strength to live & work for the MAster & though I fall far short of what you did & what I wany to do I know that He will own & bless it. I am trying each day to do faithfully my part in teaching & training our boys for useful Christian lives & I trust that God may own & bless the work I am trying to

... do for the little Korean girls. I wish so much our servants were Christians. The ama is the only one who is a professing Christian & I believe she is a sincere one but the others at times will seem near the kingdom & then again very far away.

Will & Mr. Tate got off to the training class Wednesday & Mr. Harrison had already gone. Mr. Bull is just getting back from Seoul. I haven't. seen him yet but Willie has just rushed in to tell me he is down at the boat landing. He went to Seoul a week ago to get a boat for this station & attend to other business. Will didn't like at all to leave just now till he got back but there seemed no help for itas that would be the only boat that would put him in Mokpo till the training class would be nearly over & as Mr. bull would be back today he thought he ought to go on although the country is in an unsettled state there is a small Japanese cavelry force kept at Kunsan that we can call on any time & after all we are immortal till God's time comes, though we believe in & do take every possible precaution. I always investigate & lock up as thoroughly every night as I can & know for all that that we are only as safe as our Hevenly Father keeps us.

I stopped this to run over& see Mr. Bull & hear the news. The Japanese are pouring troops into Seoul by the thousands, Mr. Bull went on one of our men of war - the Vicksburg which is at Chemulpo & also saw the Russian boats that were blown up at Chemulpo & brought back pictures of them. when the boat was blown up the windows of houses rattled in Seoul so what mustn't it have been right there in Chemulpo where everything could be plainly seen from the hill tops.

We had more sad news from Seoul. Little Cadway Vinton died of scarlet fever & three of the other children have it, Poor Dr. Vinton, how my hear aches for him. Miss Wambold is there helping nurse them. Howg Dr. Vinton stands his heavy burden of sorrow I can hardly see. They say his mother will come out to him & I do wish she would hurry on. Dr. Avison's two youngest boys have been bitten by a mad dog & he had to take them to Japan for treatment. He cauterized the place at once so does not feel anxious about them. Will siad this spring he was going to have a wire netting pen made around our dog house & shut the dogs in there at night so they couldn't get with Korean dogs.

Your letter written on my birthday has just come. It was a dear sweet letter but I fear you have been overly anxious on account of this war trouble & am sorry we have not kept you better posted & sent you more letters lately. As to war news I suppose you get the accounts before we do as we have to wait for boats & yours goese by cable. They say they are getting out other boats & we will have more than before. The regular boats are all being used as transports. Mr. Bull said there was a continual stream of soldiers coming from. these transports.

We got a letter from Patsy asking us up there in case we have to leave the country & also one from the Buchanans in Japan asking us there. Patsy is not at all well & I am very much afraid of another breakdown. I expect it is partly worry over their new house. Mr. Reynolds went considerably over his appropriation on it. Poor Mr. Reynolds was brought up with plenty of money & it seems so hard for him to economize & know the difference between needs & wants. They have an unusually nice house but he went ahead 7 put in a good many things that were not at all necessary, without consulting the building committee & has been a good deal cencured for it.

A telegram has just come from Will letting me know he has gotten to Mokpo safely so I will close this letter & send it by the man who brought the telegram as it will save our boy a three mile walk.

Dear love to all.

Your devoted daughter,
MAry L. Junkin.

July 23, Saturday, 1904
Kunsan, Korea

My precious Mother,

We are having the rainy season in earnest & are very thankful to have it too for at one time it looked as if we might have another famine. We had all been praying & looking so earnestly for rain & two Sundays ago it came, or rather it came Saturday night & we were all feeling so happy & thankful & here Sunday evening after church, Mr. O, the father of the one in america went out and had his field plowed & he & his nephew & servants planted beans. I felt troubled. & a good deal worse for I was so mad I could have taken a stick & given him a good thrashing & felt better for it. He is a member of the Baptist church & always attends this church 7 is looked upon as a member as there is no Baptist church here. He is a man of a little higher standing & more influence than most of them about here & even if he hadn't posed as a believer at all, when his son is receiving so much from Christians & because of Christ it seemed to me he shouldn't have done such a thing. The next Sunday it was announced in church that he could no longer be looked upon as a church member or allowed to take communion in this church. He has paid both Will & Mr. Bull visits but showed no signs of repentance but only tried to make excuses when of course there wasn't any possible excuse for him.

In talking of it to some of the Koreans will said it was like a son coming home & asking his father for a bowl of rice & then after having eaten the rice throwing the bowl in his father's face. This illustration ought to appeal to Koreans with all their talk of reverence for parents. I am glad to say it is not all like this. That Sunday or about that time will went in about six o'clock A.M. on one of his flock & found all the family, even the servants, at family prayers & all in nice clean clothes ready to go to church. One thing that we have a good deal of trouble instilling into the Korean's heads is that it is just as much a sin to send your servant to work on Sunday as it is to work yourself.

I do so wish & pray that all of our servants were Christians. When we first moved from Seoul we brought a Christian boy with us & when he left we let it distinctly be understood that we were not hiring peple to work because they said they wanted to believe but on the merits of their work. Our cook & boy are good servants & I wish they were as good Xtians. I think they do believe with their minds but they are not willing to give up their sins. One of these is taking a squeeze out of everything they buy & every business transaction that goes on on the place. I suppose we will have to give up our boy when the new Dr. comes - if - I was about to say if he ever does come. He wants to get a place as cook with the Dr. so he wont have to be away from home so much. His chief work with us besides doing the washing is going to the country with Will & as he has a young wife who has to be left right unprotected it is right hard on him. Of the two servants I would far rather give up the cook than the boy. He certainly is a good cook but isn't at all neat & is rather upish about being called upon about outside work. The boy is very industrious & clean & altogether I suppose one of the best servants I ever saw anywhere. Though he hasn't had experience about cooking he al ready knows some & could soon learn as he has seen so much. He is behaving very well about it though and came and talked to us about it & offered to teach another boy how to wash etc. So now this boy comes every week & helps him wash. He is the boy Dr. Alexander had while he was here & I like him very well but I like my old servants & do hate changes.

Yoja the McDonough boy is better & we do feel so thankful. Mrs. Preston also is doing well now.

Mrs. Bull hasn't been at all well & They had expected to go to Seoul yesterday to see Dr. Avison but the boat didn't go & today the rain is falling in torrents so don't suppose the boat can go. They don't expect to be gone a week so I am going to keep the baby for them.

Tuesday - The Bulls got off Saturday evening & when the boat came back from Kunsan it brought Mr. Barrott (Barrett) a mamber of the. Northern mission. He was on his way to Seoul & his boat came in just before the Bulls left 7 as his boat was going to stay twenty four hours in Kunsan he got on our little boat & came out & spent it with us. Virginia (Bull) is real sweet & good.

The boy is ready to go & the tide is nearly out so I can't keep the boat waiting to finish this. Am anxious to hear again from you all especially Susie. Give my dear love to her & all of the dear loved ones & most of all for our precious Mother.

Your devoted daughter,
Mary L. Junkin

February 3, 1906
Chunju, Korea

I enlose the tracts in your mission report sister so if brother isn't at McDonough please forward them (not the report) & the calendar which I will send later.

My dear sisters, Sally & Margaret,

This should have been a birthday letter & if I were going by the dates alone Margaret's should have come first but as the letters were not written then I am taking a lazy cut & writing one letter for you two. I will have to own up though that I did not remember the birthdays on the exact dates. I am always sorry when I forget the birthdays of my dear loved ones for I like to make it a day of special prayer for them but it often seems as if I needed a better calendar in my memory. Although your birthdays were not especially remember ed on those days they <u>were</u> both before & afterwards. May you both. have many happy returns of them.

I started this letter three days ago & had to leave in a hurry & some one spilled some water on it. It seems so hard for me to get letters written, for writing is one of the things that are so hard to do amid many interruptions. I don'y have many leisure moments these days. I like housekeeping & cooking & I like teaching but do not especially enjoy either when they conflict so much & when I feel that

I am making such poor success of it especially the teaching. The boys are learning very little from me this year. I do not feel so bad about Edward except for his arithmetic for he has a taste for good reading & learns a great deal that way. Lately we have let them go to the Korean school for an hour every day after dinner to learn to read Korean & they seem to be making good progress in it & I trust are not learning badness. Their Father goes with them a good deal of the time & teaches the Korean boys while the teacher has our boys.

The school has been moved to the gate house of the new church. church was dedicated two Sundays ago.

Messrs. Bell, Harrison & Dr. Daniel were over to a meeting of the adinterim committee & all but Mr. Bell staid over Sunday & Mr. Tate & Mr. McCutchen were in from the country for the week of prayer which was observed all over Korea from the beginning of the Korean New Year. The weather was very cold but there was good attendance all week & I trust good was done. The church is one of the nicest in Korea & doubtless one of the cheapest for its size. It is pretty cold though for the freezing weather caught them before the ceiling could be plastered & the two stoves do not heat it, but another year we want to put in another stove & put drums over eac one & put in storm doors or vestibules & spring hinges on the doors & then we hope to keep it warm. Now that spring is near the roomy building will be badly needed & already it is fairly well filled in spite of the weather.

We have a small ice house filled with very nice ice. I am especially gladon account of babies milk. we had to do without last year but have unusually good water here so got along very well. It is dark so will stop for the present.

------------------- the boys & baby is asleep & I have a dinner that the girl can get alone so will use the few moments before dinner in writing.

Do your husbands walk off with your keys? Mine does. He is always wanting the keys to open the cash closet & then usually puts them in his pocket, & I have a time hunting for them or doing without.

Will expects to go up to Seoul next week to a meeting of the bible Committee. Patsy Reynolds health has not been very good this year. I expect she over tired her strength at the annual meeting as she had her house so full & the Tate wedding besides. Our next annual meeting is to be in June & at Kwanju. It is two days overland trip from here & if I go will have probably to take two & half to it as it would be pretty hard to make it in two days with baby. I hate to go & take him that time of year but if I do not go it keeps someone else at home & it seems very important that all the members should be there if possible.

The baby is a great big jolly fellow & always has a smile ready. He does have the best times in his bath. I am just putting him in short clothes. I had to because all of the long ones were too tight or worn out. I have made his gowns & he is using those for the most part but has two or three small short dresses & several larger ones left over from the other children. If he continues to grow as he has been doing he will be hard to keep up with. Will says his eyes are blue & I say grey So I suppose they are a cross between the two. If he doesn't get badly spoiled it will be a wonder.

Feb, 12 - We all of a sudden realized that it was getting late in the year & our spring order had to be made out at once so I worked hard over that every spare moment for several days & with getting will ready to go to Seoul it left me no time for other writing. He got off this morning early & after I heard the boys lessons, baby & I took a good nap. After dinner I got the order ready to mail & am now free to write to little to you two.

Mothers nice Xmas letter with those from Ed, Susie & you Margaret came Saturday & as she told me the McDonough Xmas news I felt as if I had had a glimpse of all of you only it made me wish for a nearer & longer view.

I am sending mother by this mail the little tracts she asked for & a prayer calendar for all the missionaries in Korea. It is alphabetical & one of the nicer in get up I have seen. It gives a list of all of the missionaries, their children & active helpers. I also send each of you one of our annual meeting reports. Since glancing over the calendar I find it does not tell opposite names to which mission each one belongs so I will keep it to put the initials opposite. N.P. (northern Pres) S.P. (Southern Pres) N.M. (Northern Methodist) S.M. (sou. Met.) C.P. (Canadian Pres) A.P. (Australian Pres).

I must close now. With dear love to each one of you & yours

especially our precious Mother. May God be with & richly bless you all.

Your devoted sister
Mary L. Junkin

January 9, 1907
Chunju, Korea

My dear Mrs. Forsythe,

We have looked forward for so long to the pleasure of having you with us and having known & loved Dr. Forsythe so well I do not feel as if I were writing to a stranger. I have intended for a long, long time to write and thank you for making those little socks for baby. I am sorry to say they never reached me, but I appreciate your sweet thoughtfulness in making them for him, just the same. I waited for a long time, still hoping they would come & so have neglected till now writing to thank you. Please do not think me hopelessly ungrateful an appreciative.

These are busy days with me now getting the two boys ready to return to school in a few weeks. You who know what it is to be separated from your son, know how I feel about seeing them go. There are so many interruptions at home that I found it impossible to teach them as they should be taught, and besides they seemed to lack the stimulus of being classed with other boys.

I forgot to say in my letter to Dr. Forsythe that my sister who used to live in Lexington, Va. moved last fail to Norton, Va. which is quite near Christiansburg. In his letter he spoke of visiting Lexington & I do hope he can, & meet some of the many good people there, but I do hope if he is near Susie he will give her & her husband the pleasure of seeing him. I think I gave him her Lexington address. Mrs. Eugene Hyatt. If he goes to W. Vai as he spoke of doing, and is in that part of the state, I wish so much he could visit another sister, Mrs. C.D.Gilkeson Moorfield, W.Va. Her husband is pastor of the Presbyterian Church there. I know you must hate very much to let Dr. be away so much.

I also forgot to tell Dr. that Mr. Sam Moore of Seoul died in the Severance Hospital three days before Xmas of a relapse in typhoid fever.

Dr's many Korean friends here ask constantly about him & wish with us for his speedy return, with his mother & Sister. Edward said a few days. ago he thought God gave you a mighty nice Xmas present when he gave you Dr. forsythe.

Wishing you and Miss Jene rich blessings during the New Year.

Very Sincerely,
Mary L. Junkin

February 22, 1907

Dear Miss Elizabeth,

Your letter received & glad you are all better & hope you will soo be all right. I know you want to see all the letters from Korea So send these along. Rec'd them last night. Chas. Spencer is in Lex. now & I have had a talk with him. Do not know just what the results will be yet. Excuse me for not writing sooner but it is difficult to get opportunities to write. Always glad to hear from you all. W.H.F.

(Dr. Wiley H. Forsythe)

October 29, 1907

Chunju, Korea

My precious Mother & Margaret,

It seems an age since I wrote you anything but postals, and it really is a long time. Our house is so turned up with repairing and alterations that I hardly know where to find any writing materials or a place to sit and write. I want first of all to thank you for all of those nice things you sent me by Mrs. Earl. The pretty dress and belt & petticoat for me and dainty dress & lace and doll for baby, and the things Susie sent. But I will write her a separate letter. You said I never wrote you whether I received those last two packages. by mail. Yes & I know I wrote you about one the last one, for I remember distinctly after sealing the letter remembering that I had not thanked you for the combs that were in the package. The first one reached us shortly after i baby did and I was unable to write at the time, but thought I wrote you afterward how becoming Marion's sweater was & how delighted he was with the rubber dog, but that he would have nothing to do with those two lovely little dolls, so I have them put away for baby's Xmas.

Mrs. Earl said she had a sweater for Will that you sent but has it in with things sent by freight, which have not yet arrived. I know he will enjoy & find a new one very useful for his old one has just about given out.

We are thinking every day now about Elizabeth's coming. She will doubtless be landing this week in Japan. I wrote Elizabeth Goucher telling her all of the things for Elizabeth to do etc. in order to reach us safely & comfortably and have had a reply from her & also from Mrs. Buchanan whom I asked to give E. any needed help in Kobe, where she has to take her boat for Korea. There is one with English captain, that comes every two weeks, direct to Kunsan. I heard through Eleanor Gou cher that she was to sail the 15 of Oct. but have not heard directly from E. or any of the McDonough people.

We are at last having those alterations made to this house, though changing a house of this build is rather hopeless. Still we will be much more comfortable. We have taken in a side porch & put on a little bay extension to my room & then cut off a slice from it to enlarge the dining room. My room had to have two pillars left in the middle of it, but it is roomy & bright now & I have a pretty view instead of a dark, small & gloomy room with no outlook. The southwest corner is largely glass & will be my sitting room & sun parlor, it has the sun all day. From the kitchen & passage we took a slice to enlarge the storeroom & then took most of the back porch into the kitchen. The little passage between the kitchen & bed room we turned into a clothes closet. Up stairs the only change we made was to partition off the squair hall for a room for the boys so as to have an extra room for school room. These changes will make quite a difference in the house & make it much more comfortable for a family of our size. We now have one porch left, which overlooks the city. It was sixteen feet long but very narrow & we are having that widened.

The boys are studying with Mrs. Nisbet till E. comes & she says they are doing well. I am too rusty & nervous now to teach, besides finding no time for it. I try to look after their studying and she hears & teaches them for two hours every afternoon. Nellie Rankin has them on Sundays and I have a class of young married women. Please pray for them & me too. I do not find this class as interesting as those I have had before & so far I have not succeeded in getting many of them to study at home. There are about twenty of them & most of them have babies which of course they have to bring with them.

Miss Cordell our trained nurse arrived last week. She is a dainty blond & seems a very sweet girl, but I should never have taken her for a nurse. She is some kin to Mr. Junkin, her mother being one of the numerous Montagues.

I had a postal from Ed announcing the arrival of little Miss Ellen Duglas. I am so glad it is a girl. Marion & baby grow apace but baby isn't very robust & doesn't have very strong digestion. I am giving her goats milk & barley water now & do not nurse her any more. We have had a lovelu fall & she stays outdoors most all day. So far we have not needed fires except to bathe the babies by & one or two cool. afternons.

I will be so glad when all of the repairing is done & we are comfortably settled. As soon as the dining room is a little dryer we will move the table back in there & move our bed down in the sitting room and get fixed up for Elizabeth & school. We had the boys room just boarded up so they can go in there any time.

My washwoman & house servant has been sick in the hospital for a month with an enormous carbuncle on the back of the head or neck. She has had a hard time in her life and I think her mind is somewhat affected. She is the most truithful Korean I ever had any dealings with but is very deliberate in her movements & very slow to take in or learn.

I like Mrs. Earl so much. She has promised to pay me that visit later. Probably about Thanksgiving.

With dear love to my precious ones, especially my precious Mother. Give my love to the cousins, Aunts Lucy, Jennie & Carry when you write.

Your devoted child,
Mary L. Junkin

이 숙

인천 인일여고와 연세대 국문과를 졸업하고, 하버드대학 언어학과에서 박사학위를 받았다. 하버드대학 동아시아학과 한국어 전임강사, 국민대학 국문과와 목원대학 국어교육과를 거쳐 전주대학교 한국어문학과 교수로 가르치고 있다. 저서로는 『초기 개신교 선교사들의 한국어 교사』가 있다.

내한선교사편지번역총서 4
윌리엄 전킨과 메리 전킨 부부 선교사 편지

2022년 6월 10일 초판 1쇄 펴냄

지은이 윌리엄 전킨·메리 전킨
옮긴이 이숙
펴낸이 김흥국
펴낸곳 도서출판 보고사

책임편집 이순민
표지디자인 김규범

등록 1990년 12월 13일 제6-0429호
주소 경기도 파주시 회동길 337-15 2층
전화 031-955-9797(대표)
  02-922-5120~1(편집), 02-922-2246(영업)
팩스 02-922-6990
메일 kanapub3@naver.com / bogosabooks@naver.com
http://www.bogosabooks.co.kr

ISBN 979-11-6587-322-6
  979-11-6587-265-6 94910 (세트)
ⓒ 이숙, 2022

정가 18,000원

〈이 번역서는 2020년 대한민국 교육부와 한국연구재단의 지원을 받아 수행된 연구임
(NRF-2020S1A5C2A02092965)〉